KB212593

생각

생각

마광수 지음

**왜 뱀은 구르는 수레바퀴 밑에 자기 머리를 집어넣어
말벌과 함께 죽어버렸는가?**

말벌이 뱀의 머리 위에 앉아 침으로 계속 쏘아댔으므로
뱀은 아파서 견딜 수 없는 지경에 이르렀다
그러나 아무리 생각해봐도 복수할 방법이 없었으므로
뱀은 구르는 수레바퀴 밑에 자기 머리를 집어넣어
말벌과 함께 죽어버렸다

뱀과 말벌과의 관계는
나와 위선적 도덕과의 관계
이중적 현실과의 관계
나를 괴롭히고 고민하게 만드는
그 모든 것들과의
관계와도 같다

그러나 나는 죽음이 두려워
현실이라는 거대한 늪에서
헤어나오지 못하고 있는 서글픈 존재이다

과연 나는 현실에서 벗어날 수 있을까
적(敵)을 깨부숴버릴 수 있을까
과연 나는 말벌과 함께 죽는
뱀의 우렁찬 용기를 가질 수 있을까

2014년 1월

馬光洙

제5장

이상한 생각

제6장

야한 생각

제1장

시대 생각

흐르고 있네요, 우리의 기억들이

강물처럼, 밀물처럼, 우리의 아픔들이.

하지만 마지막 순간이 빛날 수 있다면

모든 것은 아름다워요.

—시 「연극이 끝난 뒤」 중에서

1 · 대한민국 생각

　나는 「한국에서 살기」라는 제목의 시를 써서 발표한 바 있다. 한국이 보다 살기 좋은 세상으로 바뀌기를 바라는 염원에서, 이 시를 우선 독자 여러분께 소개해 보기로 한다.

　　한국에서 살기는 너무나 힘들어
　　뭘 해도 안 되고 뭘 안 해도 안 돼
　　되는 것도 없고 안 되는 것도 없어
　　그저 눈치 보며 살아야, 기회주의자가 돼야
　　근근이 목숨을 보존해
　　변신을 잘해야, 변절도 잘해야
　　근근이 버텨갈 수 있어
　　너무 앞서가도 안 되고 너무 뒷서가도 안 돼

너무 섹시해도 안 되고 너무 안 섹시해도 안 돼

　　너무 튀어도 안 되고 너무 안 튀어도 안 돼

　　한국에서 살기는 너무나 힘들어

　다소 푸념조(調)의 넋두리처럼 들릴지도 모르겠지만, 내가 이 시를 쓰게
된 것은 나 나름의 절실한 체험이 구상의 바탕을 만들어줬기 때문이다.

　한국에서는 언제나 '중용(中庸)'을 강조한다. 중용의 미덕은 원칙적으
로 좋은 것이다. 하지만 그것은 자칫하면 술에 술 탄 듯, 물에 물 탄 듯한
기회주의적 눈치보기의 처세술로 이어지기 쉽다. 그러다 보니 '복지부
동'이나 '눈치 빠르게 줄서기' 또는 '눈치 빠르게 사세(事勢) 파악하기'가
생존의 비결처럼 되어 버려 사람들의 진취적 창의성을 가로막는다.

　정권교체가 이루어진 최근에 들어와 많은 한국인들, 특히 제도권 지식
인들은 지금 대세가 어떻게 돌아가는가 하는 것을 눈치보느라고 잔머리
를 들입다 굴리고 있을 것이다.

　나는 한국인의 심성을 형성하고 있는 기본 바탕이 '공포'라고 본다. 그
공포의 대상은 가부장적 권위일 수도 있고, 변덕스런 권력과 법일 수도
있고, 종교적 도그마일 수도 있다. 그러다 보니 누구나 다 전전긍긍 목숨
부지하는 데만 혈안이 되어 있는 것이다. 여기서 말하는 '목숨'이란 밥줄
인 직장이 될 수도 있고, 사회적 명예가 될 수도 있고, 가족이기주의적 안
락감(安樂感)이 될 수도 있다.

　『토정비결』을 봐도 걸핏하면 말조심하라는 충고가 많이 나온다. 구설
수(口舌數)나 관재수(官災數)에 대해 유달리 겁을 먹고 살아가는 게 바로
한국인들이다. 그러다 보니 활발한 토론문화도 없고 활발한 의견개진도
없다. 특히 도덕적 테러에 대한 공포심이 심해서, 언제나 이중적 도덕주

의자로 행세하며 한평생을 마무리하기 쉽다. 그런데도 술자리에서는 유별나게 음담패설을 좋아하는 게 또한 한국인들이다.

"적당히 살아가라"는 충고가 처세의 만병통치약처럼 되어버린 한국 사회는 이제 곪을 대로 곪아터졌다. 개인의 능력이나 창의성보다는 사근사근한 매너나 아부 능력을 중시하다 보니 인재(人材)가 적재적소에 배치될 수 없다. 또한 관치(官治) 경제와 관치 문화가 주도하는 상황 하에서는 더 이상의 국력 신장이 이루어질 수도 없다.

변절자들이나 변신자들이 '영리한 사람'으로 치부되고 자신의 신념을 지켜나가는 사람들이 어리석은 사람으로 치부되는 사회에서는, 언제나 간특한 사기술과 모략만이 판을 치게 된다. 우리 사회는 이런 자들이 만들어 놓은 허울 좋은 명분들과 위선적 도덕률들이 온 국민의 숨통을 옥죄고 있다.

나쁜 놈들은 벌을 받아야 하고 착한 사람은 상을 받아야 한다. 나쁜 놈 중의 나쁜 놈은 엉거주춤 양다리 걸치며 개인의 이익을 챙기는 기회주의자들이요, 착한 사람 중의 착한 사람은 정직하게 자신의 입장을 드러내는 사람들이다. 선악의 판단 이전에 '솔직성'에 대한 판단이 한 사람의 인격을 저울질하는 척도가 되어야 한다.

한국에서 살아가기는 참으로 힘들다. 좀더 개성과 인권과 표현의 자유가 보장되는 세상, 눈치 보지 않아도 되는 세상, 막연한 공포심을 느끼지 않아도 되는 세상이 됐으면 좋겠다.

2 · 정치 생각

한국처럼 정치만능주의가 팽배해 있는 나라는 없다. 정치만능주의란 '권력만능주의'에 다름 아니므로, 권력만 가지면 누구나 행복해진다고 믿는 사람들이 문화계나 예술계에서까지 진을 치고 있는 게 한국의 현실인 것이다.

공자는 "정자정야(政者正也 : 정치란 바른 것이다)"라고 했다지만 이 말을 믿을 사람이 어디 있겠는가? 누구나 정치를 '힘'과 동일시할 뿐, 정치가 정의(正義)라고 생각하는 사람은 단 한 사람도 없다.

사람은 정치적 동물이고 권력을 좇는 동물이다. 그러므로 정치를 아예 부정한다고 해서 정치 과잉이 주는 폐해를 막을 수는 없다. 차라리 아나키스트(Anarchist)들의 주장처럼 '지배 권력이 개인에게 미치는 힘을 최소화하는 것'만이 정치적 억압으로부터 인간을 구제할 수 있는 첩경이 된다.

공자는 정의로운 정치가 태평성대를 이룩할 수 있다는 낙관론에 집착해 있었다. 말하자면 엘리트주의라고도 할 수 있고 니체 식(式) 초인주의(超人主義)라고도 할 수 있다. 서구에서도 일찍이 플라톤은 철인정치론(哲人政治論)을 펴서 걸출한 철학자가 권력을 잡으면 유토피아를 이룰 수 있다고 주장했다.

그러나 공자나 플라톤 식의 성군주의(聖君主義)가 실제로 성공한 적은 인류 역사상 단 한 번도 없다. 『명상록』까지 펴낸 철학자가 황제 노릇을 한 로마의 마르쿠스 아우렐리우스 시대는 내전과 혼란의 연속이었고, 세종대왕이 아무리 성군(聖君)이었다고 해도 『홍길동전』의 배경은 세종시대로 되어 있다. 똑똑한 세종이라 해도 서자(庶子)에 대한 차별을 막을 수는 없었고, 상민과 노비들의 비참한 생활을 개선시킬 수는 없었던 것이다. 또 철학책을 써서 철인군주(哲人君主)를 흉내 낸 레닌이나 스탈린, 그리고 모택동이나 김일성도 결국은 탐욕스런 독재자에 불과했다.

그런데도 지금 한국인들의 정치관은 공자 식 성군주의를 못 벗어나고 있다. 다시 말해서 걸출한 지도자가 대통령이 되면 만사가 기적적으로 잘 돌아갈 것이라고 착각하고 있는 것이다. 그러다 보니 정조(正祖)나 박정희를 영웅으로 묘사하는 이인화씨 같은 소설가까지 나오고, 대통령을 '임금'에 비유하는 촌스러운 지식인들이 속출하고 있는 것이다.

하긴 이런 현상은 아직도 전근대적 후진성을 못 면하고 있는 우리나라의 의식 수준을 고려하면 피치 못할 과정인지도 모른다. 정치제도나 민주적 사회복지 등에 있어 가장 선진성을 보여주고 있는 프랑스조차도, 20세기 초반까지 왕정복고주의자들이 기승을 부렸기 때문이다.

『어떤 시골 신부(神父)의 일기』로 유명한 소설가 베르나노스 같은 이가 대표적인 경우인데, 그는 입헌군주제 정도가 아닌 절대왕정 비슷한 왕정(王政)으로 복귀하자고 주장했다. 그의 생각에는 의회민주주의야말로 우중(愚衆)들이 설칠 공간을 만들어 주는 천박한 정치제도였다.

대통령중심제든 왕정이든 그런 제도는 다 단 한 명의 지혜와 경륜이 모든 것을 해결할 수 있다는 터무니없는 유토피아니즘에 기초한다. 그렇다고 해서 내각책임제나 의회민주주의가 만능이라는 얘기는 아니다. 어떤 제도든 간에 '정치·권력 만능주의'에 머물고 있는 한, 국민은 고달파진다는 얘기다.

정부권력을 최소화하고 법 만능주의 역시 없앨 수 있을 때, 그때 비로소 '정치는 서비스'라는 생각이 보편화될 수 있다. 요즘 정치논리에서 경제논리로 가자는 주장이 제기되고 있는데, 정치가 곧 경제라는 등식 역시 위험하기는 마찬가지다. 경제논리 역시 '금력(金力)'이라는 힘에 의지하는 것이기 때문이다. 그보다는 정치논리가 곧 '서비스논리'가 될 수 있을 때 정치의 해악(害惡)이 다소 줄어들 수 있다.

서비스의 질은 서비스 제공자 간의 경쟁이 있어야 좋아진다. 그리고 '고객은 왕'이라는 생각을 서비스 제공자에게 심어줄 수 있는 주체는 고객이다. 자유민주주의제도에서 정당제도와 선거제도를 통해 국민의 참정권을 보장하는 것은 그런 의도에서일 것이다.

그러므로 정치 수준을 민주적으로 발전시킬 수 있는 주체 역시 고객, 즉 국민일 수밖에 없다. 국민들이 정치공포증에서 벗어나 정치를 '선택'할 수 있을 때, 정치권력은 비로소 오만방자한 군림의 자세, 또는 게으른 태업(怠業)상태에서 벗어날 수 있다.

정치공포증은 자기 합리화를 위해 성군주의나 영웅주의를 불러일으키고, 국민들 개개인을 마조히스트(Masochist)로 만든다. 그리고 '변화'를 두려워하게 하고, '구관이 명관' 식의 복고주의를 부른다. 한국은 이제 정말 왕정(王政)에 대한 향수에서 벗어날 때가 되었다.

3 · 자유 생각

　자유가 소중하다는 것은 누구나 다 알고 있는 사실이다. 게다가 우리나라처럼 자유민주주의 체제를 채택하고 있는 나라에서는 자유의 소중함이 되풀이되어 강조될 수밖에 없다. 그런데 이상한 것은 우리 사회에서 자유는 언제나 구두선(口頭禪)으로만 외쳐질 뿐, 자유보다는 통제가, 개인보다는 전체가 사실상 중요시되고 있다는 점이다.

　사회제도라는 것도 따지고 보면 개인의 자유를 신장시키기 위해서 만들어진 것이고, 법이란 것도 역시 정의의 이름으로 개인의 자유를 보호하기 위해서 만들어진 것이다. 그런데도 우리나라는 10여 년 전에는 구금률이 세계 2위라는 오명을 얻는 등 국민 개개인의 자유권이 침해당하는 일이 너무나 자주 일어난다. 이것은 상식으로 이해하기 어려운 일이다.

　법이든 사회제도든 또는 윤리든 도덕이든, 그것은 항상 개인의 자유 발전을 목표로 개조돼 나가야 한다. '전체를 위한 개인의 희생'이 당연시되는 풍토에서 민주주의 발전은 요원한 일이다.

흔히들 "자유는 좋으나 방종은 안 된다"고 말한다. 그러나 '방종'만큼 애매모호한 말도 없다. 대낮에 카페에서 키스하는 남녀를 목격했다고 할 때, 내 경우에 그것은 그저 '부러운 일'에 속한다. 그러나 아주 수구적인 도덕관을 갖고 있는 이가 그런 광경을 목격했다고 하면 그건 필시 '방종'으로 간주될 게 틀림없다. 댄스 클럽에서 남녀가 신나게 몸을 비비고 흔들어대는 경우도 마찬가지다. 내게는 그저 부럽기만 한 광경이 어떤 사람에게는 방종으로 비쳐질 수도 있는 것이다.

방종 · 퇴폐 · 음란 등 애매모호하기 짝이 없는 단어들이 활개치며 개인의 자유권을 제약하고, 개성이 강한 개인이 '모난 돌이 정 맞는' 식으로 피해를 입는 곳이 바로 우리 사회라면 지나친 판단일까.

어떤 형태로든 '복지부동'을 하지 않으면 불안할 수밖에 없는 사회, 자유보다 '절제'가 외쳐지며 사람들을 항상 정체 모를 피해의식에 사로잡히게 만드는 사회가 바로 우리 사회라면 그것 역시 지나친 자기비하일까.

자유의 가치를 폄하하게 만드는 사회적 요인으로 세 가지를 들 수 있다. 하나는 지나치게 쇄국적인 민족주의요, 하나는 지나치게 경직된 종교적 편견이요, 하나는 균제(均齊)와 통일을 지나치게 강조하는 집단주의 윤리다. 이런 요소들이 합쳐져 당연한 상식처럼 될 때, 개개인의 창의력은 쇠퇴하게 되고 문화 발전은 정체상태에 이르며, 교육은 오직 '인내력 배양'에 따른 '두고 보자' 식(式) 원한 쌓기가 되고 만다.

한때 '자유주의자'라는 말이 욕설처럼 사용된 적이 있었다. 1970~80년대 때의 일인데, 그때 좌파이론에 경도된 진보적 지식인들은 자유주의자나 개인주의자를 투철한 역사의식이 없는 향락주의자 정도로만 취급했다. 그러나 구소련이 무너진 지금 자유주의는 새로운 조명을 받게 되었고, 한국의 진보적 지식인들도 생각의 수정이 불가피하게 되었다.

구소련은 국가는 자유롭되 개인은 자유롭지 못한 사회였기 때문에 붕괴될 수밖에 없었다. 히틀러의 나치즘 역시 국가의 자유만 외치고 개인의 자유를 평가절하했기 때문에 망했고, 지금의 북한 역시 그런 이유 때문에 자중지란(自中之亂)을 겪고 있다.

서양 중세기의 경우도 마찬가지다. 그리스시대부터 로마시대까지 이어져 내려온 자유주의 정신과 개인존중의 정신이 중세 교회의 교리에 의해 억압되면서부터 암흑시대가 시작되었다.

자유는 그것이 설사 방종이 될지라도 '범죄'가 아닌 한 매도되거나 단죄되어서는 안 된다. 자유는 그것이 설사 음란이 될지라도 남에게 구체적인 피해를 입히지 않는 한 매도되거나 단죄되어서는 안 된다.

존 스튜어트 밀은 그가 쓴 『자유론』에서 이렇게 말했다. "권력이 집단에 속한 개개인을 위해 힘을 행사할 때, 그것이 비록 다른 사람에게 해악을 끼치는 것을 예방한다는 명분을 갖고 있다 하더라도, 다시 말해서 선의의 의도에 의해 권력이 행사된다 하더라도, 그러한 권력의 행사는 절대로 정당화될 수 없다." 참으로 옳은 말이다.

우리나라에는 자유가 '남용'될까 봐 걱정하는 사람들이 너무나 많다. 그런 사람들은 대개 사회 지도층 인사거나 엘리트 지식인들이다. 하지만 나는 자유의 남용보다는 '자유의 제한'을 걱정한다. "자유에는 책임이 따른다"고 말하며 자유를 제한할 것을 주장하는 사람들은, 진정한 자유만이 책임감을 동반하는 '자율'을 불러올 수 있다는 사실을 모르고 있다. '어정쩡한 자유'야말로 신경질을 불러일으켜 무책임한 행동을 유발시키는 것이다.

국민 개개인에게 보다 많은 자유가 주어질 수 있을 때, 그때 비로소 우리나라는 경제 발전은 물론 문화적 · 정치적으로도 선진국이 될 수 있을 것이다. 자유는 정치 · 경제 · 문화 전반에 걸쳐 국력의 신장을 촉진시키는 가장 효과 빠른 영약(靈藥)이기 때문이다.

4 · 민중과 역사 생각

인간은 역사에 얽매여 살아간다. 흔히 말하는 '민중'이란 개념도 역사의 개념과 병치(竝置)시켜 놓지 않으면 아무런 의미가 없게 될 것이다. 민중 개개인은 잡초처럼 보잘것없는 존재지만, 역사의 발전적 변혁에 이바지하는 존재라는 점에서 가치가 부여되기 때문이다. 그러나 민중은 역시 민중이다. 민중은 역사의 포상(襃賞)을 받지 못한다.

문명사회에서의 인간 개개인은 '역사에 이바지하라'고 끊임없이 교육받는다. 그래서 전쟁에 나가 졸병으로 전사하기도 하고 대형 건조물(建造物)을 짓다가 사고로 죽기도 한다.

초기 기독교의 역사는 순교의 역사였다. 순교자 개개인은 각자 천당에 가기 위해 죽어갔다기보다는 '기독교의 역사'를 위해 죽어갔다. 그러나 그들이 모두 천당에 가서 영화를 누리고 있다는 증거도 없고, 기독교 역사에서 그들을 일일이 기려주지도 않는다. 아니, 한껏 기려줘 봤자 죽은 사람들이 무슨 보람을 느낄 것인가.

나는 중학생 때 폴란드 작가 시엔키에비츠가 쓴 소설『쿠오 바디스』를 읽고 크게 감명 받았다. 네로의 학정과 기독교 탄압으로 수많은 기독교도들이 사자들의 밥이 되기도 하고 화형(火刑)당하기도 하면서 죽어가는 것을 보고, 나는 눈물을 흘리며 신앙의 힘을 가슴 깊이 앙모(仰慕)해 보기도 하였다.

그러나『쿠오 바디스』에 나오는 남주인공인 마커스 비니키우스와 그의 애인인 리디아는 그 와중에서도 끝까지 살아남는다. 그리고 기독교도로서의 평화롭고 행복한 삶을 즐기며 살아간다.

나는 어렸을 때는 주인공의 행복한 결말에 질투심을 느끼지도 않았고, 그런 소설적 구성에 의구심을 갖지도 않았다. 그러나 나이를 먹어가면서 이런저런 풍파를 겪고 나서부터는, 그들이 신앙의 힘으로 획득했다고 하는 행복이 얄밉기 짝이 없었다.

또『쿠오 바디스』에 나오는 사도 베드로 역시 마찬가지다. 그는 마커스나 리디아처럼 살아남지 못하고 십자가에 거꾸로 매달려 순교했다. 하지만 그래도 역사에 이름을 남겼고 그를 기념하여 '성 베드로 사원'이라는 거대한 건축물까지 생겼다. 그러나 '성 베드로 사원'을 짓기 위해 얼마나 많은 노동자들이 피땀 흘리며 혹사당했을 것이며 또 사고사로 죽어갔을 것인가.

'역사의 미화(美化)'는 언제나 나를 기분 나쁘게 한다. 전에도 이성계의 조선 건국이 또다시 TV 드라마로 극화되어 국민들을 우롱했는데, 이성계나 이방원의 야심 때문에 죽어간 사람들이 모두 다 '역사의 도도한 물줄기'를 위해 필요했던 소모품 정도로 그려지는 것을 보고 나는 분노를 참을 수 없었다.

요즘 다시 고개를 부쩍 들기 시작한 '박정희 시절에의 향수(鄕愁)' 역시 마찬가지다. 박정희 때문에 죽어간 많은 사람들이 당연한 희생물로 간주되고, 박정희 같은 위대한(?) 독재자가 나와야 이 나라 경제가 다시 설 수 있을 것이라는 해괴한 논변들이 지식인들의 입에서 자주 뇌까려지고 있다.

정조(正祖)의 치적을 소재로 장편소설을 쓴 작가는 민주주의를 중우정치(衆愚政治)라고 비웃으며 세종대왕이나 정조대왕 같은 영군(英君)에 의한 독재가 바람직한 정치라고까지 예찬해댔다. 작가가 30대 초반 때 그런 발언을 서슴없이 해댔다면, 이 나라의 역사는 앞으로도 끊임없이 강자의 자기 합리화와 횡포로 이어질 것이 틀림없다. 그리고 그 '자기 합리화'의 명분은 반드시 '역사'일 것이다.

장 자크 루소는 역사를 없애야 인간이 행복해질 수 있다고 주장했다. 그는 『인간 불평등 기원론』에서 인류가 불행해진 것은 정치와 학문과 기술의 '역사'가 중시됐기 때문이라는 요지의 주장을 펼치고 있다. 역사가 없었던 원시시대의 인류가 역사에 담보 잡히며 살아가는 문명시대의 인류보다 훨씬 더 행복했다는 것이다. 역사상 끊임없이 자행되었던 인권의 유린이나 억압은 모두 다 '역사 발전'을 위한다는 명분을 내세워 이루어졌고, 그러한 악행에 희생당하는 사람들조차 "후세 사가(史家)들이 우리의 억울함을 풀어줄 것이다"라는 헛된 미망과 희망 속에서 속절없이 죽어갔다.

역사는 언제나 민중의 적(敵)이다. 아니 민중이라는 말보다는 '개인'이라는 말이 더 적당할 것이다. 인간은 어디까지나 개인으로 존재하는 것이지, 인류라는 집합체의 한 분자(分子)로서 존재하는 것은 아니다. 그런데 역사는 늘 개인을 전체의 부속품으로만 간주한다. 그리고 인간을 부속품으로 부리어 사용하는 개인을 따로 상정(想定)하여 '영웅'이라고 부른다.

5 · 사회 생각

　오스트리아의 철학자 칼 포퍼(Karl R. Popper)가 쓴 『개방사회와 그 적(敵)들(1945)』이라는 책은 비판적 합리주의가 제대로 정착하지 못한 우리 사회에 시사해 주는 바가 크다. 나치즘에 반대하여 뉴질랜드에 망명해 있는 동안에 집필된 이 책은, 플라톤과 헤겔과 마르크스의 역사법칙주의와 엘리트독재주의를 공격하는 의미로 씌어졌다. 그는 히틀러의 나치즘 역시 선민(選民)사상에서 출발한 플라톤주의의 아류(亞流)라고 생각했던 것이다.

　포퍼는 '개방사회'의 필요성을 강조한다. 자유로운 비판과 토론이 가능한 사회가 바로 개방사회이다. 개방사회를 이루는 데 기본적으로 필요한 것은 과학정신이며, 정치적 맥락에서 본다면 자유민주주의 정신이다. 포퍼는 개방사회의 특징을 첫째 자유로운 토론이 가능하며, 그 토론이 정치에 영향을 미치고, 둘째 제도는 오직 자유와 약자를 위해 존재하는 사회로 잡고 있다.

자유로운 토론의 전제조건은 언론·표현의 자유와 반대파의 존립 보장이다. 따라서 중요한 것은 '누가 지배하는가'라는 물음이 아니라 '정치 지도자가 해악을 끼치지 못하도록 어떻게 제도를 조직할 수 있는가'인 것이다. 이 같은 개방사회 실현의 첫 단계는 폭력에 호소하지 않고 지배자를 교체할 수 있는 가능성을 여는 것이다. 포퍼는 그것이 가능한 사회를 민주주의 사회로 보고, 자유선거에 의한 정권교체를 열렬히 옹호한다. 민주주의만이 폭력이 아닌 이성으로 정치적 개혁을 실시할 수 있는 제도적 틀을 제공해 줄 수 있기 때문이다.

개방사회의 반대 개념은 폐쇄사회이다. 폐쇄사회는 단체나 집단의 중요성을 강조하는 집단주의를 본질로 하는 사회다. 개방사회가 '비록 소수의 사람들만이 정책을 세울 수 있다 해도 국민 모두가 그것을 비판할 자유를 가지고 있는 사회'라면, 폐쇄사회는 '소수의 지배자들이 국민을 이끌면서 통치하고 다수의 국민들에게는 오직 복종만 강요되는 사회'이다. 플라톤, 헤겔, 마르크스 등이 이상적으로 지향하는 유토피아 사회가 바로 폐쇄사회이며, 이것이 곧 개방사회의 적(敵)이다.

포퍼는 강력한 힘을 가진 정부는 권위주의와 폭력을 수반한다는 이유로 중앙집권주의에 반대한다. 또한 일시적 사회혁명도 반대하는데, 혁명은 민중들에게 불필요한 고통을 가져오고, 전통적 사회제도를 파괴하고, 문명의 몰락을 초래하고, 나아가 혁명이 구현하려고 한 가치마저도 파괴해 버리기 때문이다.

그는 유토피아니즘적 혁명보다는 점진적 사회개량을 지지한다. '이상(理想)에 대한 합의'는 어렵지만 '구체적인 악(惡)의 존재와 그것의 제거에 대한 합의'는 쉽기 때문이다. 요컨대 "추상적인 선(善)을 실현하려고 애쓰지 말고 구체적인 악의 제거를 위해 노력해야 한다"는 것이 포퍼의 생각이라고 할 수 있다.

요즘 우리 사회를 보면 추상적인 선(善)만이 목청 높여 강조되고 구체적인 악(惡)에 대해서는 적당히 얼버무리고 넘어가는 관행이 여전히 계속되고 있다. 정체불명의 '도덕성'이 언제나 만병통치약으로 제시되고, 언론·표현의 자유에 대한 억압 등 구체적인 '악'에 대해서는 관심을 기울이려 하지 않는다. 또한 이른바 진보주의를 표방하는 사람들조차 폭력적 체제전복에 의한 소수의 엘리트 독재를 꿈꾸며, 비판적 합리주의자들이나 자유주의자들을 비겁한 개량주의자라고 몰아붙이고 있다.

우리 사회는 아직도 근대적 합리성이나 자유민주주의 정신을 합의된 공동선(共同善)으로 받아들이지 못하고 있다. 그러기에 조선왕조시대에 대한 어이없는 향수(鄕愁)가 나오고 박정희 식 개발독재에 대한 시대착오적 짝사랑이 나오는 것이다. 개방사회가 되는 것을 은근히 두려워하는 지식인들이 많기에 국가적 경제 파탄이 이루어졌고, 유교식 엘리트주의에 근거하는 반(反)자유주의적 문화 탄압이 일상화되었다.

우리 사회를 명실상부한 개방사회로 만들기 위해 우리는 이제부터도 온 힘을 기울여야 한다.

6 · 교육 생각

　요즘 교육제도의 개선이 다각도로 모색되고 있다. 그러나 대개는 외형적 명칭의 변화나 평가방법의 수정 같은 데만 머물고 있어 진정한 '교육철학의 혁신'은 이루어지지 않고 있다. 그래서 정권이 바뀔 때마다 제도를 바꾸는 일이 자꾸 반복돼 봤자 무슨 소용이 있나 하는 생각조차 든다. 교육은 사람이 하는 것이기 때문에, 제도의 개선보다는 사람(즉 교사와 학생)의 가치관과 사고구조를 바꿔야만 진정한 교육 개혁이 이루어질 수 있다.

　그러려면 우선 교육의 실질적 주체인 '교사' 또는 '교수'를 선발하는 과정부터 새롭고 실제적인 개혁이 이루어져야 한다. 우선 '교사'만 가지고 볼 때, 우리나라는 교사를 일종의 '기술자'로 보아 '자격증'만 가지고 선발하는 우를 범하고 있다. 사범대학의 기득권을 보장해 주려는 의도에서, 일반 대학에서는 교사자격증 신청자의 숫자를 아예 제한해 버리고 있는 것이 가장 큰 문제다. 교직과목을 수료하고 안 하고가 교사의 자질에 큰 영향을 미친다고는 볼 수 없기 때문이다.

그러므로 사범대학을 일반대학으로 전환시킨 후 모든 일반대학 졸업생들에게 폭넓은 기회를 줘야 한다. 그래서 교사가 되기를 원하는 사람들을 대상으로 수준 높은 평가방법을 통해 '교원 후보생'들을 가려낸 다음, 일정한 연수기간을 거쳐 교사 자격을 부여하면 훨씬 더 좋은 자질을 가진 교사들을 확보할 수 있을 것이다.

대학교수의 경우엔 문제가 더욱 심각하다. 아직도 학연·지연 등에 따라 교수 선발이 이루어지는 일이 많고, 심지어 교수 채용시 금품이 오가기까지 한다. 또 실력 있는 사람을 뽑으면 골치 아파질까 봐 '적당히 말 잘 듣는 무난한 사람'만 뽑으려 드는 일부 교수들의 전횡도 문제다. 요즘 유신 시절에 만들어진 재임용제도가 더욱 악용되어 학교 말을 안 듣는 교수나 파벌이 다른 교수를 몰아내는 일이 비일비재한데, 이 역시 교육의 실질적 수용자인 '학생'들의 평가와는 무관하게 이루어지는 '교수 능력 평가'의 허구성을 단적으로 입증해 주는 예다.

그러므로 교수 채용시 공개 심사를 실시한다거나 채용 후에도 학생들의 공정한 평가를 거쳐 승진시킨다거나 하는 식으로, '고객은 왕'이라는 생각을 대학교육에 도입할 필요가 있다. 대학은 도덕적 전인교육을 실시하는 곳이라기보다는 학생들에게 '지식'을 전수하는 곳으로서의 의미가 더 크다. 그러므로 전인교육을 핑계로 구시대의 '군사부일체' 이념을 부실 교수(무능 교수나 권력에 줄서기에 바쁜 교수 등)들의 기득권 보장 수단으로 악용해서는 안 된다. 요컨대 '실력보다는 빽'이 대학교수직을 유지시켜 주는 수단으로 인식돼서는 안 된다는 뜻이다.

그 다음으로 중요한 것은 교육이념의 문제다. 아직도 『명심보감』식의 유교적 봉건윤리가 교육이념으로 채택되고 있어 수많은 학생들을 옭아매고 있다. 교육이란 궁극적으로 '창의력 계발'을 목적으로 하는 것인데, 한국의 경우는 '창의력의 억제', '개성의 억제', '창조적 반항정신의 억제' 등이 교육이념 구실을 하고 있다. 그러니 요즘 신세대 청소년들이 학교 생활에 흥미를 못 느낄 건 뻔한 일이고, 학교는 그저 '졸업장을 따기 위한 기관' 정도의 구실밖에 못하게 되는 것이다.

기득권 지배 엘리트로 출세하려고 '독한 마음'을 먹고 공부하는 극소수의 학생들은, 내가 보기엔 실력 있는 학생이라기보다 인내력이 강한 학생이다. 그들은 권위주의적 교육방법이나 자유를 억압하는 통제적 교육방법에 묵묵히 참아가며 복종한다. 그래서 그들은 '모범생'이 되고 나중에 가서 어떤 형태로든 지배 기득권 세력에 편입된다. 그러고는 자기네들이 학생 시절에 받았던 억압에 대한 울분과 긴 인내의 과정을 통해서 쌓인 울화를, 아랫사람이나 새 세대의 젊은이들한테 '한풀이' 형태로 전이(轉移)시키는 것이다. 이런 악순환이 되풀이되는 동안 이른바 '괴짜' 등 개성이 강한 사람들은 학생 시절부터 소외돼 버려, 타고난 창의력을 제대로 발휘하지 못한 채 씁쓸한 열패감(劣敗感)만 느끼며 인생을 살아가게 된다. 이건 확실히 '국가적 손실'이 아닐 수 없다.

그래서 나는 특히 중·고등학교 학생들에게 더 많은 자유가 주어지기를 간절히 바라고 있다. 교복을 없애고 복장을 자유화한 지 몇 년이 못 가다시금 '제복'으로 돌아가는 것을 보고서, 나는 우리나라 교육계가 '학생들이 자유롭게 노는 꼴'을 도저히 못 참아내는 생리적 특성을 갖고 있다고 느꼈다.

자유주의 교육이념이 중요한 까닭은, 자유를 향유하는 법을 알아야 거기서 책임감도 생기고 개성도 생기고 창의력도 길러지기 때문이다. 과도

기의 부분적인 혼란이 겁난다고 해서 무조건 통제 위주의 구시대적 교육 철학을 답습한다면, 우리가 바라는 '교육의 민주화'는 진정 아득하고 허망한 꿈이 될 수밖에 없다.

교육개혁은 이제 제도의 개혁이 아니라 '사람의 개혁'이 되어야 하고, 그중에서도 교사와 교수의 개혁이 선행되어야 한다.

7 · 청소년 생각

1950년대까지만 해도 우리나라 소설에서는 50대 나이의 사람을 '노인'으로 표현하는 일이 많았다. 해방 이전의 작품은 더욱 그러해서, 마흔 살만 넘으면 벌써 한물간 인생으로 취급하는 경우가 흔했다. 평균수명이 워낙 짧았기 때문에 그랬을 것이다. 1945년 해방 당시 우리나라 사람들의 평균 수명은 40세 정도였다.

요즘은 어느 정도의 나이가 '노인'에 해당될까? 아마 70은 넘어야 '노인' 소리를 듣게 될 것이다. 그런데 1990년대 이후 대통령 후보로 뛰었던 70이 넘은 분들을 보면 전혀 노인 같지가 않았다. 참으로 세상 좋아졌다는 생각이 든다.

평균수명이 길어지다 보니 덕을 보는 건 중장년층들이다. 특별한 병에 시달리거나 죽어 넘어지지 않는 한, 예전보다는 한층 '젊게' 살 수 있기 때문이다. 50이 넘은 정치인이 '젊은 정치인' 소리를 듣고, 40대 초반 정도만 돼도 잘하면 '신세대' 소리를 듣는다. 특히나 연예인들(가수가 대표적이다)은 더욱 신이 나는데, 예순 살이 넘은 연예인들이 현역으로 활동하며 매스컴을 탈 수 있다는 건 예전엔 꿈도 못 꾸던 일이었다. 여성 연예인의 경우는 더욱 그래서, 서른다섯 살만 돼도 현역에서 은퇴하여 가정주부로 들어앉는 일이 흔했다.

그런데 문제는 청소년들이다. 평균수명이 길어지면서 청소년들은 오히려 무지막지한 피해와 손해를 보고 있다. 말하자면 예전보다 훨씬 더 '아이' 취급을 받고 있는 것이다. 영양상태의 호전에 의한 평균수명의 연장은 청소년들에게도 영향을 미쳐, 요즘 청소년들은 예전에 비해 발육이 무척이나 빠르다. 키도 훨씬 더 크고, 성징(性徵)도 빨리 나타난다.

또 매스컴의 발달로 얻어듣는 정보도 많아 어른들 못지않게 아는 것도 많다. 그런데도 요즘 청소년들은 '아이 취급'에 따른 엄청난 박해(?)를 받고 있는 것이다.

조선시대에 나온 소설 『춘향전』을 보면, 만 열다섯 살 이몽룡이 같은 또래의 성춘향을 만나 성애(性愛)를 나누는 것이 아주 당연한 것으로 묘사되어 있다. 이몽룡은 스무 살도 못 되는 나이에 장원 급제를 하여 암행어사까지 된다.

20세기 전반까지만 해도 이팔청춘의 나이가 되면 이미 어른 대접을 받았다. 여자들은 대개 20세 전에 시집을 가서 아이를 낳았고, 남자들은 20세 전에 장가가는 것은 물론, 성인으로서의 사회활동이 보장되었다.

춘원 이광수나 육당 최남선이 20세 전후의 나이에 학교 선생이 되고 저명한 문필가로 행세할 수 있었던 것은, 그들이 특별히 조숙했거나 당시에 인물이 없어서가 아니었다. 그때는 그 나이 또래의 사람이 응당 '어른'이었던 것이다.

그런데 요즘은 어떤가. '청소년 보호'라는 미명하에 19세 이전의 젊은 이들은 사회활동이나 사랑할 자유, 놀 자유, 화장할 자유까지 봉쇄당하고 있다. 한창 예쁜 나이의 이팔청춘 처녀들이 교복이라는 굴레에 갇혀 멋도 못 내보고 금쪽같은 세월을 보낸다. 에로틱한 영화를 봐서도 안 되고, 성애소설을 읽어서도 안 된다. 춤을 추고 싶어도 춤출 장소가 없고, 데이트를 하고 싶어도 떳떳이 데이트할 장소가 없다. 특히나 정신연령이 높은 조숙한 청소년들에게 지금 세상은 '지옥'이다.

19세만 넘으면 모든 게 다 허용되고 19세가 못 되면 모든 게 다 금지된다. 19세가 넘어도 정신적으로 미숙한 젊은이가 있을 수 있고 19세 이전에도 정신적으로 조숙한 젊은이가 있을 수 있다. 그런데 칼로 끊듯이 오직 19세를 기점으로 삶의 양태가 판이하게 달라진다. 그러니 청소년들이 반발을 안 할 수가 있겠는가. 반발이라도 시도하면 그래도 다행이다. 자살하는 청소년들이 점점 더 늘어나고 있으니 문제다.

청소년보호법 시행 이후로 TV를 봐도 '19' 자가 들어가는 영화가 많이 나온다. 정말 눈 가리고 아웅이다. 19세 미만은 보면 안 된다는 것이다. 그럼 19세 젊은이가 그런 영화를 보면 다 안전하고 18세 젊은이가 그런 영화를 보면 다 불량배가 된다는 얘기인가.

획일적인 잣대로 청소년을 보호하는 '척'하며 묘한 사디즘을 즐기는 것은 한국사회가 보여주는 또 다른 병폐다. 이젠 청소년을 어른 취급할 때가 되었다.

8 · 인구 문제 생각

인구 문제처럼 골치 아픈 문제는 없다. 최근 유엔(UN)에서 발표한 보고서를 보면, 2013년 현재 세계의 인구는 70억이고 서기 2025년에 가면 80억이 된다고 되어 있다. 그리고 서기 2050년쯤 되면 100억에 이르게 된다는 것이다. 이쯤 되면 아무리 농업 기술이 발달한다 해도 세계 인류는 굶어죽을 수밖에 없다. 벌써부터 아프리카 같은 곳에서는 굶어죽거나 영양실조로 죽어가는 사람들이 속출하여 세계 인류를 긴장시키고 있다.

인류의 역사를 살펴보면 과도한 인구 증가를 억제하기 위한 수단으로 대개 큰 규모의 전쟁과 참혹한 전염병이 동원되었다. 의식적으로든 무의식적으로든 생태계의 동물들은 폭발적인 인구 증가를 막는 방법을 자연스럽게 도출해 내게 되는데, 그 가운데 가장 많이 쓰였던 방법은 역시 전쟁과 질병이었던 것이다.

우리는 중국 역사소설 『삼국지』를 그저 재미있는 읽을거리로만 읽고 있지만, 실제 역사를 보면 위(魏)·촉(蜀)·오(吳) 세 나라간의 내전이 계속 되는 동안 중국의 인구는 3분의 1로 줄어들었다. 17세기에 일어났던 종 교전쟁으로 독일의 인구는 2천만 명에서 4백만 명으로 줄었고, 14세기 에 유럽을 휩쓴 흑사병은 유럽의 인구를 2천 3백만 명이나 감소시켰다. 우리나라도 임진왜란 때나 한국전쟁 때 인구가 엄청나게 줄어들어서, 특 히 1953년 한국전쟁 직후엔 이른바 '베이비 붐'이 일어나게 되었다.

그러나 제2차 세계대전의 참화를 겪은 이후부터 인류는 대규모의 전 쟁을 치르는 대신 '산아 제한'의 방법을 통해 인구 문제를 해결하려 하고 있다. 전염성 질병 또한 거의 극복된 것이 사실이기 때문에 질병에 의한 인구 조절에도 희망(?)을 걸기가 어려워졌다. 물론 암이나 에이즈 같은 것이 나타나 인류를 위협하고 있지만, 현재의 의학 수준으로 볼 때 조만 간 치료제가 나오리라 믿는다.

그렇다면 앞으로 우리는 과연 어떤 방법으로 인구 증가를 막아야 할 것인가. 역시 산아 제한이 가장 좋은 방법이 될 수밖에 없을 것이다. 그러 나 산아 제한만 가지고는 인구 증가를 근본적으로 막아내기 힘들다. 그야 말로 '하나씩만 낳아도 지구는 초만원'일 뿐더러, 산아 제한에 대한 종교 계의 시각 또한 아직은 미온적이기 때문이다.

그러므로 가장 근본적인 방법은 역시 '자식에 대한 과도한 집착'을 끊 어버리도록 유도하는 것인데, 그러려면 성(性)에 대한 기존의 관념을 수 정할 필요가 있다. 다시 말해서 '생식적(生殖的) 섹스'만이 정상이고 다른 것은 다 비정상이라는 생각에서 탈피해 나가야 한다는 얘기다. 18세기 말의 프랑스 작가 사드(Sade)는 그의 소설 『규방 철학』에서 인구 문제의 해결 방안으로 '항문 섹스'를 권장하고 있다. 임신과 출산은 여자에게 있 어 가장 고통스러운 노역이기 때문에 될 수 있는 대로 항문 섹스를 통해 쾌감을 얻어내야 한다는 것이다.

우리가 갖고 있는 성윤리로 봐서는 도저히 받아들일 수 없는 주장이긴 하지만, 나는 인구 문제가 그때에도 골칫거리였다는 사실에 놀랐고, 또 그 해결 방안으로 '항문 섹스'를 생각하고 있는 작가의 대담성에 놀랐다. 얼마 전에 나는 어떤 젊은 주부가 써 보낸 편지를 받아본 적이 있는데, 남편과 항문 섹스를 즐기고 있다는 내용이어서 관심이 갔다.

지금 세계적으로 번지고 있는 동성애 역시 인구 조절을 위한 인류의 무의식적 노력과 무관하지 않다. 로마시대에는 정부가 동성애를 은근히 묵인해 줬는데, 그 이유는 동성애의 유행이 인구 증가를 억제시켜 준다고 보았기 때문이다.

얼마 전에 나는 또 한 남자 대학생으로부터, 완전히 여자처럼 꾸미고 다니고 싶어 미칠 지경인데 어쩌면 좋으냐고 하소연하는 전화를 받은 바 있다. 전화의 내용으로 보아 일종의 복장도착자(미국에서는 그런 이들을 가리켜 'Drag Queen'이라고 부른다)인 것 같았는데, 다른 면에서는 전혀 이상한 구석이 없어 보여 그 학생의 욕구를 제대로 소화해 낼 수 없는 우리나라의 현실이 안타깝게 느껴졌다.

인구 문제가 인류 최대의 두통거리로 남아 있는 한, 동성애나 항문 섹스 등 이른바 '변칙적 성애(性愛)'들이 앞으로 더욱 늘어날 것이 틀림없다. 인간은 '집단 무의식'의 메커니즘에 의해 스스로의 파멸을 막아내 보려고 끊임없이 애쓰고 있기 때문이다.

그런 의미에서 볼 때, 변칙적 성애에 대한 좀더 너그러운 이해와 더불어 보다 근본적인 논의와 처방(변칙적 성애를 무조건 막는 방법을 연구하는 게 아니라, 어떻게 하면 그것을 마약 사용이나 질병 감염 등의 부작용 없이 수용할 수 있는가에 대한)이 요구된다 하겠다.

9 · 조선왕조 생각

나는 우리나라 반만년 역사 가운데 가장 폐쇄적이고 억압적인 가치관과 윤리로 다스려졌던 시대가 바로 조선왕조시대라고 생각한다. 우리나라는 고대로 갈수록 사회 분위기가 개방적이고 국제적이었다. 그리고 윤리나 도덕 또한 비교적 자유로웠다. 특히 성윤리나 여성의 사회적 지위 문제에 있어 조선시대는 가장 억압적이고 반(反)인권적인 측면을 드러내고 있다.

1997년에 와서야 폐지된 동성동본 금혼(禁婚)제도 같은 것은 고려시대엔 없었다. 그때는 사촌끼리도 결혼할 수 있었고, 이복 남매끼리도 혼인이 가능했다. 그래서 고려 태조 왕건의 아들 하나는 배다른 누이동생과 결혼하여 왕위를 이었다. 고려시대 때는 과부도 당연히 새로 시집갈 수 있었는데, 심지어 어떤 왕은 첫 장가를 과부에게 갔을 정도였다. 딸에게도 아들과 같은 정도로 재산상속권이 주어졌고, 여성의 순결 이데올로기도 조선시대처럼 심하지 않았다.

여성의 사회적 지위가 한층 더 높았던 것은 신라시대라고 할 수 있다. 여왕이 세 명이나 나왔을 정도로 당시엔 성차별이 적었다. 또 삼국시대 때는 계급차별도 덜해서, 고구려에서는 거지인 '바보 온달'이 공주에게 장가를 들고 나서 벼슬까지 얻고 있다. 조선시대 때 만약 거지와 동거생활을 한 공주가 있었다면 거지는 분명 능지처참을 당했을 것이고, 공주는 쫓겨나거나 형벌을 받았을 것이다.

사상의 자유 측면에서도 조선시대 때가 가장 문화독재가 심했다. 그때는 유교만이 허용됐고, 그중에서도 양명학(陽明學)이 아닌 주자학(朱子學)만이 강요되었다. 유교가 고려 중엽부터 일어나 많은 유학자들이 배출되고 정치에 참여했던 것을 보면, 고려시대 때는 불교만 강제된 것이 아니라는 것을 알 수 있다.

삼국시대 때는 불교가 수입된 이후에도 다원적인 종교관이나 종교활동이 가능했다. 최치원이 「난랑비서(鸞郎碑序)」에서 적고 있듯 신라의 종교는 유(儒)·불(佛)·선(仙) 세 가지가 합쳐진 '풍류도(風流道)'였다. 거기에 토속 종교인 숭천(崇天)사상과 샤머니즘이 적당히 혼합되어 조선시대처럼 극도로 배타적인 종교독재가 존재할 수 없었던 것이다.

폐쇄적 국수주의나 민족주의 면에 있어서도 우리나라는 고대로 갈수록 그런 것을 찾아볼 수 없다. 가야나라 첫 임금의 왕후가 외지인이었다는 것과 신라의 석탈해 역시 외지인이었다는 기록이 그것을 입증한다. 고려시대의 유행가인 〈쌍화점(雙花店)〉에서는 서역(西域) 사람이 하는 만두 가게에 만두를 사러 갔던 처녀가 가게 주인과 통정하는 것을 당연한 듯이 그리고 있다. 〈쌍화점〉은 조선의 지배 엘리트들이 규정한 것처럼 '음란한 노래'가 아니라 유머러스하고 건강한 노래였던 것이다.

조선시대 때는 국수주의와 사대주의가 손잡고 사회 발전과 학문·예술의 발전을 망쳤다. 고구려나 백제 때만 해도 사대주의가 없었고, 오히려 중국과 당당히 맞서 겨루었다. 그것은 발해 때도 그래서, 명나라 때 씌어진 이태백의 전기인 『이적선기(李謫仙記)』를 보면, 이태백이 급격히 출세하게 된 이유로 발해를 달래는 외교 문서를 쓴 공로를 꼽고 있다.

또 삼국시대나 고려시대 때는 문화적 국수주의도 존재하지 않았다. 통일신라의 수도 경주는 국제도시의 역할을 했고 고려의 수도 개경 역시 마찬가지였다. 조선시대 때는 말엽에 이르기까지 문화적 쇄국정책을 펴서 나라를 말아먹었던 것이다.

복식이나 장신구사(史)를 보더라도 조선시대 때는 자유로운 미학(美學)이 허용되지 않았다. 색깔 없는 흰옷에 목걸이도 귀고리도 안 되는, 그리고 헤어스타일까지도 획일적으로 규제됐던 시대가 바로 조선시대였다.

그런 조선시대의 가치관과 윤리를 지금 우리나라의 대다수 기득권 지식인들은 그리워하며 '전통윤리'의 표준으로 삼고 있다. 썩어빠진 조선 양반(주로 친일파)의 후예들 중 상당수가 문화적 주도권을 잡고 있어서일 것이다.

10 · 도덕 생각

도덕은 언제나 가변적이다. 아니 가변적이라야 한다. 도덕은 시대의 경제적 흐름과 같은 방향으로 움직여가는 동안에만 사회를 유익하게 하는 힘을 가지기 때문이다.

이를테면 인구가 적어 노동력이 부족한 현실에서는 '생식을 위한 성(性)'만이 도덕적인 성으로 규정되고 또 그것이 사회를 유익하게 한다. '생식을 위한 성'에 반대되는 것은 '쾌락을 위한 성'인데, 성적 쾌락만을 좇고 아이 낳는 것을 꺼리게 된다면 인구가 격감하여 경제가 파탄에 이르게 될 것이다.

그러나 인구 과잉상태가 되고 거기다 인간의 노동력을 대체해 줄 기계문명이 발달하게 되면, 자연히 '생식을 위한 성'은 도덕적 가치를 잃게 되고 '쾌락을 위한 성'이 오히려 새로운 도덕으로 간주된다. '성의 제한'이 아니라 '산아 제한'이 권장되기 때문이다. 그런데 아직도 '생식을 위한 성'만이 도덕적인 성이라고 생각하는 사람이 있다면, 그 사람의 생각은 시대착오적인 것이고 또한 개인과 사회의 이익을 방해하는 것이다. 산아 제한이 나쁘다거나 단산을 한 부부는 성생활을 해서는 안 된다는 말이 되기 때문이다.

물론 '살인하지 마라', '거짓말하지 마라', '훔치지 마라' 등과 같이 어느 시대에나 해당되는 절대적 도덕이 있을 수는 있다. 그러나 장자(莊子)를 위시한 도가(道家)들은 이러한 도덕조차도 상황에 따라 변덕스럽게 적용된다고 따끔하게 일침을 놓았다.

평화시에 사람을 죽이면 살인범이 되지만 전쟁터에서는 사람을 많이 죽일수록 공을 세운다, 사과 한 개를 훔치면 도둑으로 몰리지만 나라를 훔치면 왕이 된다, 같은 따위의 논변이 그것이다. 거짓말의 경우에도 그래서, 죽어가는 환자에게 "당신은 살 수 있다"고 거짓말을 해주면 삶에의 희망이 생겨 목숨이 연장되거나 기적이 일어날 수도 있는 것이다.

도가들의 이러한 논변은 물론 유가(儒家)들이 시시콜콜한 윤리규범을 지나치게 규정해 놓고 인성(人性)을 너무나 위축시키는 데 대한 반발에서 나온 것이다. 그러므로 우리는 도가들의 말을 참고로 하여 도덕에 대해 좀 더 유연한 태도를 취할 필요가 있다.

우선 구체적으로 남에게 피해를 주는 행위가 아닌 한, 우리는 남의 행위에 대해서 도덕적이니 도덕적이 아니니 하는 따위의 비판을 남발하는 일을 자제해야 한다. 우리 사회에서는 '도덕'이란 말이 너무 광범위하고 모호하게 쓰이고 있다.

남자가 여장(女裝)을 하고 다니는 것만 봐도 '부도덕하다'고 한탄·개탄하는 이들이 있고, 여자가 혼전에 성희를 하는 것만 봐도 '부도덕하다'고 얼굴을 찌푸리는 이들이 있다. 저 암울했던 조선조 시절에는 동성애자나 미혼모를 가혹하게 처벌하기까지 했다. 그런 참담한 기억을 가지고 있으면서도, 아직도 '퇴폐'니 '부도덕'이니 하는 말을 마구 남발해 대어 또 다른 '억압'을 은근히 부추기고 있는 이들이 우리 사회엔 의외로 많다.

모든 것은 변하는 것이고, 도덕 역시 변하지 않을 수 없는 것이다. 가난했던 시절에는 '먹는 일'만이 지상의 과제였으므로 '먹는 쾌락'을 제외한 다른 쾌락들은 부도덕한 쾌락으로 매도될 수밖에 없었다. 그러나 어느 정도 먹고 살게 된 지금에 와서까지 '먹는 쾌락' 이외의 것, 이를테면 '자유롭게 사랑하기'나 '자유롭게 놀기' 또는 '자유롭게 멋내기'가 부도덕한 쾌락으로 간주돼서는 안 된다. 이러한 쾌락들은 단순히 쾌락으로만 그치는 게 아니라 새로운 '생산'으로 이어질 수도 있는 것들이기 때문이다.

이를테면 '자유롭게 사랑하기'는 문화적 창작물 생산으로 이어질 수 있고, '자유롭게 멋내기'는 디자인 개발로 이어질 수 있고, '자유롭게 놀기'는 새로운 관광 상품 개발로 이어질 수 있다. '자유롭게 사랑하기'가 왜 '문화적 창작물 생산'으로 이어질 수 있느냐 하면, 영화나 문학작품 등에서 '사랑'을 빼고 나면 아무것도 남는 게 없기 때문이다.

나는 우리 사회에서 가장 막연한 개념으로 쓰여 타인에게 피해를 주는 말이 '부도덕하다', '퇴폐적이다', '문란하다', '음란하다' 같은 말들이라고 생각한다. 따라서 이러한 말들이 보다 신중히 사용될 수 있을 때, 자유민주주의의 발전이 촉진되리라 본다.

내가 생각하기에 가장 중요한 도덕은 '정직성(또는 솔직성)'이다. 자기 자신에게 정직하고 남에게도 정직할 수 있을 때, 그 사람은 비로소 '도덕적 인간'이 될 수 있다. 또한 그런 사람이 많은 사회가 바로 '도덕적 사회'이다.

도덕을 빙자하여 남을 괴롭히거나 간섭하며 스스로의 명예욕을 충족시키는 사람들이 사회적으로 대우받는 사회는 결코 도덕적인 사회가 아니다.

제2장

문화 생각

꿈속에서 나는 '젊은 베르테르'가 됐지

짝사랑에 시달리다가 그만 사는 게 싫어져서

총으로 머리를 쏘아 자살해 버렸지

아이 시원해

―시 「꿈」 중에서

1 · 문화 생각

　'문화'는 흔히 유한계급의 사치스런 도락으로 이해되기 쉽다. 18세기 후반 계몽주의 시대의 사상가들은 사회적 불평등이 없으면 여가를 가진 인간이 존재할 수 없다고 보아 '문화'를 극력 배척했다. 특히 루소의 생각이 그랬는데, 그는 문화를 '지식계급이 저지르는 악(惡)'으로 간주하여 문화의 발달은 인간의 불평등을 확대시킨다고 주장했다. 문화란 귀족계급의 사치스런 여가 이용 방법에 불과하다는 이유에서였다.

　이러한 주장은 어느 정도 일리가 있다. 그러나 그의 생각은 '하수도 문화'의 개념보다 '상수도 문화'의 개념에 치우쳐 있었고, '문화'를 '고급스런 철학이나 예술'과 동일시하고 있었다. 그는 '민중적 저급성'이 문화와 예술의 개념 안에 포함될 수 있다는 사실을 미처 깨닫지 못했다.

　'천박한 아름다움'이나 '그로테스크한 아름다움'이 미(美)의 범주에 포함돼야 한다는 주장이 나온 것은 19세기 중반에 들어서였다(특히 빅토르

위고는 그의 희곡 『크롬웰』 서문에서 그로테스크의 미(美)야말로 현대예술의 핵심이라고 선언했다). 계몽주의 시대까지만 해도 고전주의적 숭고미(崇高美)의 개념이 사람들의 예술관을 지배하고 있었던 것이다.

20세기 전반기의 문화이론가 호이징하는 문화의 개념보다 놀이의 개념을 중시하여, 합리주의(또는 계몽주의) 시대 이후 '암흑시대'로 규정됐던 중세기를 재평가해야 한다고 주장하고 있다. 그는 중세 민중들의 '바보제(祭)'나 '연애 풍습' 등을 '놀이'의 형태로 규정하고, 민중적 저급성과 마술적 상상력이 결합된 중세의 서민문화가 인류를 훨씬 행복하게 해주었다고 말한다. 호이징하 이전에도 중세기의 황당무계한 공상적 민담인 '로맨스(Romance)'는 낭만주의(Romanticism)의 어원으로까지 격상되는데, 그 까닭은 합리주의 시대의 건조한 이성주의에 대한 반동(反動) 때문이었다고 볼 수 있다.

인간 사회의 불평등이 지배계급(또는 유한계급)을 낳았고, 지배계급의 관념적 문화가 민중 수탈을 합리화시킨 것은 사실이다. 그러나 인간이 갖고 있는 '놀이 본능'은 문화와는 별개로 지배계급과 피지배계급 누구에게나 자리잡고 있다. 다만 그것이 계급 성분에 따라 달리 나타날 뿐인데, 이를테면 지배계급에게는 장엄한 클래식 음악을 연주하거나 감상하는 것이 놀이이고, 피지배계급에게는 저속한(또는 솔직한) 가요를 부르거나 듣는 것이 놀이인 것이다.

최근 '대중문화'에 대한 관심이 고조되고 예전엔 저급한 포르노로 멸시되던 노골적 성애문학에 대한 재평가가 시도되고 있는 것은, 민중적 놀이를 '문화적 놀이'의 개념 안에 포함시켜야 한다는 생각이 지식인들 사이에서 싹트고 있기 때문이라고 할 수 있다. 고상한 관념적 문화든 저급한 육체적 문화든, 그것은 모두 '놀이'의 다른 양태에 불과하다고 보는 것이다.

인간의 '문화욕구'의 심리적 근저(根底)를 형성하고 있는 것은 역시 성적(性的) 쾌락에 대한 갈망이라고 볼 수 있다. 예로부터 인류에게 가장 보편적인 예술로 개발된 '춤'은 그 기본 골격이 성교와 애무의 몸짓으로 되어 있다. 또한 모든 노래 역시 '사랑'이 주제로 되어 있는데, 노래의 소재가 육체적 사랑일 때는 저급한 예술로 취급되고 정신적 사랑일 때는 고급한 예술로 취급됐을 뿐이다.

이것은 춤도 마찬가지다. 고상한 예술로 취급되는 발레의 몸동작이나 대중적 오락 정도로 취급되는 힙합댄스의 몸동작은 둘 다 에로틱한 선정성에 기초하고 있는 것이다.

지배계급은 언제나 민중들의 솔직한 문화를 저급한 통속물(通俗物)로 간주하여 억압하거나 규제한다. 성적(性的) 표현물들이 가장 좋은 예인데, 지배 엘리트들이 포르노니 외설이니 해가며 법적 처벌까지 자행하는 '성적 대리배설'을 위한 문화 도구들(책, 사진, DVD 등)은 사실 가장 민중적인 문화에 속하는 것이다.

지배 엘리트들은 그들만이 즐기는 사치스런 고급예술만이 '진정한 문화'라고 강변하며 민중들의 진솔한 문화욕구를 억제시킨다. 그리고 일만 시키고 놀지는 못하게 하는 '근면 이데올로기'를 조작하여 민중들에게 은근히 주입시키는데, 모든 문화적 억압의 토대는 바로 이 '근면 이데올로기'로부터 비롯된다고 볼 수 있다.

아직도 우리 사회에는 '대중문화'를 삐딱한 시선으로 바라보는 사람들이 많다. 지배 엘리트들일수록 그런 시각을 갖고 있는데, 민중문화를 그토록 부르짖어대며 대학축제를 '대동제(大同祭)'로 바꾼 대학생들조차도, 대동제 행사의 내용을 딱딱한 심포지엄이나 예술제 등으로 채우는 경우가 많다. 대학축제가 진정한 대동제가 되려면 '솔직한 놀자판'이 되어야 한다. 그것이 바로 '민중적 문화'의 본질이요 핵심이기 때문이다. 정직한 대리배설욕구와 순진한 창조성이 혼연일체가 될 때 거기서 민중적인 예술과 문화가 생겨나는 것이며, 모든 예술이 그런 성격을 지닐 수 있을 때 비로소 촌스러운 '엄숙주의 문화'가 사라질 수 있다.

2 · 영화 〈서편제〉 생각

이청준의 원작 소설을 김명곤이 각색하고 임권택이 연출한 영화 〈서편제〉(1993)를 보았다. 한국 영화사상(史上) 최다 관객 동원에 성공하여 최고의 흥행 실적을 올리고 있는 영화라는 점에서, 그리고 이 영화에 대한 내 주변 사람들의 평가가 칭찬과 폄하의 양극을 달리고 있다는 점에서, 나는 한결 신경을 곤두세우고 화면을 주시하지 않을 수 없었다.

우선 〈서편제〉의 줄거리는 이렇다.

서울에서 어느 판소리 대가의 문하생으로 있던 우봉(김명곤)은 스승의 애첩과 사랑에 빠지게 되는 바람에 스승에게서 쫓겨나 시골을 떠돌아다니며 날품팔이 소리꾼으로 살아간다. 그러다가 조실부모하여 오갈 데 없는 고아가 된 송화(오정혜)를 얻어 양녀로 삼고, 다시 어느 시골 과부와 눈이 맞아 살림을 차린다.

그러던 중 여인이 산고(産苦) 때문에 어린 핏덩이와 함께 죽자, 여인이

데리고 들어온 자식인 동호(김규철)까지 양아들로 삼아 기르게 된다. 송화는 비록 피가 섞이지 않은 의붓동생이긴 하지만 남동생을 끔찍이 사랑하여 누이로서의 정을 쏟는다.

유봉은 딸에게는 소리를 가르치고 아들은 고수(鼓手)로 키워 자신의 뒤를 잇게 하려고 애쓰는데, 딸은 소리에 매력을 느껴 진전이 빠르지만 아들은 그렇지가 않다. 더구나 해방 후 물밀 듯이 들어온 양악(洋樂)으로 인해 판소리의 인기가 시들자 생활고까지 겹쳐, 결국 동호는 누이의 만류에도 불구하고 의붓아버지 곁을 떠나고 만다.

동생을 잃은 슬픔 때문에 송화가 소리를 하지 않게 되자 유봉은 초조해진 나머지 딸에게 주는 한약에 부자(附子)를 섞어 딸의 눈을 멀게 하는데(여기부터가 껄끄럽다), 딸은 그 사실을 알고도 체념해 버린다. 눈먼 장님이 된 송화는 유봉이 예상했던 대로 한(恨)에 사무쳐 다시 소리를 하게 되고, 아비를 전혀 원망하지 않고 극진한 효성을 보인다.

유봉은 결국 두메산골 폐가에서 쓸쓸히 죽어 가고, 혼자 남은 송화는 비렁뱅이 소리꾼으로 전락하여 각지를 전전한다. 한약방의 조수로 정착한 동호는 그 뒤 누이를 못 잊어 삼지 사방을 찾아 헤매 다니다가, 결국 한촌 객주집에서 더부살이를 하고 있는 누이를 만난다. 그는 자신의 신분을 숨긴 채 그녀에게 소리를 청하여, 자신의 북장단에 맞춰 신명나게 불러 젖히는 누이의 소리를 듣는다.

그러고 나서 그는 아무 말 없이 그녀와 작별하고 서울로 올라가는데, 자신과 누이의 상봉이 행여 누이의 한(恨)을 약화시켜 소리에 지장을 줄까 봐서다(이 대목도 좀 어색하다). 송화는 남동생이 떠나간 뒤(그녀는 북 장단 소리를 듣고 자기를 찾아온 손님이 동생이라는 사실을 알아차렸다), 3년 동안 얹혀 살아왔던 객주집 주인 홀아비와 작별하고 다시금 정처 없이 나

그네 길을 떠난다.

　얼핏 보면 꽤 복잡해 보이는 스토리 같지만 영화에서는 스토리 요소들이 대부분 대사 몇 마디로 간단히 처리되어 있어, 영화를 끝까지 다 보고 난 뒤의 생각은 참한 음악 영화 한 편을 보았다는 느낌이었다. 여러 곡의 판소리가 반 이상을 차지하고 있기 때문이었다.

　하지만 판소리가 주는 음악적 효과, 특히 한국인 특유의 감정인 감상적(感傷的) 정한(情恨)에 호소하는 프리미엄을 빼고 나서 이 영화를 생각해 보면 여러 가지 문제점을 지니고 있는 영화라는 생각이 들었다. 그것은 한마디로 말해서 이 영화가 '국제적 보편성'을 결(缺)하고 있으며 지나치게 과거를 지향한다는 것이다. 나는 이러한 문제점들이 최근 들어 다시 극성을 부리고 있는 국수주의적 세계관에 바탕한 문화적 쇄국주의와 무관하지 않다는 생각이 들어 착잡한 심정에 빠져들지 않을 수 없었다.

　〈서편제〉 후반부에는 판소리 〈심청가〉의 여러 대목이 나온다. 송화가 아버지 때문에 눈이 멀게 된 것과 심청이가 부친을 위하여 물에 빠져 죽게 된 것이 서로 비슷한 상황이기 때문에 의도적으로 삽입된 것일 것이다.

　플롯으로서의 개연성에 비춰보면 유봉이 단지 딸이 소리를 다시 하게끔 유도하는 목적으로 그녀에게 극약을 먹여 눈을 멀게 한다는 설정은 전혀 설득력이 없다.

　송화가 장님이 되면 다시 소리를 하게 된다는 확실한 보장도 없는 상황에서, 유봉은 눈곱만치의 고뇌도 보이지 않고 태연히 극약을 먹인다. 이 장면을 보면서 나는 눈을 감을 수밖에 없었는데, 내용의 끔찍함 때문이기도 하려니와 유봉 역(役)을 맡은 배우가 너무나도 무표정한 얼굴과

범상한 억양으로 그 장면을 처리해 내도록 시킨 연출자의 무신경이 안쓰럽기 때문이기도 했다.

그런데 더욱 이상했던 것은, 송화가 눈이 멀게 된 뒤에도 전혀 아버지를 원망하지 않는다는 사실이었다. "네가 장님이 돼야만 한(恨)이 생겨 소리를 다시 하게 될 것 같아서 부자가 든 약을 먹였다. 이해해라"라고 뻔뻔스런 어조로 아버지가 한 마디 하자 송화는 묵묵부답, 눈물 한 방울 안 흘리고(체념하는 표정 같은 것도 없다) 모든 것을 기정 사실로 받아들인다.

〈심청전〉의 심봉사를 능가하는 절대 부권적 권위주의의 행사인데, 연출자가 이 장면을 심드렁하게 처리한 것은 아마도 유봉이 심봉사에 비해 한결 비이기적인 부권을 행사한다고 생각했기 때문인지도 모르겠다. 즉 심봉사는 자기가 눈을 뜨기 위해 딸을 팔아먹었지만, 유봉은 판소리의 맥을 잇기 위해서 '할 수 없이' 딸을 장님으로 만들 수밖에 없었다는 설정이, 관객들에게 그럴 듯하게 먹혀들어 가리라고 예상했을 것 같다는 말이다.

마지막 대목에서 동호가 헤매고 헤매던 끝에 누이를 찾았는데도 불구하고 그냥 돌아서 버리고 만다는 설정 역시 지극히 부자연스러웠다. 동호는 원래 판소리에 대해 이해와 사랑이 부족한 인물이었다. 돈벌이도 되지 않고 그렇다고 이렇다 할 보람도 느낄 수 없는 국악 공부에 염증을 느껴 아버지 곁을 떠났던 그가, 갑자기 한이 맺힌 창자(唱者)가 부르는 판소리의 예술적 가치를 확신하여 누이를 그냥 내버려두고 떠난다는 것은 전혀 앞뒤가 맞지 않는다.

말하자면 그는 국악을 경멸했던 자신의 과거를 뉘우치고 새사람이 된 셈인데, 판소리가 갖는 예술적 가치를 체득했다고 해서 불쌍한 누이까지 그냥 내버려 둘 필요가 있었을까? 내 생각대로라면 그는 눈먼 누이를 보자마자 얼싸안고 울며 아버지의 비정을 한껏 나무란 뒤, 누이를 서울로 데려가 용한 안과 의사한테라도 보였어야 했다.

도대체 가슴속에 맺힌 울화와 한(恨)이 있어야만 좋은 소리가 나온다는 생각 자체의 출처가 나로서는 의심스럽다. 정말로 그렇다면 〈춘향가〉 같은 데서 춘향과 이도령의 첫날밤 성희 장면 같은 것은 어떻게 설명해야 할까? 속속들이 한 맺힌 소리꾼이 어떻게 그런 대목을 노래 부를 수 있단 말인가? 궁극적으로 모든 예술은 결국 기교에 의해 예술적 성패가 좌우되는 것이다. 실제로 한 맺힌 인생 경험을 갖고 있는 배우라야만 비극적 연기를 훌륭하게 해낼 수 있는 것이 아니듯이, 판소리 역시 마찬가지라고 할 수 있다.

그럼에도 불구하고 〈서편제〉 전편에 흐르는 예술철학적 기조는 다분히 예술가 개인과 예술작품의 내용을 동일시하고 있다. 부모님 상(喪)을 당하고 나서라도 희극 연기를 훌륭하게 소화해 낼 수 있는 배우라야만 진짜 배우가 될 수 있다는 사실이 얼렁뚱땅 간과되고 있는 것이다.

이런 식의 생각은 마치 문학 작품의 내용과 작가의 사생활을 동일시하는 경우와도 견주어질 수 있다. 작가의 체험이 문학 작품 속에 그대로 투영될 수밖에 없다는 식의 반영론적 사고는 작가의 상상력과 사회적 입지를 위축시켜 문학을 결국 이중적 위선으로 가득 찬 도덕 교과서로 전락시킨다.

물론 우리나라 사람들이 갖고 있는 비극적 세계관이 판소리 예술에 있어 한(恨)의 중요성을 더욱 더 두드러지게 만들었다고 볼 수도 있다. 새가 지저귀는 것을 영어로는 'Birds sing'이라고 하지만 우리말로는 '새가 운다'고 표현한다. 그렇게 되면 결국 모든 노래는 다 '우는 것'이라는 결론에 이르게 되기 때문에 한(恨)의 미학이 발달할 수밖에 없었을 것 같기도 하다.

하지만 그러한 한의 미학을 완성시키기 위해 일부러 장님까지 되어가며 자신을 자학할 필요가 있는 것일까(송화 자신이 스스로 장님이 되기를 원한 것은 아니지만, 이 영화는 그런 식의 자발적 희생을 은근히 부추기고 있다).

내 보기에 그것은 마치 서양 중세 암흑시대의 수도사들이 신앙심을 고양시키기 위해 자신의 성기를 거세하는 것과도 비슷한 행위로 여겨진다. 다만 다른 점이 있다면 〈서편제〉의 경우엔 가톨릭 신앙이 왜곡된 '효(孝)' 사상으로 대체되었을 뿐이다. 유봉이 딸에게 서슴없이 극약을 먹일 수 있었던 것은 '판소리의 계승'이라는 표면적인 이유보다 '내 딸이니 내 맘대로 할 수 있다'는 생각이 더 작용했기 때문일 것이다.

개연성이 없기로는 라스트 신이 가장 심했다. 송화가 객주집 홀아비 곁을 떠나 다시금 정처 없는 방랑길에 오르는 장면인데, 뜬금없이 웬 어린아이 하나가 등장하여 송화 손에 쥐어진 끈을 잡고 길잡이 역할을 한다. 그러자 조용하던 관객석 여기저기서 수런수런 중얼거리는 소리가 들려 왔다.

내 옆 좌석에 앉아서 영화를 감상하고 있던 어느 중년 여인의 입에서는 대뜸 "아니, 그새 어디서 딸을 낳았나?"라는 중얼거림이 새어나왔다. 나 역시 그만하면 잘 나가다 삼천포로 빠진 느낌이 들어 뒷맛이 개운치 않았다. 아마 무슨 상징적 여운이나 메시지 같은 것을 염두에 두고 그런 장면을 고안해 냈나 본데, 너무 부자연스럽고 지나치게 작위적이었다.

난데없는 어린아이의 출연도 어색하려니와 정처 없이 방랑길을 떠난다는 것 자체가 아주 촌스럽고 부자연스럽다. 아니 장님이 된 몸으로 어떻게 갈 곳도 정해 놓지 않고 무작정 방랑길을 떠날 수 있단 말인가? 영상미도 좋고 상징성도 중요하지만 모든 것은 역시 '그럴 듯함'의 범주 안에서 처리되어야만 한다.

이러한 여러 가지 단점에도 불구하고 〈서편제〉에 관객들이 몰린 까닭은 무엇일까? 그것은 최근 들어 다시 새롭게 고조되고 있는 '우리 것 되찾기' 운동과 무관하지 않다. 몇 년 전에 발간되어 초베스셀러가 된 『소설 동의보감』 이후 『소설 토정비결』, 『소설 목민심서』 등 수많은 유사 소설들이 발간되었는데, 〈서편제〉 역시 그러한 복고적 민족주의의 바람을 타고 대중들에게 크게 어필하고 있는 듯하다. 수없이 쏟아져 나온 역사 인물 소설들이 작품의 완성도면에 있어 대부분 형편없이 조악한데도 불구하고 독자를 끌어 모은 것은, 주인공을 '자랑스런 한국인'으로 내세워 영웅화시켰기 때문이었다.

물론 영화 〈서편제〉는 어떤 인물을 영웅화시킨 것이 아니라 국악 '판소리'를 영웅화시켰다는 점이 다르다. 하지만 민족적 정체성과 우월감을 과장적으로 고양시켜 수용자들이 갖고 있는 배달민족으로 태어난 데 대한 무의식적 열등감을 누그러뜨려 주는 한편, 거기에 대한 일종의 무의식적 방어 메커니즘으로서의 국수주의적 민족주의 감정을 유발시킨다는 점에 있어서는 둘 다 비슷하다고 할 수 있다.

＊ 고등학교 〈문학〉 교과서(두산동아 판)에 실려 있는 글.

3 · 문학 생각

문학이란 무엇인가. 문학은 한마디로 말해 '상상력의 모험'이며 '금지된 것에 대한 도전'이다. 문학은 도덕적 설교가 아니고 당대(當代)의 가치관에 순응하는 계몽서도 아니다. 문학은 언제나 기성도덕에 대한 도전이어야 하고, 기존의 가치체계에 대한 '창조적 불복종'이요, '창조적 반항'이어야 한다.

그런 의미에서 볼 때 카뮈가 말한 문학적 명제는 뜻 깊다. 카뮈는 "나는 반항한다. 고로 존재한다. 그러므로 나는 외롭다"고 말했다. 참된 문학은 당세풍(當世風)의 기득권 윤리에 대한 반발이므로 창조적 문학인은 당연히 외로울 수밖에 없는 것이다.

이른바 '명작'이라고 불리는 작품들 가운데는 그 작품이 갖고 있는 구성이나 문체의 완벽성보다도 오히려 창작자의 집필의도 가운데 내포돼 있는 '참신한 도전성' 때문에 뒤에 가서 명작으로 불리게 된 것이 더 많다. 입센의 『인형의 집』이나 D.H. 로렌스의 소설들, 또는 에밀 졸라의 작품들이나 오스카 와일드의 작품들이 대표적 예라고 할 수 있다.

그러므로 우리는 '명작'을 이른바 '작품의 품격'과 결부시켜 생각하는 잘못된 시각을 교정해야 한다. '창조적 반항'은 당대엔 언제나 경박해 보이기 쉽고 거칠어 보이게 마련이기 때문이다.

다시 말해서 명작은 곧 '문제작'과 마찬가지고, 문제작이란 그 누구도 건드리지 못했던 것을 처음으로 용감하게 건드린 작품에 부여되는 명칭인 것이다. 더 예를 들자면 에드거 앨런 포의 작품들도 그렇고 사드의 『소돔 120일』도 그렇고 나아가 루소의 『에밀』까지도 그렇다. 루소는 『에밀』을 발표하고 난 후 사법 당국의 체포령을 피해 이웃나라 스위스로 피신하기까지 했다. 심지어 이광수의 『무정』조차도 발표 당시엔 자유연애를 주장했다고 하여 보수파들의 비난의 표적이 되었다.

창조적 작가는 기존 사회의 가치관과 윤리관을 해체하고 새로운 시대의 창조적인 윤리관과 가치관을 제시한다. 작가가 기존 사회의 지배적이고 유용한 가치에 봉사하는 자세로만 일관한다면, 그는 오히려 '작가의 사회적 책임'을 회피하는 것이다.

현 사회의 지배적이고 유용한 가치가 정말 옳은 것인지를 질문하는 것이 바로 작가의 책임이다. 우리가 믿고 있는 것과 알고 있는 것에 관해, 그리고 우리가 알고 있다고 믿는 것이 정말 알고 있으면서 믿는 것인지, 왜 믿는지를 집요하게 질문하는 것이 바로 작가의 사회적 책임이다. 기성 도덕과 기성 가치관에 추종하며 스스로 '점잖은 교사(教師)'를 가장하는 것은 작가로서 가장 자질이 나쁜 자들이나 하는 짓이다. 문학은 무식한 백성들을 훈도(訓導)하여 순치(馴致)시키는 도덕 교과서가 돼서는 절대로 안 된다.

문학이 근엄하고 결벽한 교사의 역할, 또는 사상가의 역할까지 짊어져야 한다면 문학적 상상력과 표현의 자율성은 질식되고 만다. 문학은 상상적 허구의 세계를 통해 그 어느 것도 표현할 수 있어야 한다. 꿈속에서 강간을 하거나 살인을 했다고 할 때, 그 사람을 욕하거나 단죄할 수 있을까. 또 그런 꿈을 꾸고 난 사람이 꿈에서 깨어난 후 곧바로 살인이나 강간을 실제로 저지를까.

그런데도 우리나라의 경직된 문화풍토는 상상과 현실을 혼동하고 허구와 사실을 구별하지 못하는 촌스러운 수준에 머물러 있다. 문학은 그 안에 사상적 메시지가 있어야 하고, 무언가 '고상한 것'이어야 하고, 일종의 권선징악이어야 한다고 주장하는 답답한 엄숙주의자들이 판을 치고 있는 것이다.

경직된 엄숙주의에 따른 경건주의와 도덕주의의 만연은 우리 문학의 성장을 정지시키고, '세계화'를 불가능하게 하고, 결국에 가서는 표현의 자유를 억압하게 만든다. 아직도 대다수의 보수적 문학인들은 '문학창작'을 봉건시대 때나 있었던 과거시험 답안 정도로 생각하고 있다. 그때는 '문장'으로 정치적 자질을 테스트했고, 문장을 잘 쓰면 금세 출세가도를 달릴 수 있었다. 그리고 그 문장의 내용은 무조건 유교적 지배 이데올로기였다.

문학의 참된 목적은 지배 이데올로기로부터의 탈출이요, 창조적 일탈(逸脫)이다. 문학은 인간 내부에 잠재해 있는 본능적 욕구들을 리얼하게 드러내어 그것을 솔직하게 표현할 수 있을 때 참된 가치를 지닌다. 사상이나 도덕 따위는 철학책이나 윤리책에 그 소임을 맡기면 된다. 나는 교양서나 교훈서로서의 문학이 앞으로는 절대 문학 취급을 못 받게 될 것이라고 단언할 수 있다.

4 · 윤동주 생각

　정지용의 서문이 붙은 윤동주의 유고 시집 『하늘과 바람과 별과 시』가 처음 간행된 것은 1948년이다. 그러나 해방이 가져다 준 감격의 소용돌이 속에서 오랫동안 잊혀져 왔던 윤동주를 문학적으로 재평가하고, 그에게 정당한 위치를 찾아주려는 노력이 활발하게 일어나기 시작한 것은 1970년대에 들어오면서부터였다.

　윤동주의 생애는 지극히 짧았다. 그는 1917년 12월 30일 북간도 용정에서 아버지 윤영석과 어머니 김용의 맏아들로 태어났다. 그의 집안은 학문에 대한 열의가 대단하고 애국정신이 강했으며 경제적으로도 넉넉한 편이었다.

　기록에 의하면 할아버지는 함경북도 회령에서 간도로 이주하여 개척 사업과 교육 사업에 공헌한 지도적 인사였고, 아버지 또한 학교 교원으로 일했다고 되어 있어 지사적(志士的) 기개가 넘친 집안임을 짐작케 한다.

그리고 조부와 부친이 똑같이 그곳 교회에서 장로직을 맡은 것으로 보아, 윤동주의 성장배경에는 가정적으로 기독교적 분위기가 상당히 강했다는 것을 알 수 있다.

아동잡지 《어린이》의 애독자였던 그의 어릴 적 이름은 해환(海煥)이었다. 1931년 명동(明東) 소학교를 마치고 중국인 관립학교에서 공부하다가 1935년 평양 숭실중학교에 전입했다. 그러나 숭실중학교가 신사참배 문제로 문을 닫고 일본 사람 손에 접수되자 용정으로 돌아와 광명(光明) 중학교에 전입했다.

그즈음부터 동시를 많이 써서 《가톨릭 소년》지에 「빗자루」(1936년), 「병아리」(1936년) 등을 동주(童舟)란 이름으로 발표했다. 1938년엔 연희 전문학교 문과에 입학하여 1941년 11월에 졸업한다.

이때 스스로 추려뽑은 시집 『하늘과 바람과 별과 시』를 자비 출판하려 했으나 일본 경찰의 단속을 걱정한 스승 이양하의 만류로 단념한다.

1942년 초 '히라누마 도오주우(平沼東柱)'란 이름으로 창씨개명을 했으며, 동년 4월 일본 도쿄의 입교(立敎)대학 영문과에 입학했으나 가을에 교토의 동지사(同志社)대학 영문과로 전학했다. 1943년 여름방학에 귀국하려던 그는 고종사촌 송몽규(宋夢奎)와 함께 사상범으로 체포되어 고문 섞인 취조를 받았다. 결국 그는 1945년 2월 16일 28세의 나이로 운명하고 만다.

그는 한일합방 이후에 태어나서 민족광복을 맞이하기 직전에 죽었다. 그가 시를 쓰던 시대(1936~1943년)는 모든 사람들이 시를 외면하던 때였다. 중일전쟁과 대동아전쟁의 소용돌이 속에서 그가 즐겨 바라보던 하늘에서는 공습경보가 울리고 있었고, 거리에는 군가가 흘러넘쳤다.

그의 시 곳곳에 나타나는 '부끄러움'의 이미지, 그리고 「병원」이나 「위로」같은 작품에서 보이는 소외의식에 넘친 절망적인 몸부림은, 이러한 시대상황 속에서 창백하고 무기력한 식민지 지식인으로서의 자기 자신을 한탄하는 윤동주의 처절한 고백이라고 할 수 있다. 그의 시에 자연을 소재로 한 상징적 어구들이 자주 보이는 것도, 그 당시 문학인들에게 만연했던 현실도피적 자연귀의의 사조와 아주 무관하진 않다.

그러므로 윤동주를 저항시인이 아니라 순수한 휴머니스트로 보아야 한다는 게 내 생각이다. 그의 시 어느 곳에도 저항의 기백은 나타나 있지 않다. 그가 옥사한 것은 어찌 보면 군사독재 시절 이한열 군이나 박종철 군의 죽음과 견주어질 만한 것으로서, 시대를 잘못 만난 양심적 지식인의 억울한 비명횡사라고 보는 편이 맞을 것이다.

그는 깊은 애정과 폭넓은 이해로 인간을 긍정하면서도 실제로는 회의와 혐오로 자신을 부정한, 어찌 보면 결벽증에 가까운 휴머니스트였다. 그는 변변한 연애 한번 못해보고 낭만적인 폭음 또한 멀리했던, 당시로 보면 '시인답지 않은 시인'이었다. 기독교 가정에 기독교 학교로만 일관한 그의 환경이 그를 청교도적 죄의식으로 이끌어갔을 것이라고 생각한다.

남에 대한 애정이 자기 자신에 대한 자괴감(自愧感)과 부정의식으로 변모하며 심리적 갈등을 야기한 흔적이 그의 시 곳곳에는 나타나 있다. 「투르게네프의 언덕」, 「간(肝)」, 「쉽게 씌어진 시」 같은 작품이 그 보기라고 할 수 있다.

그러나 윤동주를 투쟁적 이미지의 저항시인으로 보지 않고 회의적 휴머니스트로 본다고 해서 그의 시의 가치가 깎이는 것은 아니다. 무엇보다도 그는 스스로에 진짜로 '솔직한' 시인이었기 때문이다.

시의 가치가 정치적·사회적 상황과 함께 생각될 수는 없다. 시는 시인의 자기통찰과 자기연민, 그리고 본능적 욕구의 대리배설로 이루어질 때

한결 진솔한 감동을 준다. 그런 점에서 볼 때 윤동주의 저항은 자기 내면 또는 본능적 자의식과의 끊임없는 투쟁이었다. 이러한 투쟁이야말로 진정한 '저항'이 되는 것이라고 나는 확신한다.

스스로의 시인기질에 따른 시인으로서의 역할을 잘 자각하고 있었던 그는 시가 정치나 이데올로기에 참여해야 한다고는 생각하지 않았다. 그는 자신의 욕구와 비애를 시 창작을 통해 극복하려고 했으며, 철저한 자기분석을 통해서 자아의 변증법적 발전을 시도했던 것이다.

그가 목표했던 저항의 대상은 외부로부터의 물리적 압박이나 조국의 현실이 아니라 바로 자기 자신이었다. 「자화상」, 「참회록」, 「또 다른 고향」 등의 작품을 통해 우리는 그의 내적(內的) 투쟁의 기록을 역력히 읽을 수 있다.

특히 그의 시에 나타나는 자학적이며 자기부정적인 이미지의 대표적 보기를 들면 이 점이 분명해진다. 앞서 말했듯 '부끄러움'이란 시어가 나오는 작품이 10편이나 되는데, 이는 예나 지금이나 우리나라 시인들이 표피적 정서나 표피적 이데올로기(또는 사상)만을 좇는 경향과 비교해 볼 때 가히 파격적이리만큼 독특한 문학세계를 형성하고 있다.

말하자면 그는 무언가를 '부르짖거나', '가르치거나', '과장적으로 흐느끼는' 대신 스스로를 '발가벗기고' 있는 것이다. 물론 윤동주의 '발가벗기'는 다분히 실존적 현학의 냄새나 종교적 형이상성(形而上性)의 냄새를 풍기는 발가벗기이다. 그래서 좀 더 자신의 심층 아래로 내려가 본능적 욕구를 발가벗기는 데는 미치지 못한 것 같은 아쉬움을 느끼게 한다.

그렇지만 그는 '퓨리터니즘'이라는 옷을 태어날 때부터 두텁게 입을 수밖에 없었다. 그리고 그 당시 지식인들의 정신적 정황 역시 본능보다는 관념에 치우칠 수밖에 없었던 게 사실이다. 이런 점을 감안해 볼 때 윤동주는 그의 '발가벗기' 정도만 가지고서도 우리 문학사에 커다란 기여를 했다고 할 수 있다. 그때나 지금이나 우리 문학은 이광수류의 계몽적 시혜주의(施惠主義)에서 한 발짝도 못 벗어나고 있기 때문이다.

윤동주 시의 또 다른 장점은 그가 어느 계파나 유행에 연연하지 않고 스스로의 독자적 시세계를 구축해 나갔다는 것이다. 1930년대라면 대부분의 시들이 정지용류의 감각적 서정시나 카프 식(式) 정치적 이데올로기 시 둘 중 하나일 때였다.

또 자연을 노래한다고 해도 전원주의적 회고주의가 고작이었고 윤동주처럼 자연을 내적 갈등의 상징으로 응용한 시인은 없었다. 남들이 모더니즘이니 초현실주의니 하고 외국의 유행사조에 민감해 있을 때, 그는 다만 일기를 써나가는 형식으로 경향에 구애받지 않고 스스로의 심경을 담담히 고백해 나갔던 것이다.

나는 문학은 문학일 뿐 그것이 문학 이상의 엄청난 힘을 가지고 있다고는 보지 않는다. 여기서 말하는 '엄청난 힘'이란 문학이 혁명가나 사제(司祭)의 역할까지 하는 것을 말한다.

그러나 문학은 문학 나름대로의 '힘'을 어찌됐든 가지고 있다. 그 힘은 물리적인 것이 아니라 정신적인 것이요, 정신 중에서도 이성에 속하는 것이 아니라 감성이나 감각 또는 본능에 속하는 것이다.

그러므로 문학이 정치나 이데올로기처럼 단기간에 효력을 나타낼 수는 없다. 문학의 효력은 서서히 나타나 인간의 의식 자체를 변모시킨다. 여기서 말하는 '의식'이란 이성과 감성, 본능과 도덕이 합쳐서 이룩되는, 보다 통체적인 직각(直覺)의 양태를 가리킨다.

윤동주는 옥사하고 싶지 않았을 것이다. 절대로 '총각 귀신'이 되고 싶지도 않았을 것이다. 그러나 역사는 이상하게도 '용감한 투사'보다는 '유약하지만 솔직한 사람'을 한 시대의 상징적 희생물로 만드는 일이 많다. 윤동주는 바로 그런 역사의 희생물이라고 할 수 있다. 그러나 그의 작품들은 일제 말 암흑기, 우리 문학사의 공백을 밤하늘의 별빛처럼 찬연히 채워주었다.

5 · 이상화 생각

대구 하면 생각나는 것이 상화(尙火) 이상화(李相和) 시인이다. 대구 달성공원 서남쪽 언덕에는 1948년에 한국 최초로 세워진 '상화 시비(詩碑)'가 서 있다. 검은 오석으로 된 비석 앞면에는 당시 초등학교 학생이던 상화 시인의 아들이 쓴 「나의 침실로」의 한 대목이 새겨져 있다. 순진한 치졸미(稚拙美)가 전문 서예가의 활달한 세련미보다 더 큰 감동을 주는 글씨다.

이상화는 1901년 대구에서 태어나 조국의 해방을 앞둔 1943년 대구에서 죽었다. 서울에서 생활하기도 하고 일본 유학을 하기도 했지만 생애의 대부분을 고향에서 보냈다.

이상화를 가리켜 '민족시인' 또는 '저항시인'이라고들 하는데, 이 말에는 조금 무리가 있다. 아마도 그의 대표작 「빼앗긴 들에도 봄은 오는가」 때문에 그런 칭호가 따라붙게 된 모양인데, 실제로 이상화가 적극적으로 독립운동을 한 적은 없다. 「빼앗긴 들에도 봄은 오는가」는 물론 조국을 잃은 슬픔이 배경에 깔린 노래지만, 그 시 안에는 '젖가슴같이 부드러운 흙'이라든가 '젖먹이 달래는 노래를 하는 도랑물' 등 여성 이미지가 많이 나와 여성에 대한 시인의 그리움을 드러내 준다.

더구나 「나의 침실로」 같은 작품은 애인과의 이루어질 수 없는 사랑을 서러워하며 단말마적 정사(情事) 및 정사(情死)의 장소를 찾아 헤매는 시인의 관능적 열정을 노래한 것이지 조국광복을 염원한 노래는 아니다. 나는 이상화에 대한 논문을 통해 그의 시를 무조건 애국시로 읽는 획일주의를 비판한 바 있다.

이상화 역시 당시의 조혼 풍습에 따라 일찍 중매결혼을 했고, 애정 없는 결혼생활에 갈등을 느꼈다. 그러다가 일본 유학 중에 만난 유보화라는 신여성과 연애에 빠져 '이룰 수 없는 사랑'에 대한 안타까운 하소연을 시를 통해 절규했다. 「이별을 하느니」라는 가작(佳作) 역시 유보화와의 이별을 노래한 것이다.

이상화는 양심상 도저히 부인을 버릴 수 없었고, 그래서 서울에서 같이 동거생활을 하던 유보화와 이별하고 대구 본가로 내려와 교육자로 일생을 마쳤다. 유보화는 이상화보다 먼저 폐병으로 죽는다.

그렇다면 이상화는 변변한 항일운동 한번 못하고 연애시만 쓰다 간 소심한 서생(書生)에 불과한 것일까? 아니다. 그는 그래도 평생 지조를 지킨 훌륭한 문인이었다. 1920년대에 이상화와 같이 서울에서 문학 활동을 하던 많은 문인들이 나중엔 대부분 적극적 친일로 돌아선 데 비해, 이상화는 절대로 친일을 하지 않았다.

젊었을 때 저항운동을 하고 반체제적 글을 썼다고 해서 그 사람이 평생 지조를 지키는 것은 아니라는 사실을 해방 전 우리 문학사는 증명해

주고 있다. 아니 그것은 해방 이후도 마찬가지여서, 40세를 전후하여 개인의 영달과 기득권 진입을 위해 청년기의 소신과 열정을 헌신짝 버리듯 내팽개치고 권력에 기생하는 문인들을 우리는 수없이 목격한 바 있다.

이상하게도 해방 전 지조를 지킨 문인들은 대개 해방 직전에 죽었다. 이상화가 그랬고, 한용운과 현진건이 그랬고, 이육사와 윤동주가 그랬다. 그들이 만약 해방 후까지 살아남아 문인들의 어설픈 '정치 지향'과 '권력 추구'를 목격했더라면 더 울화통이 터졌을 것이다.

나는 윤동주가 만약 옥사하지 않고 살아남아 오랫동안 살았더라면, 그 역시 노탐(老貪)을 부려 문화계의 감투라도 하나 얻어 쓰려고 노심초사했을지도 모른다는 생각을 가끔 해보곤 한다. 우리나라 지식인들의 굴절과 변절이 너무나 심하기 때문이다.

나는 청년기부터 지금까지 변변한 저항운동 한번 못해보았다. 인간의 내면적 이중성과 본능에만 관심이 있어 그저 사랑타령이나 하고 관능적 탐미주의에 머물렀다. 그러나 나는 지금 그런 과거가 전혀 부끄럽지 않다. 젊었을 때 기염을 토하며 가시적 저항에 빠져들었던 지식인들이 40세를 전후하여 급격히 수구주의자가 되고, 기득권 유지 및 권력 추구를 위해 혈안이 되어 날뛰는 꼴을 많이 목격하게 됐기 때문이다. 이른바 '요절(夭折)'한 이에 대한 추모도 그들이 '변절한 기회를 박탈당했기' 때문에 가능한 게 아닐까 하는 생각이 들 정도다.

그렇기 때문에 이상화 시인은 훌륭하다. 그가 저항시를 썼기 때문에 훌륭한 게 아니라 그가 스스로의 관능에 솔직한 시를 쓰고, 적어도 중앙 문단에서 권력을 잡으려고 안달복달하지 않았기 때문에 훌륭하다.

'지조'란 건 따지고 보면 별것이 아니다. 특별한 대언장어(大言壯語)로 정의를 외치지 않아도, 권력에 은근히 추파를 보내거나 개인의 영달을 위해 권력의 주구가 되지 않기만 하면 그게 바로 '지조'인 것이다. 겉으로 자유니 민주니 정의니 하고 떠들어대는 지식인들에게 우리는 너무나 많이 속아왔다. 그래서 이상화 시인의 의연한 '고독'을 새삼 기리게 된다.

6 · 이광수 생각

　춘원(春園) 이광수(李光洙)의 일생은 너무나 험난했다. 조선이 망해갈 무렵인 1892년에 태어나 한일합방을 겪었고 일제 치하에서 감옥살이도 했다. 그러다가 해방이 된 뒤에는 친일파로 낙인찍혀 다시 감옥에 갔고, 감옥에서 풀려나온 후 한국 전쟁이 일어나 북(北)으로 납치돼 끌려가던 도중 지병인 폐결핵에 동상이 겹쳐 비참하게 죽었다.

　이광수의 일생을 더듬어보노라면 격동기의 한국에 태어나 이리 쫓기고 저리 쫓기며 살아갈 수밖에 없었던 한 불행한 지식인의 초상을 보게 된다. 물론 정치적 격동기가 아니라 국권이 안정된 시기에 태어났다 하더라도 그의 일생은 불행으로 점철됐을지도 모른다. 어떤 형태로든 특출한 재능을 지닌 지식인은 결국 서리를 맞는다는 것을 한국의 역사가 보여주고 있기 때문이다.

　그래서 그런지 이광수의 친일행위에 대해서도 나는 약간 동정적인 시선을 보내게 된다. 적어도 그는 기회주의자는 아니었던 것 같아 보이기 때문이다. 그는 순진한 소신으로 친일을 했고, 그의 친일행위 배경에는 개량주의적 준비론이 깔려 있었다. 춘원을 두둔하는 사람들(예컨대 『춘원 이광수』를 쓴 박계주·곽학송)의 말을 빌리자면, 그는 다른 민족 지사들의 희생을 줄이기 위해 일제(日帝)를 안심시키느라 과장적인 친일행동을 했다는 것이다. 다소 억지스러운 변명이긴 하지만, 아무튼 그가 정치적 처신에 있어서는 순진하기 짝이 없는 휴머니스트라는 생각을 갖게 된다.

이광수가 친일을 하게 된 것도 역시 그가 시대를 잘못 타고난 때문이다. 반일과 친일 사이에서 오락가락했던 이광수의 심정은 어떠했을까. 몸이 병약하여 투사적 기질을 갖지 못했던 그로서는 당시의 시대상황이 너무나 버거웠을 게 틀림없다. 그는 단지 문인으로 시종했어야 하는데, 시대적 상황은 그를 자꾸 '민족의 지도자'로 몰아갔기 때문이다.

나는 솔직히 말해서 이광수의 문학을 아주 싫어한다. 지나친 도덕주의와 교훈주의로 점철되어 있기 때문이다. 그러나 이광수 자체를 증오하지는 않는다. 어쨌든 다원주의는 중요한 것이고, 이런 사람 저런 사람 백가쟁명(百家爭鳴) 식으로 떠들되 그것이 문화적 테러리즘으로는 이어지지 않는 풍토가 가장 좋은 문화풍토라고 믿고 있기 때문이다.

이광수는 40대 나이에 접어들어 불교에 심취했고, 아울러 기독교도 좋아했다. 그는 불교의 '대자대비(大慈大悲)'와 기독교의 '원수를 사랑하라'에서 자기 합리화의 길을 찾았다.

우리나라는 아직까지 국토가 분단된 상태로 있어 이광수가 살았던 시대와 큰 차이를 보이지 않고 있다. 말하자면 모든 것이 불안하고 불투명한 것이다. 이런 때 문학가는 나이를 먹어갈수록 종교적 체념에 빠져들기 쉽다. 한국의 작가들이 중년을 넘기면 대개 종교소설로 기울어지는 것은 그 때문이다.

가령 이상(李箱) 같은 작가가 요절하지 않고 살아남아 40을 넘겼다면 어떻게 되었을까. 그가 20대에 가졌던 전위적 반항정신을 그대로 유지했으리라는 보장은 없다. 그도 남들처럼 종교소설이나 역사소설로 도피했을지도 모른다.

한국의 작가들은 중년 이후 종교소설 못지않게 역사소설로 도피하는 경향이 있다. 이 역시 현실에 대한 체념이 '자유분방한 상상력의 포기'와 겹쳐져서 생기는 조로(早老) 현상이다. 이광수도 그랬고 김동인도 그랬고 박종화도 그랬다. 역사소설이든 종교소설이든 그것이 '창조적 도전'으로 승화되지 못하고 '기품 있는 설교'의 차원에서 머물 때 문학은 힘을 잃게 된다.

이광수의 젊었을 때 일기를 읽어 보면 그도 한때 탐미주의 문학에 경도됐던 것을 알 수 있다. 그는 바이런과 오스카 와일드를 좋아했고 그들 작품에 빠져들었다. 그러나 당시의 상황이 워낙 유교적 엄숙주의 일변도였기 때문에, 그는 '수신(修身)의 방편으로서의 문학'을 택할 수밖에 없었다.

요즘 우리나라 문인들은 이광수에 대해 하나같이 부정적인 시선을 보낸다. 그러나 요즘 유행하는 문학사조가 포스트모더니즘이 됐든 페미니즘이 됐든, 내가 보기에 이광수 시대보다 크게 달라진 건 아무것도 없다. 다들 관념적 포장과 사대적(事大的) 문학관, 그리고 엘리트주의적 설교로 일관하고 있다. 그러니 이광수에 대해 동정심을 갖지 않을 수 없는 것이다.

한국 문학은 너무나 교훈적이다. 독자들을 수신(修身)시키고 반성시킨 다음 반드시 '거룩한 영혼'으로 몰아가려 한다. 그러다 보니 이광수 같은 순진한 희생자도 나오고 진짜 기회주의자도 나온다. 문학가의 '끼'를 되살려줄 수 있을 때 제2의 이광수는 나오지 않을 것이다.

7 · 「사미인곡」 생각

송강 정철이 지은 「사미인곡(思美人曲)」은 국문학사에서 매우 높이 평가되고 있는 가사문학이다. 교과서에도 실려 있는 이 작품은 대표적인 충신연군지사(忠臣戀君之詞)로서, 별다른 이견 없이 명작으로 대우받아 왔다.

그러나 나는 이 작품을 볼 때마다 왠지 모르게 짜증이 나고 정철의 인간성과 인격에 의심이 가곤 한다. 최고 권력자에 대한 지나친 아첨과 권력추구를 보여주고 있기 때문이다. 수사(修辭)가 아무리 뛰어나다 하더라도 창작심리의 배경에 작자의 위선성(僞善性)이 보일 때, 그 작품을 과연 명작이라고 부를 수 있는지 의문을 느낄 때가 많다. 그럴 경우 정철의 작품은 좋은 보기가 된다.

작가의 생애와 작품의 우수성 사이에 생겨나는 괴리 또한 문학작품을 어떤 방식으로 평가해야 할지 헷갈리게 만드는 요소 중 하나다. 정철의 가사는 여기에도 해당된다. 이를테면 그가 「관동별곡」을 지었던 강원도 관찰사 시절, 그는 백성들을 지나치게 엄혹한 방법으로 다스려 원성을 샀다. 시에서는 빼어난 기교와 낭만성으로 자연풍광을 그토록 운치 있게 읊고 있건만, 목민관(牧民官)으로서의 그는 냉담하고 잔인하기 그지 없었던 것이다.

또한 그는 정치적 야심 때문에 반대파를 무자비하게 숙청한 것으로 전해지고 있다. 선조 때의 가장 끔찍한 옥사(獄事)인 기축옥사(己丑獄事) 때, 정철은 수사 담당관으로 임명되어 1천여 명이나 되는 사람들을 죽이거나 유배지로 보냈다. 기축옥사란 정여립(鄭汝立)의 모반 사건에 직·간접으로 연루된 사람들을 무자비하게 숙청한 사건을 말하는데, 억울하게 죽어간 선비들이 더 많았던 사건으로 기록되고 있다.

선조는 원래 의심이 많은 성격이라 조금이라도 의심이 가는 인물은 모조리 제거하는 식으로 정치를 했는데, 그때 정철이 나서서 총대를 멨던 것이다. 이 충무공이 기축옥사 때 화를 당하지 않은 게 신기할 정도로 너무나 많은 사람들이 무참하게 희생되었다.

물론 정철이 진짜 나쁜 사람이었는지 그저 단순한 원칙주의자였는지 우리로서는 알 길이 없다. 그러나 어쨌든 빼어난 문학작품을 남겼다고 해서 작자의 생애가 무조건 미화되는 것만은 참을 수 없다.

고산 윤선도도 비슷한 의문을 품게 한다. 그가 보길도로 유배 갔을 때 지은 「어부사시사(漁父四時詞)」의 낭만성과는 달리, 그는 보길도 주민들을 혹독하게 부려먹은 '심통 사나운 양반'이라는 설이 전해지고 있기 때문이다. 서울서 귀양온 양반은 당시의 시골 서민들에게 또 하나의 골치 아픈 상전일 뿐이었다.

한국 사람들이 유달리 권력지향적 성격을 타고나서 그런지, 아니면 조선조의 유교윤리가 입신양명을 지상(至上)의 목표로 삼는 출세주의 이데올로기라서 그런지, 그때나 지금이나 우리나라의 문인·학자들은 작품 창작이나 학문 연구보다는 권력에 더 관심을 두는 경우가 많다.

대학교수가 되더라도 평교수로는 만족 못하고 학장이나 처장 등 '보직'을 맡아야만 자신의 능력을 인정받은 줄로 안다. 보직을 맡으면 공부할 시간이 거의 없어 학문과는 담을 쌓게 되기 마련이다. 그런데도 사회에서는 그런 사람들의 '학문적 실력'을 더 인정해 주고, 늙어서는 '학계의 원로'로 대접받게 된다. 또 그런 사람들은 '재임용 탈락'의 화를 당할 염려도 거의 없다. 재수가 좋으면 관계로 진출하여 장관 등의 고위관료, 또는 관변단체의 장(長)이 될 수도 있다.

문인도 마찬가지다. 그냥 혼자서 열심히 창작만 하는 것으로는 만족하지 못하고 문단의 '감투' 쓰기를 원하는 이들이 많고, 그러려니 이른바 문단정치에 신경 쓰게 되고 조직에 관심을 두게 된다. 그런 사람들 역시 잘만 하면 정계에 진출하여 진짜 감투를 얻어 쓸 수도 있다.

과거 우리나라 선비들 가운데는 진짜 선비가 참으로 드물었다. 다들 목을 빼고 임금이 불러주기만을 기다렸다. 정철이 지은 「사미인곡」은 선비들의 그런 심정을 나타낸 대표적 증거물이다. 선비는 곧 문인이요 문인이 곧 정치관료였던 시절이니만큼, 여간 둔하거나 고지식한 성격이 아니면 권력에 초연하기가 어려웠을 것이다.

하지만 지금은 조선시대가 아니고 정치와 문화가 분립(分立)돼 있는 시대요, 분업주의(分業主義)시대다. 그런데도 우리 문화계는 아직 독립적 지위를 확보하지 못하고 있다. 문인이나 학자, 언론인 등 문화계 인사들 대부분이 어떤 형태로든 권력에 관심을 두고 있는 것이다. 이런 상황에서는 독창적 개성이 생겨날 수 없고 '홀로 가는 사람'이 언제나 변을 당할 수밖에 없다. 진짜로 깊이 생각해 봐야 할 문제다.

8 · 인상 깊었던 책 생각

인생의 시련기를 겪을 때마다 그 책으로 위안을 받거나 힘을 얻을 만큼 감동을 받은 '딱 한 권의 책'은 사실상 없다. 기독교인이라면 그런 책으로 『성경』을 꼽을 수 있겠고, 불교인이라면 『불경』을 꼽을 수 있을 것이다. 그러나 나로서는 그렇지 못했다. 성경이나 불경을 발췌해서 읽으면 어느 정도 위안을 주는 구절을 얻어낼 수 있었다. 그렇지만 둘 다 전체적으로는 지나치게 소극적인 인생철학으로 일관하고 있다는 인상을 받았다.

그래서 나는 철학 에세이 『비켜라 운명아 내가 간다』와 『인간론』을 써서 출간하여 나 스스로 위안과 용기를 얻어 보려고 했는데, 우리 사회가 갖고 있는 폐쇄적 획일성과 도덕을 빙자한 폭력에 처절하게 절망할 수밖에 없었기 때문이다.

물론 그동안 여러 가지 시련을 겪을 때마다 나름대로 위안을 준 책들은 많았다. 결혼 후 이혼의 고비를 맞아 고통에 시달릴 때는『성의 변증법』(파이어스톤 저 · 풀빛 간)이 그런대로 위안과 용기를 주었고, 육체적 질환으로 괴로울 때는『생명의 실상』(谷口雅春 저 · 태종출판사 간)이 일시적으로나마 용기를 갖게 했다. 그리고 직장이나 사회의 사람들 틈바구니에서 가학적 매도나 중상을 당해 괴로울 때는 프로이트의 정신분석학 이론이 상당한 위안을 주었다. 겉과 속이 다르게 행동하며 이중적 자아분열로 갈 수밖에 없는 사람들의 심리를 이해할 수 있게 해주었기 때문이다.

그러나 보다 직접적으로 내게 영향을 미친 책을 꼽으라면, 문학인이기 이전에 '자유롭고 합리적이면서도 개방적인 사고'를 유포시키기 위해 노력하는 나에게 가장 인상 깊게 읽힌 책은, 에리히 프롬이 쓴『환상의 사슬을 넘어서』가 될 것 같다. 이 책에는「프로이트와 마르크스와의 만남」이라는 부제가 붙어 있는데, 한국어 번역본은『프로이트냐 마르크스냐』로 제목이 바뀌어 문학세계사에서 나왔다.

에리히 프롬이 이 책에서 가장 강조하고 있는 것은 '창조적 불복종'이다. 그는 신(神)에 대한 이브의 배반과 프로메테우스의 배반이 인류의 진보를 가져왔다고 말한다. 그리고 근대 이후 가장 '창조적 반항'을 보여준 인물로 마르크스와 프로이트를 꼽고, 이들이 자신의 사상에 끼친 영향들을 기술한다. 그는 마르크스가 구소련 같은 관료적 공산독재를 주장한 것은 아니었다고 변호하면서, '자유로운 개성인'이 창조적으로 살아갈 수 있는 사회가 그의 목표였다고 설명한다. 프로이트는 인간의 무의식의 근원을 폭로하여 도덕이라는 환상을 제거해 버리려고 노력했다는 점에서, 새로운 '자유'의 획득을 위해 창조적으로 반항한 대표적인 인물로 상찬(賞讚)되고 있다.

나는 이 책을 통해 '창조적 불복종'의 개념을 얻어내게 되었고, 그것은

'금지된 것에의 도전'이 곧 문학의 본질이라고 믿어온 내게 커다란 용기와 위안을 갖게 했다. 물론 내가 마르크스와 프로이트의 생각에 전적으로 공감하는 것은 아니었다. 그러나 그들이 던져준 화두(話頭)가 좋게든 나쁘게든 인류에게 엄청난 영향을 끼쳤다는 점을 감안할 때, 프롬의 견해에 수긍이 갔던 것이다.

『환상의 사슬을 넘어서』와 비슷한 감동으로 다가왔던 책은 버트런드 러셀이 지은『나는 왜 기독교인이 아닌가』(사회평론 간)와 카뮈의『반항인』(을유문화사 간)이다. 이 두 책에서는 '창조적 불복종'의 개념이 크게 강조되지 않았을 뿐, 한결같이 미신적 사고의 타파와 주체적 반항의 중요성을 얘기하고 있다. 나는『나는 왜 기독교인이 아닌가』를 대학생 때 읽고 예수를 신의 아들로서가 아니라 인간으로 바라보게 되었고, 특히 성(性)을 무조건 죄악시하는 금욕주의적 교리의 폐해에 대해 입장을 분명히 하게 되었다. 또한『반항인』을 통해 '문학적 반항'의 소중함에 대해 인식을 새롭게 하게 되었다.

프롬이나 러셀, 그리고 카뮈 등의 생각은 말하자면 지식인의 '반골정신'에서 비롯된 것이라고 할 수 있다. 이러한 반골정신의 뿌리는 어떻든 '합리적 사고'이고, 합리적 사고는 서양의 근대화를 촉진시켜 준 패러다임이다. 요즘 우리 사회에는 '합리'와 '이성'의 시대가 이미 갔다고 주장하는 지식인들이 많은데, 실로 답답한 노릇이다. 내가 보기에 지금 한국 지성계의 수준은 합리주의의 시대조차 아직 못 맞고 있는 근대 이전의 미신적 상황에 놓여 있기 때문이다.

9 · 한국문학 생각

나는 2011년에 장편소설『광마일기(狂馬日記)』의 개정판을 북리뷰 출판사에서 냈다.『광마일기』는 1990년에 첫 출간된 작품인데, 그때만 해도 우리 문학 시장이 엄숙주의와 경건주의에 지독히 함몰돼 있을 때여서 어이없는 매도만 당했지 진지한 평을 들어보지 못했다. 물론 관념적 선입견이 없는 일반 독자들은 내 작품을 사랑해 줬지만, 대다수의 제도권 문학인들은 내 소설이 천박하다고 욕을 퍼붓는 게 예사였다. 그래서 나는 문장도 더 꼼꼼하게 다듬을 겸, 새롭게 평가도 받아보고 싶은 욕심에서 새판을 내게 된 것이다.

나는『광마일기』를 통해 현대판 전기소설(傳奇小說)을 시도해 보고, 소설의 기본 요건이라고 할 수 있는 '구수한 이야기'의 재미를 회복시켜 보려고 했다. 그래서 책을 읽을 때의 '경쾌한 속도감'과 '기분 좋게 빨려 들어가기'의 효과를 극대화시키려고 노력했다.

독자들을 작품 속으로 빨아들이는 것, 즉 독자들을 '홀리는 것'은 소설의 필수 요건이다. 그래서 소설은 근본적으로 '합의된 사기'일 수밖에 없고(물론 그 사기는 '즐거운 사기'다), 겉으로 표방하는 주제는 그런 사기행위에 대한 그럴듯한 포장일 수밖에 없다. 말하자면 '썰을 잘 푸는 소설'이 재미있는 소설이요, 잘 쓴 소설이란 얘기다.

설사 사회주의적 리얼리즘의 명작이라는 게 있다고 해도 그건 작가가 입심 좋게 썰을 잘 풀고 독자를 잘 홀렸기 때문이지 사상이 뛰어나서는 아니다. 솔로호프의 『고요한 돈강』이나 홍명희의 『임꺽정』 같은 것이 예가 될 수 있을 것이다.

그런데도 쉽게 읽게 만들면, 다시 말해서 재미있게 빨려 들어가게 만들면(그런 문장을 쓰기가 얼마나 어려운데!) 하룻밤에 심심풀이로 쓴 줄 알고 작가(또는 작품)를 우습게 보는 풍조가 우리나라 문학계에 만연하고 있다는 건 한심한 일이다.

'경쾌한 속도감'과 '쉽고 재미있게 읽히기'는 리드미컬한 문장 구조와 구어체의 솔직한 말투에서 나온다. 그런데 요즘 우리나라 소설은 지나치게 현학적이면서 둔중한 문어체로 돌아간 느낌이 있다. 뭘 쓰든지 '심각한 체'하며 써야 좋은 문학이라고 보는 경건주의와 엄숙주의가 문장 스타일에까지 침투하여, 소설의 본질이라고 할 수 있는 '구수한 이야기'의 재미를 뺏어가 버렸기 때문이다.

나는 소설을 쓸 때 문장에 가장 신경을 쓴다. 거의 운문에 가까우리만큼 읽히도록 운율에 신경을 쓰고, 에세이나 논문 등과 구별지으려고 노력한다. 말하자면 보다 친근감 있고 가벼운 문장이 되도록 애쓰는 것이다. 그런데도 상당수의 보수적 지식인들은 내 소설이 경박하다면서 비판 정도가 아니라, 매도 또는 심지어 단죄하는 경우가 많았다.

가볍다는 말과 경박하다는 말은 전혀 의미가 다른 말이다. 그런데도 우리나라 지식인들은 '가벼움'을 '경박함'으로 그릇 인식하는 경우가 많고, 설사 경박하다고 해도 그것이 '의도된 경박성'이라는 것을 아는 이가 드물다. 소설 문장에서 사용되는 단어가 일상어 또는 비속어일 경우 흔히들 그런 인상을 받는 것 같다.

우리나라는 예전부터 한문을 숭상하고 우리말을 폄하해서 보는 습관이 지식층에 형성돼 있기 때문에, 이를테면 '핥았다', '빨았다' 등 순우리말을 구사한 표현은 조악한 표현으로 간주되는 경향이 있다. 그래서 특히 성희 묘사의 경우 대체로 빙 둘러 변죽 울리고 한자어를 많이 쓴 문장이 더 품위 있는 문장으로 간주되고, 직설적인 구어체의 문장은 상스럽고 천박한 문장으로 간주되는 게 보통이었다.

그렇지만 우리나라의 대표적 고전소설인 『춘향전』이나 『심청전』 또는 판소리 대본이나 가면극 대본 같은 민중적 표현양식들은, 관념적이고 교훈적인 사대부 문학에 비해 솔직한 구어적 표현과 비속한 표현들이 많이 들어가 있기 때문에 훌륭한 것이다. 그런데 지금 한국의 문학인들 대부분은 '민중'을 부르짖고 '민중문학'을 부르짖으면서도, 실제로 문장을 구사하는 데 있어서는 양반문학이 갖는 '품위주의'를 못 벗어나고 있다.

이를테면 『춘향전』에 나오는 질탕한 성희 묘사는 진솔한 민중적 표현이라고 칭찬하면서, 요즘 작가가 쓴 솔직한 성희 묘사는 천박하고 음란하다고 보는 기이한 이중 시각이 오늘날의 한국문학을 '이념과 교훈으로 포장된 위선의 문학'으로 추락시키고 있는 것이다.

나는 우리가 세계적인 문학을 바란다면 "개천이라야 용 난다"는 말을 수용해야 한다고 본다. 우리 문학의 전통은 좁은 개천처럼 작고 정교한 형식미와 익살스런 해학 및 반어(反語), 그리고 명랑한 외설미에 있다. 관넘성과 엄숙성, 그리고 대륙적 스케일에 대한 짝사랑과 사대(事大)는 한국문학을 망친다.

대하(大河)만을 바라서는 안 되고 또 너무 깨끗한 개천을 바라서도 안 된다. 소독약을 친 개천에서는 물고기가 살 수 없다. 나는 『광마일기』나 『즐거운 사라』 등의 소설을 통해 말하자면 개천의 물을 적당히 흐려놓으려고 했다.

10 · 수필 생각

1

수필처럼 폭이 넓은 문학 장르도 없다. 논문도 수필이고 비평도 수필이며, 신변잡기 또한 수필이다. 나아가 자전적 소설이나 회고록 역시 넓은 의미의 수필이라고 할 수 있다.

그런데 한국에서는 '에세이'와 '미셀러니'의 개념이 뒤섞여 사용되어 모두 다 '수필'로 통용되고 있다. 그래서 '에세이적 수필'이 갖고 있는 문학적 품격과 위상이 평가절하되고 있는 것이다.

물론 미셀러니가 에세이보다 격이 낮다는 말은 아니다. 다만 격조 높은 논술적 담론이나 문화비평 등일지라도 그것에 '논문'이나 '비평'이라는 딱지를 붙이지 않고 '수필'로 해놓으면 사람들이 우선 얕잡아본다는 뜻이다. 또 미셀러니는 미셀러니대로 '솔직한 배설'로서의 담론이기보다는 상투적 교훈이나 감상적 넋두리로 시종하는 일이 많아 독자들을 실망시키고 있다는 뜻이다.

나의 경우, 제일 처음 낸 수필집인『나는 야한 여자가 좋다』는 일종의 문화비평집이었다. 그런데 그것에 수필집이라는 라벨을 붙여 내놓자 어처구니없는 험담과 매도에 시달리게 되었다. 만약에 그 책 겉장에 '문화비평집'이라고 표시했더라면 막연한 곡해와 비난이 훨씬 줄어들었을 것 같은 생각이 든다.

그러므로 우선 나는 '수필'과 '에세이'의 명칭을 따로 구별해서 쓰는 게 낫다고 생각한다. '수필(隨筆)'이란 말은 글자 그대로 '붓 가는 대로 씌어진 글'이라는 뜻이므로 미셀러니에 가깝다. 또한 미셀러니는 '잡다하다'는 말에서 온 것이므로 '잡문(雜文)'의 의미와도 통한다. 일상생활에서 느낀 감상의 파편들을 논리적 포장이나 가식적 수사 없이 솔직하게 털어놓는 것이 바로 '수필'인 것이다.

그러나 '에세이'는 몽테뉴의『수상록(Les Essais)』에서 비롯된 명칭인 만큼 형식의 구애는 받진 않지만 어느 정도 논리적 사고를 바탕에 깔고 있는 글이요, 사상성과 철학성을 겨냥한 글이다. 파스칼의『팡세』도 에세이고 쇼펜하우어의 저서나 니체, 키에르케고르의 저서들이 에세이다. 우리나라에서는 한때 에세이를 '시론(試論)'이라고 번역해 사용한 적이 있는데, 좀 어색하긴 하지만 에세이의 본질에 상당히 접근한 명칭이라고 본다.

요즘 들어 '담론(談論)'이란 말이 자주 쓰이고 있는 것은, 과거에는 아카데믹하고 현학적인 글을 이른바 '논문'이라고 부르며 격이 높은 글로 간주하고, 에세이를 논문보다 격이 낮은 글로 간주하던 풍조에 대한 반성의 결과라고 본다. '논문'이라고 하면 서론·본론·결론의 격식을 갖추고 일부러라도 잡다한 각주(脚註)들을 집어넣어 실증적인 틀에 맞추는 글이라고 볼 수 있는데, 가장 중요한 것은 역시 글쓴이가 무엇을 말했는가에 있지, 그가 얼마나 책을 많이 읽고 공부를 많이 했는가를 드러내는 데 있지 않다. 그런 의미에서 볼 때 앞으로는 설사 학위논문이라 할지라도 에세이의 형태를 갖추는 게 좋다고 본다. 형식이나 논리로 억지 허세를 부리다 보면 속 빈 강정이 되기 쉽기 때문이다.

따지고 보면 과거 우리나라 선비들이 쓴 글들은 모두 다 에세이였다. 『율곡집(栗谷集)』, 『화담집(花潭集)』 등에 실려 있는 이율곡이나 서경덕의 글은 모두 다 에세이지 논문은 아닌 것이다. 정약용이 그토록 많은 저작을 남길 수 있었던 까닭은, 그가 쓴 글들이 논리적 얽매나 방증의 제시에 구애받지 않고 자유롭게 써내려간 에세이 형식이었기 때문이다. 또한 이규보는 미셀러니에 가까운 에세이를 많이 남겼고 허균이나 박지원 역시 그랬다.

서양의 경우도 이와 비슷하다고 볼 수 있다. 베이컨이나 데카르트, 볼테르나 루소 등의 사상가들이 남긴 글은 다 에세이지 논문은 아니다. 다만 칸트 같은 이가 논리적 증명을 집어넣은 현학적 논문 형태의 글을 썼는데, 그렇다고 해서 베이컨이나 볼테르 등이 칸트보다 격이 낮은 사상가로 불리지는 않는다. 요컨대 얼마나 독창적인 사상을 담았느냐의 여부가 중요한 것이다. 한국의 저술가들은 대부분 내용보다는 형식에, 독창성보다는 현학성에 집착한다. 이런 현상이 문화의 '거품' 현상을 낳고 사이비 지식인들을 날뛰게 하는 결과를 초래한다.

2

미셀러니 형식의 글을 '수필'이라고 부른다고 할 때, 가장 중요한 것은 역시 '솔직성'이다. 수필은 상투적 교훈이나 센티멘털리즘을 배격해야 한다. 지금까지 우리나라 수필은 대개 다 교훈성이나 감상성에 머물러 있었다. 알맹이 없는 도덕만을 부르짖는다든가, '촛불'·'고향'·'어머니' 등을 단골 소재로 삼아 스스로의 진짜 속마음을 감추려고만 했다.

나는 모든 글쓰기의 기본 심리가 '노출증(exhibitionism)'에 있다고 본다. 말하자면 '솔직하게 발가벗기'가 글쓰기의 근본 동인(動因)이요, 좋은 글의 첫째 요건이라고 보는 것이다. '솔직하게 발가벗기'는 또한 '솔직한 배설'과도 연관되는데, 억압된 감정의 찌꺼기들을 문학을 빙자하여 배설해 내는 행위가 바로 글쓰기 행위이기 때문이다.

'발가벗기'나 '배설'에는 어떤 목적이나 수식이 있을 수 없다. 똥을 눌 때 우리는 이 똥이 비료로 쓰일까, 그냥 버려질까, 걱정하지 않는다. 또한 똥을 좀 더 멋진 모양으로 배설해 내려고 애쓰지도 않는다. 발가벗는 것도 마찬가지다. 시원하게 벗어 제치는 게 중요하지 '어떻게 벗느냐'는 중요하지 않다.

나는 문필가를 지망하는 어떤 30대 초반의 여성과 꽤 오랫동안 편지를 주고받은 적이 있다. 편지의 내용이나 문장이 하도 좋길래 나는 글재주가 있다고 계속 칭찬해 주었다. 그래서 그녀는 글쓰기 모임에도 나가고 어느 수필 동인지에도 참가하여 수필을 발표하게도 되었다. 그런데 활자화된 수필을 받아서 읽어보니 나로서는 "영 아니올시다"였다. 그녀는 빤한 거짓말(도덕적 설교 위주의)을 늘어놓고 있었고 미문(美文)을 만들어 보려고 무진무진 애를 쓰고 있었다.

그래서 나는 편지로 그녀에게 한바탕 야단을 쳐주고 나서, 도대체 내게 보낸 편지에 썼던 그 진솔한 '고백'들은 다 어디로 가고 공허한 설교나 '남 걱정'만 늘어놓았느냐고 물었다. 그랬더니 그녀의 대답이 걸작이었다.

"선생님께 드리는 편지에는 뭐든지 툭 털어놔도 비밀이 안 새나갈 것 같아 안심하고 써 갔겠지만, 일단 활자로 발표되는 글에는 그럴 수가 없었어요. 혹시 남편이나 친구들이 보면 어떻게 하나 걱정이 돼서요."

이런 식의 태도로 수필을 쓰는 사람이 우리나라엔 상당히 많으리라 생각된다. 글을 쓸 때는 무조건 뻔뻔스러워야 한다. 이 눈치 저 눈치 보려고 들면 정말 쓸 게 아무것도 없다. 또 고상한 미문만 쓰려고 들면 아무것도 쓰지 못한다. 특히 허구적 사실이 아닌 자기 자신의 이야기를 털어놓는 수필의 경우에는 더욱 솔직한 태도가 필요한 것이다.

이를테면 성 문제 때문에 고민하는 사람이 "성은 아름다운 것이다"라고 쓴다면 이는 위선이다. 아버지나 어머니를 내심 증오하고 있는 사람이 '효도'의 가치를 역설한다면 이 또한 위선이다. 수필 쓰기란 '위선과의 싸움'이나 다름없다. 우리는 수필을 통해 스스로의 학식을 자랑한다거나 도덕성을 위장하는 것을 끊임없이 경계해야 한다.

수필은 또한 '나르시시즘'과도 관계가 있다. 모든 글쓰기는 사실 '명예욕'과 관련된 것이지만, 그래도 수필은 가장 진솔한 '자기도취'인 것이다. 다시 말해서 남보라고 쓰는 글이 아니라 스스로 즐기기 위해서 쓰는 글이 수필이라는 말이다. 말하자면 성적(性的) 자위행위와 가장 유사한 글이 바로 수필이다. '일기'가 수필의 영역에 들어갈 수 있는 것은 그 때문이다. 남보라고 벗는 '스트립 쇼'는 수필이 아니다. 혼자서 울고 낄낄댈 수 있는 것이 바로 수필인 것이다.

여기에 바로 수필의 이중성이 있다고도 할 수 있다. 혼자서 하는 배설행위를 남보라고 활자화하는 것이 바로 '수필의 발표행위'이기 때문이다. 하지만 나는 이러한 이중성이 위선은 아니라고 생각한다. '당당한 노출'은 차라리 상업주의적 의도를 내포하는 것이 낫다. 요즘 세상에 상품화되지 않는 게 어디 있는가. 겉으로는 문학의 상품화를 경멸하는 체하면서, 속으로는 자신이 쓴 글이 상품화되기를 바라는(다시 말해서 책이 많이 팔리고 읽히기를 기대하는) 심리야말로 진짜 위선이다.

요즘 전문적 문인이 아닌 아마추어 문인들(주로 한 방면에서 성공한 이들)의 '자전적 수필집'이 잘 팔리는 까닭은 독자들의 '훔쳐보기(盜視症, 또는 觀淫症)' 욕구를 만족시켜 주기 때문이고, 그런 책들은 대개 문인이 쓴 수필보다 진솔한 고백에 기초하고 있기 때문이다.

3

수필이 갖는 진솔한 고백성이 미묘한 문학적 감동을 이끌어내는 것에 착안하여, 요즘 소설가들은 수필적 요소를 소설에 첨가시키고 있다. 그래서 수필은 점점 소설의 영역까지 지배하는 폭넓은 문학 장르가 되어가고 있다.

과거에도 소설에는 수필적 요소가 많이 들어가 있었다. 특히 자기고백조로 일관하는 자전적 소설이 그러했는데, 대표적인 예로 헤르만 헤세의 『페터 카멘치트』, 서머셋 모옴의 『인간의 굴레』, 헨리 밀러의 『북회귀선』 같은 것을 들 수 있다. 특히 독일에서 발달한 '성장소설'(또는 교양소설)은 주인공의 지적(知的) 성장과정을 좇아가며 기술하는 수필적 요소로 이루어져 있다. 헤세의 『데미안』이나 토마스 만의 『토니오 크뢰거』 등은 수필적 요소가 많다. 그리고 소설 전체가 수필로 이루어졌다고 해도 과언이 아닌 것이 릴케가 쓴 『말테의 수기』이다.

나는 허구적 사실에 기초하여 에로틱 판타지를 묘사해 본 소설 『권태』

와 『광마일기』, 그리고 성심리에 바탕을 둔 세태소설 『즐거운 사라』와 『별것도 아닌 인생이』 등에서, 주인공의 의식을 추적하는 형태로 수필적 요소를 많이 집어넣어 보았다.

요즘 소설이 거대 담론이나 거대 이데올로기를 위주로 하는 교훈주의 성향에서 차츰 벗어나고 있다고 볼 때, 앞으로는 수필과 소설의 구분이 점점 더 어려워질 것 같다는 예감이 든다.

소설인지 수필인지 구분이 아주 어려운 작품의 예로 아르헨티나 작가 보르헤스의 단편들을 들 수 있다. 그는 자신의 방대한 독서 체험을 바탕으로 철학적 잡문에 가까운 수필을 쓰고 거기에 허구적 요소를 살짝 가미시키는 수법을 쓰고 있는데, 과거의 단편소설이 갖고 있는 정형성을 탈피하고 있다는 점에서 크게 주목된다. 다만 보르헤스의 소설은 지나치게 현학적인 면이 흠이라고 생각되므로, 앞으로 시도되는 수필적 소설에서는 '겸손한 털어놓기'가 더욱 강조되어야 한다고 본다.

현재 한국 소설이 갖고 있는 문제점은 지나치게 '스케일'을 의식한다는 것이다. 몇 권으로 된 대하소설이나 역사소설이 너무도 많이 쏟아져 나오고 있고, 또 그런 작품을 쓰는 작가만이 '역량 있는' 작가로 간주되고 있다. 하지만 문학 발전을 위해 가장 필요한 것은 역시 '다원주의'이므로, "작은 것도 아름답다"는 명제에 기초하는 수필적 소설이 많이 나와야 한다는 게 내 생각이다. 필연성 없이 무작정 권수만 늘리는 대하소설은 필요 없다. 또 장편소설이라 해도 꼭 원고지 1,000장 이상이 되어야 할 필요가 없고 500장 내외로도 충분한 것이다. 수필적 요소가 많이 가미된 짧은 장편소설이면서 높은 완성도를 가진 소설이 많이 씌어져야 한다.

예를 들어 프랑수아즈 사강의 『어떤 미소』나 『슬픔이여 안녕』 같은 작품은 분량이 200자 원고지로 400장도 못 되는 것이지만, 수필적 요소를 가미하여 보다 친근감 있는 감동을 이끌어낼 수 있었다고 본다.

아무튼 수필은 소설의 영역까지 점령할 만큼 폭넓은 장르이고, 나아가 산문시까지도 수필적 요소로 씌어질 수 있으므로, 앞으로의 문학은 수필이 왕좌를 점령하게 될 것이다.

과거에는 특수한 경험(모험에 가까운)만이 소설의 소재가 될 수 있었고, 설사 수필이라 해도 소수 지식인들의 전유물로 끝나는 게 보통이었다. 그러나 자유민주주의사회로 나아갈수록 누구나 글을 쓸 수 있게 되었고, 또 영웅적이고 모험적인 경험이 아닌 사소한 일상적 경험까지도 문학의 소재가 될 수 있다는 게 입증되었다.

그러므로 앞으로의 수필은 현학적 아카데미즘과 위선적 자기과시를 지양해야 하고, 특히 선량의식(選良意識)에 바탕한 교훈주의를 경계해야 한다. 또한 수필과 소설을 합치시킬 경우 과거의 상투적 구성법('발단-전개-위기-절정-결말' 투의)에서 탈피해야 할 것이다. 요컨대 현학적 외피(外皮)나 허구적 과장의 외피를 벗고 좀더 솔직하고 단순해져야 한다는 말이다.

하지만 그렇다고 해서 수필을 우습게 보고 문법에도 안 맞는 비문(非文)으로 가득 찬 글을 남발해대는 최근의 현상을 좌시해서는 안 된다. 읽기 어색한 번역투의 문장과 주술관계(主述關係)도 안 맞는 문법을 벗어난 문장, 그리고 상투적인 교훈적 주제로만 시종하는 우리나라 수필계의 고질병이 치료될 때, 그때 비로소 한국 수필의 비약적 발전이 이루어질 수 있을 것이다.

제3장

좋은 생각

로켓을 타고 우주를 날아가는 것은 얼마나 신나는 일이랴

까마득히 아래로 지구를 내려다보면

그건 영락없는 탁구공, 진딧물, 말미잘

나는 마치 내가 신(神)이라도 된 듯하여

그지없이 유쾌하다

—시 「기차를 타면 나는 막 소리쳐 자랑하고 싶어진다」 중에서

1 · 바람직한 생각

　인생을 살아가는 방법에는 두 가지가 있다. 하나는 '낭만주의적 방법'으로 살아나가는 것이고, 하나는 '사실주의적 방법'으로 살아나가는 것이다.

　낭만주의는 현실보다는 미래에, 이성보다는 상상에 초점을 맞춘다. 그래서 낭만주의 문학은 온통 아름다운 꿈과 공상, 그리고 긍정적인 미래관으로 가득 차 있다.

　반면에 사실주의는 부조리한 현실의 모순 및 갈등투성이의 사회제도 등에다가 초점을 맞춘다. 그래서 사실주의 문학은 온통 비관적 인생관과 우울한 현실인식으로 가득 차 있다. 또한 사실주의의 아류라고 할 수 있는 자연주의 경향의 문학작품 역시 비관적 인간관에 기초하고 있다.

　하긴 사실주의 문학작품이라 해서 다 그런 것은 아니다. '사회주의적 리얼리즘' 경향의 문학작품들은 인간의 노력과 투쟁에 의해 밝은 미래를 건설할 수 있다는 이른바 '낙관적 전망'을 제시하려고 노력한다. 그렇지만 인간의 꿈과 공상을 무시하는 것은 마찬가지다.

나는 지금까지 주로 낭만주의적 경향의 시와 소설을 써왔다. 그러니까 나는 낭만주의적 방법으로 인생을 살아가려고 노력하는 사람이라고 볼 수 있다. 나이를 먹어가면서 젊었을 때의 낭만적 열정이 차츰 사라져가고는 있지만, 그래도 나는 계속 어린 시절에 마음먹었던 '꿈'을 버리지 않으려고 애쓰고 있다.

물론 허황된 꿈은 사람의 정신세계를 무기력하게 만들 우려가 있다. 바라던 꿈이 이루어지지 않았을 때, 격심한 절망감에 빠져들 가능성이 높기 때문이다. 그렇지만 그것이 어느 정도 적절한 수준의 '꿈'이라면, 나는 그 꿈이 언젠가는 반드시 실현된다고 믿는다. 다만 문제가 되는 것은, 꿈이 실현되는 시기가 사람에 따라 아주 빨리 오기도 하고 아주 늦게 오기도 한다는 사실이다. 그래서 많은 사람들이 중도에 그만 꿈을 포기하게 되는 일이 많은 것 같다.

인류의 문명이 급격히 진보하게 된 것은 오직 '낭만적 상상력' 덕분이었다. 아인슈타인의 '상대성 원리' 이전에 이미 장자(莊子)는 비유적 우화를 통해 상대성 원리를 얘기했고, 잠수함이 발명되기 전에 수많은 '용궁이야기'들이 나왔다. 그래서 나는 한 개인의 일생 역시 꿈이 현실화되는 과정으로 점철되어 간다고 본다.

낭만주의적인 사고방식에 장애물이 되는 것은 '운명론' 또는 '결정론'이다. 나 자신 아직까지 운명의 정체에 대해서 확실한 결론을 내리지는 못하고 있다. 그러나 내가 지금까지 계속 관심을 가지고 공부하고 있는 문제는 "어떻게 하면 운명을 극복할 수 있을까" 하는 문제이다. 여기서 말하는 '운명의 극복'을 '운명의 창조'라는 말로 바꾸어 놓을 수도 있겠다.

점(占)에 관련해서 말한다면, 이른바 사주팔자라는 것은 극단적인 숙명론 또는 결정론에 의거하는 것이다. 그러나 '성명학' 같은 것은 이름을 바꿈으로써 운명을 바꿀 수도 있다고 주장하기 때문에, '운명의 창조'에 대해 어떤 희망을 갖게 만들어 준다. 또한 성형수술을 통해 얼굴의 관상(觀相)을 바꾼다든가 하는 것도 따지고 보면 정해진 운명을 극복해 보려는 의지의 발로라고 볼 수 있다.

그러나 성명학이나 관상학 같은 것은 자신의 노력을 덜 중요시하는 것이기 때문에, 거기에 전적으로 매달릴 만한 것은 못 된다. 그런 것보다는 역시 '마음의 힘' 내지는 '꿈의 힘'에 의지하여 운명을 극복하려는 태도가 더 바람직하다.

그렇다면 과연 효과적으로 꿈을 키워나갈 수 있는 방법은 무엇일까. 나는 그것이 '독서'에 있다고 본다. 아무 책이나 다 좋다는 것은 아니고, 낭만주의적 세계관으로 창작된 작품들을 별 생각 없이 계속 읽어나갈 때, 거기서 은연중에 '꿈'이 키워질 수 있다고 보는 것이다.

영화나 DVD도 좋지만 아무래도 그것은 일회적(一回的)인 것이어서 파급력이 적다. 가슴에 두고두고 남아 우리의 잠재의식 깊숙이까지 파급 효과를 미치는 것은 역시 독서가 제일이다.

독서를 하면 교양이 풍부해질 뿐더러 인생 전반에 대한 통찰력도 늘어나서, 우리의 정신세계를 튼튼하게 해준다. 그러나 비관적이고 허무주의적인 경향의 문학작품만 읽으면 곤란하다. 어디까지나 건강한 꿈과 공상을 키워줄 수 있는 책을 많이 읽어야 한다. 이를테면『아라비안 나이트』나『서유기(西遊記)』, 루시 몽고메리의『앤』이나 슈티프터의『숲의 오솔길』, 뒤마의『몽테 크리스토 백작』이나 샤롯 브론테의『제인 에어』같은 소설은 낭만주의적 작품이다. 그러나 에밀 졸라의『목로주점』이나 토머스 하디의『테스』나 드라이저의『미국의 비극』같은 소설은 사실주의적이면서 허무주의적인 작품인 것이다.

　내게 주어진 상황이 아무리 어렵고 고통스러운 것이라 할지라도 꿈을 잃어버리면 안 된다. 꿈은 우리의 미래를 밝은 쪽으로 인도해 줄 뿐만 아니라 늙도록 젊음을 유지시켜 주는 역할도 한다. 나이에 비해 마음이 빨리 늙어버린 사람들을 주위에서 많이 보게 되는데, 그런 사람들은 대개 꿈보다 현실에 더 중점을 두고서 살아가는 사람들이다.

　꿈과 낭만, 이 두 가지를 지속적으로 마음속 깊이 간직할 수 있을 때, 우리의 운명에는 반드시 기적이 일어난다.

2 · 천재 생각

　천재(天才)의 개념은 여러 가지다. 우선 IQ가 높은 사람을 천재라고 부를 수가 있다. 세 살 때 천자문을 떼었다느니, 열세 살에 대학에 입학했다느니 하는 사람들을 우리는 일단 천재라고 부를 수가 있다. 그러나 이런 천재들은 진짜 천재가 아니다. 그저 암기력이 남보다 우수할 뿐인 경우가 많기 때문이다.

　천재의 두 번째 개념은 '시대의 통념을 뛰어넘는 사람'이다. 이런 천재가 진짜 천재라고 할 수 있는데, 쇼펜하우어나 토인비 같은 학자가 역사를 이끌어나가는 동인(動因)으로 꼽은 천재는 바로 이런 천재를 가리킨다. 이런 천재들이 갖고 있는 특장(特長)이 바로 '창조적 상상력'이고, 창조적 상상력은 낭만주의 시대 때 가장 고귀한 천품으로 상찬(賞讚)되었다.

　역사적으로 볼 때 '천재론'과 '반(反)천재론'의 대립이 있었다. 천재론이란 사회 발달과 문화 발전은 시대를 앞서가는 소수의 천재들에 의해서 이루어진다는 주장이고, 반천재론이란 천재의 존재 자체를 부정하고 문화 발전의 원동력을 '민중'이라고 보는 주장이다.

'천재론'을 지지한 대표적 사상가로는 쇼펜하우어, 칼라일, 니체 등을 꼽을 수 있고, '반천재론'을 주장한 대표적 사상가로는 마르크스, 톨스토이, 모택동 등을 꼽을 수 있다.

모택동이 주도한 문화대혁명은 '반천재론'의 정치적 실천이었다고 볼 수 있다. 그리고 톨스토이가 쓴 『예술론』은 소수의 천재들에 의해서 주도되는 예술이 아니라 민중에 의해서 주도되는 예술을 주장한 저서라고 할 수 있다.

칼라일은 그의 『영웅숭배론』에서 영웅이 시대를 이끌어간다고 주장하고, 영웅 가운데 '천재'를 포함시킨다. 그래서 그의 『영웅숭배론』에는 나폴레옹과 함께 셰익스피어도 끼여 있다. 그러나 풀르타르크는 그의 『영웅전』에서 사상적 천재나 문학적 천재를 제외시키고 정치적 영웅들만을 소개했다. 니체는 『차라투스트라는 이렇게 말했다』에서 천재와 영웅을 결합시킨 '초인(超人)'의 개념을 설정하고, 초인만이 역사를 진보시킬 수 있다고 주장하며 민중들에 의한 민주정치를 중우정치(衆愚政治)라고 비웃었다.

내가 보기에 '천재'는 '영웅'과 병치(竝置)될 수 없는 개념이다. 영웅은 정치적 권력이나 권모술수로 시대를 이끌어나가는 인물이고, 천재는 시대의 통념을 뛰어넘는 독창적 사고로 시대를 이끌어나가는 인물이다. 그러므로 나는 천재론을 지지하긴 하되, 쇼펜하우어가 『의지와 표상으로서의 세계』에서 말한 천재의 개념을 수용한다.

토인비는 『역사의 연구』에서, 소수의 괴팍한 천재들이 정치권력에 의해 용인될 때 그 사회는 발전할 수 있다고 말했다. 가장 옳은 지적이다.

천재는 영웅 같은 교활한 사디스트가 될 수 없다. 그들은 독창적 사상을 갖고 있기 때문에 처세나 교제에 서툴러 정치적 파워를 가질 수 없다.

꼭 정치권력을 잡을 수 없다는 말이 아니라, 학계나 예술계에서 '권위'를 누릴 수 없다는 얘기다. 그래서 그들은 자칫 소외되기 쉽고, 핍박마저 받을 수 있다. 그런데 정치권력이 그들을 그저 용인해 주기만이라도 할 수 있을 때(특별히 우대해 주는 게 아니라) 그 사회는 발전할 수 있는 것이다.

지금 우리 사회에서는 이상하게도 '영웅숭배론(英雄崇拜論)'이 유행하고 있다. 그래서 수양대군의 정권 찬탈을 긍정적으로 재평가하는 TV드라마와 영화가 계속해서 만들어졌던 때도 있었고, '결단력 있는 리더십'을 가진(극단적으로 말하여 상당한 독재기술을 가진) 정치인이 필요하다는 말까지 돌고 있다. 내가 보기엔 위험한 현상이다. '천재'를 우대하거나 보호하는 데는 인색하면서 '영웅'을 기다리거나 숭배하는 것에 대해서는 후한 사회 분위기 속에서 생겨나는 영웅숭배론이기 때문이다.

역사를 이끌어간 것은 영웅들이 아니라 천재들이었다. 다시 말해서 '괴짜'들이었다. 프랑스 대혁명의 원동력이 된 것은 볼테르의 『철학 서한』이나 루소의 『사회계약론』이었지 로베스피에르의 정치적 열정이 아니었다. 그런데도 우리 사회는 획일적 문화·획일적 통념·획일적 도덕 규준(規準)을 강요하면서 한편으로는 '창조성'을 내세우는 모순을 범하고 있다.

이런 사회에서는 영웅주의만 살아남고 천재론은 숨을 죽인다. 그리고 매스컴의 여론 조작에 의한 보수적 주류(主流) 문화만이 판을 친다.

괴짜 천재들의 '문화적 광기(狂氣)'가 그 사회를 발전시키는 데 얼마나 많은 공헌을 하는지 사람들은 잘 모르고 있는 것 같다.

3 · 예수 생각

나는 예수를 신(神)이 아니라 역사적 인물로 바라보는 글을 쓸 때가 많은데, 그럴 때마다 신경질적으로 따지고 드는 독자의 항의 전화나 편지를 받곤 한다.

개인적으로 따지고 들며 토론하자는 거야 얼마든지 응할 수 있는 일이고 또 환영할 만한 일이다. 그러나 그것이 '집단적 매도'로 갈 경우에는 당해낼 재주가 없다. 내가 글을 쓰면서 구설과 필화에 시달렸던 이유 중의 하나가, 보수적 기독교 단체의 분노와 공격이었다.

나는 어쨌든 예수를 사랑하고 그의 인간적 면모를 흠모한다. 그가 동정녀의 자식으로 세상에 나왔든 안 나왔든, 또는 부활을 했든 안 했든, 그는 따뜻한 휴머니스트였고 세계적 보편성을 가진 이데올로그였기 때문이다.

알다시피 예수는 유대 나라의 독립운동을 위해 헌신하지 않았다. 당시의 유대인들은 조국이 로마의 압제로부터 벗어나 당당히 독립하는 것이 최대의 희망이었고 과제였다. 그래서 그들이 바라는 '메시아'는 유대 나라의 독립과 세계 제패를 이루게 하는 '슈퍼맨'이었다. 예수를 메시아로 알고 따르던 제자들이 예수의 집권(?) 후 각자 어떤 감투를 쓸 것인가 하는 문제를 놓고 싸우는 장면이 그것을 입증한다.

그러나 예수는 조국의 정치적 독립에는 관심이 없었고 로마에 대해서도 적개심이 없었다. "가이사(시저)의 것은 가이사에게, 하느님의 것은 하느님에게 돌려라"라는 예수의 말은 그런 사실을 드러낸다.

예수의 관심은 오로지 '위선의 척결'과 '하느님의 사랑 속에 담긴 사해 동포주의 정신'이었다. 그래서 그는 당시의 기득권 지식인들이라고 할 수 있는 바리새인들과 성직자들을 한없이 미워했고, 선민(選民)의식과 국수주의에 사로잡혀 있는 동포들을 걱정했다.

그는 말하자면 도덕적 개량주의자요, 점진적 종교개혁가라고 할 수 있다. 예수에게 있어 참된 도덕은 '솔직성'이었다. 그러기에 그는 항상 사람들에게 '어린아이 같은 마음'을 가지라고 가르치고, 유대 민족의 고유신(固有神)이 아니라 세계 만민의 여호와를 증거 했다.

예수는 또한 경제적 평등주의자이기도 했다. 그렇지만 그는 '부(富)의 평등'을 폭력적 투쟁방법을 통해서 추구하지는 않았다. 그는 인간의 마음에 호소하는 분배정의(分配正義) 사상을 통해 사회복지를 이루려고 했다. "부자가 천국에 들어가는 것은 낙타가 바늘구멍으로 빠져나가는 것보다 더 어렵다"고 말한 그의 위협적 발언은, 비폭력적 방법에 의한 부의 재분배를 겨냥한 것이라고 볼 수 있다.

말하자면 그는 현세의 복락(福樂)을 포기하고 천국의 복락에만 의지하는 내세주의자가 아니라, 현실적인 천국의 건설을 꿈꾸는 현세주의자였던 것이다.

이러한 현실적 유토피아를 그는 '사랑'을 통해서 이루려고 했다. 그래서 그는 우선 여호와 하느님을 '분노와 징벌의 신(神)'으로서가 아니라 '용서와 은총의 신'으로서 재조명하려고 노력했다. '탕자(蕩子)의 비유'라든가 '잃어버린 한 마리 양에 대한 비유', 그리고 당시에 멸시받던 세리(稅吏)나 창녀들과 스스럼없이 접촉했던 그의 행동이 그것을 잘 보여주고 있다. 그는 '율법적 감시'가 아니라 '사랑의 실천'을 통해 현실을 개조하려고 노력했던 것이다.

또한 예수는 인간을 신의 위치로 격상시키려고 노력했다. 인간으로서의 당당한 자긍심(自矜心)이 있어야만 사랑의 실천이 가능하다고 믿었기 때문이다. 그래서 그는 자신을 '하느님의 아들'이라고 부르고 자기 이외의 모든 사람들 또한 '하느님의 자녀들'이라고 불렀다. 그가 가르쳐준 주기도문의 첫줄이 "하늘에 계신 우리 아버지……"로 시작되는 것은 그 때문이라 하겠다.

예수를 인간적 휴머니스트로 볼 때 종교적 편견을 없앨 수 있다. 역사 이래 인류는 종교적 편견에 의한 종교전쟁이나 종교독재로 고통을 받았다. 하지만 그것은 결코 예수가 바라던 것이 아니었다.

4 · 장자(莊子) 생각

　우리나라 사회는 아무리 생각해 봐도 '정치 과잉'이다. 선거 때만 되면 이런저런 해프닝들이 생기는 게 예사로 되었는데, 최근 들어서는 선거철이 아니더라도 모든 게 '정치적 계산'에 의해서 움직여지는 것 같은 느낌을 더 강하게 받게 되었다.

　나는 정치 · 문화 · 경제가 삼권 분립을 이룰 수 있을 때 그 사회는 어느 정도 상식적이고 합리적인 안정감(安定感)을 확보할 수 있다고 생각한다. 그런데 우리 사회는 모든 게 정치 일변도다. 문화나 경제는 정치적 계산을 위한 들러리 역할만 할 뿐, 독자적 자생(自生)의 영역을 전혀 확보하지 못하고 있다.

　정치 중심의 가치관과 출세관의 뿌리는 조선시대 유생들이 가졌던 유교 이데올로기에 있다. 그때는 모든 가치관이 '수신제가치국평천하(修身齊家治國平天下)' 하나에만 몰려 있었다. 그래서 설사 문학을 하더라도 그것은 정치가의 부업이나 취미에 불과했고, 문학 자체의 독자적 역할이 인정받은 적은 한 번도 없었다. 반드시 '치국'하고 '평천하'해야만 인간으로 태어난 보람을 느꼈으니, 머리가 웬만큼 돌아가는 엘리트라면 반드시 '권력'을 꿈꿀 수밖에 없었다.

유교의 문제점은 바로 이런 데 있다. 유교는 겉으로는 예(禮)와 덕(德)을 내세우며 덕치주의(德治主義)를 부르짖었지만, 기실 속을 들여다보면 지배 엘리트 위주의 문화독재주의나 강압적 전체주의를 꿈꾸는 '권력제일주의'가 바로 유교의 핵심이었다. 그래서 유교의 그런 횡포를 막기 위해 여러 도가(道家)들은, 야(野)한 정신과 아나키즘에 바탕한 자유분방한 개성 및 관능적 쾌락을 내세웠던 것이다.

자유의 억압과 개성의 말살은 권위주의적 독재 권력에 의해서 자행되고, 독재 권력이 항상 겉으로 내세우는 것은 '도덕'과 '정의'이다. 공자나 맹자가 도덕과 정의를 내세운 것은 물론 충정에서 나온 것이었겠지만, 유교가 지배 이데올로기로 변한 다음에 내세워진 도덕과 정의는 다분히 정치적 계산이 깔려 있는 '탄압과 억압의 평계'였다.

도덕이나 정의는 인간의 질투심·적개심에 그 뿌리를 두고, 흑백논리로 선과 악을 가를 때 동원되는 잔인한 덕목이 되기 쉽다. 지나치게 도덕을 부르짖는 사람들은, 다른 사람들이 행여 관능적 쾌락에 탐닉할까봐 항상 전전긍긍 감시의 눈길을 보내며 중상과 테러를 서슴지 않는다. 시대의 변화를 인정하지 않고 늘 '과거'에만 집착하는 수구적 도덕주의자들의 살벌한 권위주의는, 사회를 숨 막히게 하고 사람들을 이중적 위선으로 몰아간다.

유교의 문제점은 그것이 늘 '옛날이 더 좋았다' 식의 과거지향적 가치관을 유지한다는 데 있다. 공자도 늘 과거를 그리워하며 그가 살던 춘추전국시대의 사회상을 '기강이 무너져버린 난세(亂世)'로 보았다. 그런데 아이러니컬하게도 공자가 살던 춘추전국시대는 그래도 언로(言路)가 트이고 문화의 다양성을 보장받던 시대였다. 유교가 국교처럼 돼버린 한대(漢代) 이후의 중국은 철저한 중앙집권과 언론 통제에 의해 사상의 자유가 봉쇄되어 버린 폐쇄사회였다. 공자가 꿈꾸었던 성군(聖君)에 의한 덕치(德治)는 사실상 불가능한 백일몽에 불과했던 것이다.

유교 식 '치국평천하(治國平天下)'를 위한 정치투쟁이 격화되고 도덕제일주의가 팽배할 때 인성의 황폐, 인권 경시, 표현의 자유 및 개성 억압 같은 풍조가 생겨난다. 이럴 때 해열제 구실을 할 수 있는 것은 '탈(脫) 정치적 문화'일 수밖에 없는데, 그런 문화가 바로 도교적 쾌락주의다.

장자(莊子)나 열자(列子), 양주(楊朱) 같은 도가(道家)들은 개인주의와 쾌락주의를 부르짖었다. 유교의 정치제일주의가 자유와 다원(多元)을 무시하고 모든 것을 획일적 통제 위주로 해결하려는 데 대한 반발이었다. 내가 보기에도 정치 과잉으로 세태가 점점 더 살벌해지고 있는 우리 사회를 치유할 수 있는 방법은 노장사상과 양주식(楊朱式) 유미주의, 그리고 내가 늘 주장해 왔던 실용적 쾌락주의밖에 없다.

쾌락주의는 '명분'보다 '행복'을 추구하는 것이기 때문에 '모럴 테러리즘' 같은 가학을 저지르지는 않는다. 그러나 '명분'만을 추구하는 도덕주의는 사회 전체를 불안한 가학의 전장으로 몰아간다. 우리 사회는 이제 유교적 지배 이데올로기로부터 벗어날 때가 되었다.

5 · 당당한 무신론자 생각

   기독교의 구약(舊約) 시대 유대민족의 운명관을 극명하게 드러내 보여 주고 있는 것은 『구약성서』에 들어 있는 「욥기(記)」다. 욥은 여호와에 대한 신앙심이 투철하고 인품도 훌륭한 부자였다. 그것을 보고 사탄은 여호와 신(神)을 부추겨 그를 시험해 보도록 꾄다. 그래서 욥은 재산을 잃고 병까지 걸리는 등 갖가지 재난을 겪게 된다.

   여기서 주목해야 할 점은 사탄과 여호와가 동격의 신으로 형상화되고 있다는 점이다. 악(惡)의 화신인 사탄은 여호와 신과 적대적 관계에 있으면서도 절대자 여호와에 의해 멸망되지 않는다. 여호와가 무소불능(無所不能)의 힘을 가진 신(神)인데도 불구하고 사탄을 처치하지 못한다는 것은, 언뜻 동양의 음양(陰陽) 이론을 연상시킨다. 그러나 실제로 속을 들여다 보면 사탄은 항상 인간의 신앙심을 시험하기 위한 필요악적(的) 존재로 묘사되고 있다는 점에서, 인간의 모든 불행을 사탄의 유혹에 속아 넘어간 인간의 잘못으로 돌리려는 '교묘한 자기 합리화'가 잠복해 있다는 것을 알 수 있다.

원칙적으로 기독교는 인간의 행·불행이 인간의 선행이나 악행과는 무관하게 무조건 여호와 하느님의 뜻에 따라 결정되는 것으로 되어 있다. 그러나 다른 한편으로는 인간의 불행이 사탄의 유혹에 빠진 죄과(罪果) 때문이라는 보조적 원인을 설정해놓음으로써, 모든 불행의 책임을 인간에게 덮어씌우고 있다. 말하자면 자업자득론(自業自得論)과 도덕적 인과율로 인간 개개인의 자유로운 쾌락추구를 저지시키고 있는 것이다.

욥은 갖가지 불행을 경험하면서 깊은 회의에 빠진다. 친구들은 그의 불행이 그가 저지른 죄 때문이라고 몰아붙여 그를 회개시켜 보려 하지만 그는 회개할 것이 아무것도 없다.

우리는 이 세상을 살아가면서 졸지에 원인 모르게 닥쳐오는 불행에 아연실색해질 때가 많은데, 욥의 고뇌가 바로 그런 경우에 해당된다. 그가 회의와 번뇌에 빠지자 여호와가 드디어 직접 욥 앞에 나타난다.

욥이 자신의 불행을 한탄하며 여호와에게 하소연하자 여호와는 자신의 전능함과 위대함을 자랑하며 대자연의 엄혹(嚴酷)한 운행질서를 예로 들어 설명한다. 여호와의 주장을 한마디로 요약하면 "모든 것이 내 맘대로다"라는 것이다. 마른하늘에 날벼락이 치는 것이나 잔잔한 바다 위에 파도가 몰아치는 것이나 다 '내 뜻'이요, '내 의지'니 만큼 그 이유를 묻지도 따지지도 말라는 것이다. 그때 욥은 홀연히 깨닫고서 이렇게 외친다. "주는 것도 여호와 마음대로요, 빼앗는 것도 여호와 마음대로다"라고.

그는 자신의 죄를 뉘우치지 않는 동시에 (아무리 생각해봐도 불행으로 보상해야 할 죄가 없으므로) 그렇다고 해서 여호와를 원망하지도 않는 지혜를 보인 것이다. 말하자면 운명 앞에 비굴해지지 않으면서 절대적 체념의 경지 또한 이룩해낸 셈이다. 그러자 여호와는 욥의 '깨달음'을 가상히 여겨 그전보다 몇 배나 더 큰 현세적 복락을 허락해 주게 된다.

이런 맥락에서 볼 때 「욥기」는 인과응보적 도식론에 빠지지 않으면서 인간의 불행을 설명해 보려고 시도했다는 점에서 탁월한 문학성을 보이는 저작물이다. 그러나 결국에 가서는 여호와 신(神)을 인간운명의 주재자로 가정하여 인간의 불행을 합리화시켰다는 점에서 기존의 일반적 운명론과 하나도 다를 게 없다. '진짜 체념 뒤에 찾아오는 행복'은 그것의 외형이 기독교든 불교든 또는 여타의 사탕발림식 인생론이든, 인간의 진보적 운명개척 의지에 쐐기를 박는다는 점에서 득(得)보다는 실(失)이 많은 자위책에 불과한 것이다.

만약에 욥의 체념이 행복을 되찾아 주지 않았더라면 어떻게 되었을까? 그래도 그는 계속 여호와를 원망하지 않는 상태로 의연하게 고통을 이겨나갈 수 있었을까? 나는 '졸지에 찾아오는 불행'이라 할지라도 그 기본적 원인을 악착같이 찾아보려는 자세가 필요하다고 생각한다. 운명의 힘(또는 신의 뜻) 때문도 아니고 죄의 대가 때문도 아닌, 그 어떤 '물리적 원인'이 불행을 초래한다는 사고방식만이 인류의 행복한 미래를 보장해 준다고 생각하기 때문이다.

욥이 걸린 병이 예컨대 문둥병이라면, 문둥병은 하늘이 내린 형벌이 아니라 병균의 장난 때문이라는 사실을 자각하고 난 뒤라야 병균의 발견이 이루어질 수 있고, 문둥병의 근절 또한 이루어질 수 있다. 지금 문둥병은 과거에 비해 현저하게 줄어들었는데, 그것은 '하느님의 자비' 때문이 아니라 의학의 발전 때문이었다.

지금까지는 병균의 발견이 이루어진 뒤라야 '하느님의 뜻'이 부정되곤 했다. 19세기 중엽 프랑스 의학자 파스퇴르의 의학혁명이 좋은 예다. 하지만 아직도 성병(性病)을 하늘이 내린 형벌로 본다든지, 지구의 종말을 주장하며 그것을 민중 개개인이 저지른 죄악에 대한 신의 응징으로 보는 이들이 많다. 그들의 주장은 대개 '하느님의 자비'를 구하기 위해 각자의 죄를 회개해야 한다는 논리에 바탕하고 있다.

하지만 굳이 죄를 따진다면 대개의 병의 경우는 병균이 죄요, 살인이나 절도 등의 경우라면 개인을 죄에 빠지도록 만든 불평등하고 불공정한 사회제도가 죄다. 대부분의 도덕적 자성론(自省論)들은 소외된 약자로서 갖는 마조히즘 심리와 부도덕한 권력에 대한 나약한 순응을 합리화시키는 데 머물고 있다.

물리적 원인이 없는 고통은 하나도 없다. 정치적·사회제도적 가학(加虐)의 대상이 되는 것 이외에도, 이를테면 건강한 사람이 어느날 뜬금없이 심장마비로 죽는다 해도 그것은 그 사람이 갖고 있는 '마음'의 물리적 메커니즘 때문이다. 지독한 권태감이라든가 현실도피를 하고 싶은 마음이 심장마비를 무의식적으로 불러들였을 것이다.

욥이 겪은 고통 역시 그래서, 지나친 행복에 대한 쓸데없는 불안감과 죄의식이 스스로 자신의 고통을 불러들였을 가능성이 높다. 그가 좀더 당당하고 뻔뻔스런 무신론자거나 쾌락주의자였더라면 그런 고통은 생기지 않았을 것이다.

6 · '모난 돌' 생각

한국 사회가 갖고 있는 가장 고질적인 병폐는 '앞서가는 사람'이나 '튀는 사람'을 결코 용납하지 않는다는 점이다. 그런 사람을 어떻게 해서든지 죽여야만 직성이 풀리는 엄청난 '가학의 문화'가 뿌리를 깊이 내리고 있다.

언젠가 미국에서 누드모델로 성공한 이승희 씨가 한국에 와서 크게 화제를 일으키는 것을 보면서 나는 착잡한 심정을 느꼈다. 만약 이승희 씨가 한국에서 살았더라면 그런 성공이 과연 가능했을까 하는 생각이 들어서였다. 미국의 풍토가 어떤지는 확실히 잘 모르겠지만, 의과대학에 다니다가 누드모델이 됐다면 그건 확실히 '튀는 짓'이다.

한국인이 미국에서 그런 모험을 감행하고 귀국하면 대체로 긍정적인 쪽으로 화제가 된다. 하지만 국내에서 어떤 여자가 그런 모험을 했다면 아마 지독히 두드려 맞았을 게 뻔하다. 그러니 튀는 사람은 어떻게 해서든지 한국을 탈출하여(?) 외국에 나가지 않는 한, 자기의 기량을 제대로 발휘하지 못한다는 서글픈 결론에 도달하게 된다.

앞서간 사람의 대표적인 예로 우리는 자랑스럽게 전위예술가 백남준을 꼽는다. 그러나 백남준 역시 한국에서만 살았더라면 자기의 '튀는' 아이디어를 예술로 실천해 보기도 전에 흠씬 두들겨 맞고 녹초가 돼버렸을 게 뻔하다. 그가 미국에서 초기에 시도한 행위예술은 여인의 '누드'를 이용한 것이 많았기 때문이다.

앞서가거나 튀는 사람의 예로 꼭 누드모델이나 전위 예술가만을 드는데 불만을 느끼는 독자도 있을 것이다. 그러나 그런 분야보다 '품위 있는' 것으로 느껴지는 학술이나 사상 면에서 봐도 앞서가거나 튀는 사람은 언제나 변을 당하기 쉽다. '중용'에 뿌리를 두고 '점잖은 처신'만을 강요하는 우리 사회의 풍토는, 그런 사람을 '건방진 사람' 취급하기 십상이기 때문이다.

최근 우리나라 대학의 교수 임용이나 승진 관행에 문제점이 많다는 지적이 나오고 있다. 그런데 대학인이라면 누구나 꼽는 첫째가는 병폐가 바로 '실력 있는 사람을 임용·승진시키기를 꺼려하는 교수 사회의 분위기'다. 이것만 봐도 한국의 지식인 사회가 얼마나 정체되어 있는가를 알 수 있다. '실력 있는 사람'이란 결국 '앞서가는 사람'이나 '튀는 사람'일 수밖에 없기 때문이다.

우리나라는 대학에서 교수의 업적을 심사할 때 주로 논문 편수를 따진다. 그러나 논문 편수로 그 사람의 실력을 따질 수는 없다. 서구 이론을 소개하는 식으로 남의 이야기를 모자이크하는 논문 1백 편보다는, 설사 가설에 불과한 거친 글이라 할지라도 자신의 독창적인 주장을 펼치는 논문 한 편이 훨씬 더 소중한 것이다. 그런데 그런 논문을 쓴 사람은 언제나

'겸손하지 못하다'는 이유로 배척당하기 쉽다.

　우리 사회에서는 '어부지리(漁父之利)'를 노리는 사람들이 너무나 많다. 가만히 앉아서 아무것도 하는 일 없이 점잔만 빼고 있다가, 앞서가거나 튀는 사람들이 피를 보고 고꾸라진 다음에 슬쩍 고개를 디밀며 자리나 명예를 노리는 것이 바로 그들의 상투적 처세술이다. 그들을 다른 말로 '기회주의자'라고 불러도 좋을 것이다.

　기회주의자들이 사회 곳곳에 포진하고 있는 사회는 발전 속도가 늦다. 그런 사회에서는 진짜로 재주 있는 사람들이 제대로 기량을 못 펴보고 제풀에 지쳐 고꾸라져버리거나 소외된 아웃사이더가 되어버리기 때문이다.

　'사교성 있는 처신에만 주력하는 사람'이나 '점잖은 침묵을 가장하는 사람'들은 대체로 실력 없는 사람이거나 '독창적 아이디어가 없는 사람'이기 쉽다. 반대로 실력 있는 사람들은 경박하거나 건방진 성격을 갖고 있기 쉬운데, 무식한 사람들에 대한 경멸감과 혐오감을 숨길 수 없어서일 것이다. 역사상 천재적 예술가들이나 과학자, 사상가들은 다 사교에 서투르고 고독했다. 그들의 생각을 이해해 주는 사람들이 별로 없었기 때문이었다. 또한 사생활에 있어서도 그들은 이른바 '문란한' 짓을 많이 하는 사람으로 남들에게 비쳤다.

　오스카 와일드나 버트런드 러셀, 그리고 아인슈타인 같은 사람들이 사생활이 복잡하고 부도덕하다고 비난받은 것은, 그들이 '앞서가는 윤리관'을 갖고 있었기 때문이다.

　사회 발전을 이룩하는 주체는 역시 '인간' 개인이다. 허공중에 떠도는 '일치단결'이나 '합심전력(合心全力)' 같은 구호는 발전의 주체가 되지 못한다. 개개인의 튀는 재주와 아이디어를 아껴주는 풍토가 이룩돼야만 비로소 비약적인 발전을 이룰 수 있다. 그런 점에서 볼 때 우리 사회에서 가장 시급히 개선해야 할 관행은 '모난 돌이 정 맞는' 풍토를 없애는 것이다.

'모난 돌'은 '나쁜 돌'이 아니라 '좋은 돌'이다. '모난 돌'이란 개성을 갖고서 시대를 앞서가거나 튀는 사람을 가리키기 때문이다.

7 · 천상천하유아독존 생각

　기독교의 신약성경에 나오는 예수의 기적 가운데 대부분을 차지하는 것은 역시 병을 고쳐 준 일이다. 그런데 프랑스의 신학자 에르네스뜨 르낭의 연구에 따르면 예수가 치료해준 병은 대개가 '귀신들린' 병이었고, 이것은 요즘 말로 정신신체증(精神身體症)에 속하는 것이라고 한다. 정신신체증이란 정신적 스트레스가 원인이 되어 육체적 질병으로까지 확대된 병을 일컫는 말이다. 예수는 당시 유대사람들의 정신적 스트레스는 거의가 다 '과도한 원죄의식'에서 온 것이라고 생각했던 것 같다. 그래서 예수는 환자들을 치료해줄 때마다 "네 죄가 사해졌다"고 말하며 사죄(赦罪)의 선언을 한다.

　예수의 이런 생각은 기독교가 발달한 지금까지도 제대로 통용되지 못하고 있는 것 같다. 말하자면 요즘도 기독교 신자들은 대개가 다 쓸데없는 죄의식에 시달리고 있다는 말이다. 우리나라 가톨릭 교단이 '내 탓이오 운동'을 벌이고 있는 것이 바로 좋은 예다. 이것을 만약 예수가 본다면 화를 내며 어이없어할 것이 틀림없다.

물론 사소한 말다툼 같은 것이 일어났을 경우에는 '내 탓이오' 식의 겸양과 양보가 큰 효력을 발휘한다. 하지만 '내 탓이오'를 모든 세상사에 적용시켜 지나치게 강조하다 보면, 사람들은 점점 더 죄의식 상태에 빠져들어 원래 없었던 고통이라도 새로 만들어내고 싶은 무의식적 충동을 느끼게 되기 쉽다.

우리는 이 세상에 태어나고 싶어 태어난 것이 아니다. 우리의 부모, 또는 하느님(예수의 말대로라면)이 우리를 일방적으로 이 세상에 내보냈다. 그러니까 모든 게 '내 탓이오'라고 보기보다는 '안 되면 조상 탓, 잘되면 내 탓'이 더 맞고, 궁극적으로 보면 모든 게 '하느님 탓'인 것이다. 특히 우리의 운명 모두를 하느님이 주관한다고 보는 기독교적 예정설에 비추어 보면 '내 탓이오'는 더욱더 말도 안 되는 마조히즘이 된다. 그러니까 '내 탓이오' 운동은 예수의 가르침에 위배가 되는 행위가 될 수밖에 없다.

예수는 인간들 마음속에 자리 잡고 있는 쓸데없는 죄의식을 없애주려고 그토록 노심초사 노력했건만, 유대교적 세계관에 사로잡혀 있던 그의 제자들과 지금의 일부 기독교인들은 예수의 참뜻을 제대로 파악 못하고 계속 "내 탓이오"만 외쳐대고 있다. 인간은 죄인이 아니라 누구나 다 하느님의 아들이다. 불교식으로 말하면 모두가 부처님이다. 그렇기 때문에 우리는 공연히 시시콜콜한 일에까지 무조건 회개해가며 자책할 필요는 없는 것이다.

오히려 우리는 불행한 일이 생길 때마다 하느님(또는 부처님의 道)에게 당당한 자세로 따지고 들 수 있어야 한다. 우리가 불행한 일을 당한 것은 내 탓이 아니라 하느님 탓이기 때문이다. 억지로 회개하며 불행의 책임을 자신에 돌리는 것은 바보짓이다. 거꾸로 우리는 그럴 때마다 하느님을 욕하며 책임지라고 당당한 태도로 요구해야 한다.

예수가 늘 얘기했듯이 우리가 어린아이처럼 되면 천국에 갈 수 있다. 그러므로 우리가 어린아이처럼 떼쓰며 화를 낼 때, 하느님은 우리를 세상에 태어나게 하여 고생시키는 것을 회개하며 우리에게 용서를 빌게 되고, 당연히 불행을 없애주게 된다. 석가가 얘기했듯이 '천상천하유아독존'이다. 즉 굳센 자존심을 가져야 하느님도 우리를 두려워하게 되는 것이다.

사실 하느님이란 것도 인간이 만들어낸 허상(虛像)이 아닌가? 우리가 진짜 화가 나 그 허상을 때려 부수면 하느님도 살 집이 없어져 거지가 될 것이다. 요컨대 우리는 우리의 생(生)에 책임을 질 필요가 전혀 없다. 그러므로 그저 하루하루를 그때그때 별 의미를 두지 말고 때워나가기만 하면 된다.

8 · 창조적 놀이 생각

　인간은 생각하는 동물이기 이전에 '놀이하는 동물'이다. 네덜란드의 문화이론가 호이징하는 『호모 루덴스(Homo Ludens)』라는 책에서 인간의 문화 자체가 놀이의 성격을 갖고 있다고 주장했다. 그리고 문화가 현대에 가까워질수록 놀이의 성격에서 벗어나 관념·도덕·이데올로기·규범 등으로 변질되어 가고 있음을 개탄하고 있다.

　'놀이하는 인간'의 관점에서 바라보면 전쟁조차도 놀이가 된다. 원시적인 순수성을 지니고 있는 놀이는 아이들의 유희를 통해 발견되는데, 아이들이 전쟁놀이를 즐기는 것만 보더라도 전쟁이 원초적으로 놀이에 가까운 것이었음을 알 수 있다. 그래서 그런지 고대로 올라갈수록 전쟁이 마치 아이들의 전쟁놀이처럼 '최소한의 피해를 입히는 놀이'였다는 사실을 발견하게 된다.

　예컨대 고대 중국의 전쟁은 대장들끼리 벌이는 승부 게임이었고 졸병들은 그저 응원부대의 역할만을 했다. 『삼국지』만 보더라도 성곽 밖의 공간에서 벌이는 대장 대(對) 대장간의 일 대 일의 결투로 승부를 종결짓는 일이 흔하다. 졸병들은 욕설과 함성으로 적장(敵將)을 흥분시켜 결투를 유도하거나 대장을 응원한다.

대장은 전장(戰場)에서 멀찌감치 떨어져 작전 지시만 내리고 졸병들이 백병전을 벌이거나 비전투원까지 동원하여 전면전을 벌이는 잔인한 전쟁방식은 훨씬 뒤에 가서야 생겨났다.

제갈공명이 화공법(火攻法)을 써서 적군을 몽땅 섬멸해 버리는 방식은 사실은 '놀이의 규칙'을 어기는 '치사한 방식'이었다. 그래서 『삼국지』에서는 제갈공명이 화공법으로 너무나 많은 인명을 살상했기 때문에 그 죗값으로 수명이 줄어들어 일찍 병사(病死)해 버렸다고 설명하고 있다.

인류는 18세기까지는 그런대로 '놀이적인 문화'를 유지했다. 그런데 근대 이후로 이념이 과잉하게 되어 놀이적인 문화는 평가절하받게 되고 관념적인 문화만 대접받게 되었다. 이를테면 문학의 경우 무언가 고상하고 관념적인 주제가 내포돼 있어야만 '잘 쓴 작품' 취급을 받게 되었다. 그리고 '가벼움'보다는 '무거움'이, '솔직성'보다는 '교훈성'이 마치 문학의 본령인 것처럼 간주되게 되었다.

인간은 동물과 기본적으로 같지만 경작과 목축을 통해 잉여 에너지를 확보하게 됨에 따라 단순한 놀이를 창조적 놀이로 발전시켜 나가기 시작했다. 그래서 문화가 생겨나고 예술이 생겨나게 되었다. 그러나 아무리 창조적 예술이라 할지라도 그 근본이 되는 것은 역시 '심심함을 달래기 위한 놀이욕구'라고 할 수 있다. 그러므로 소설의 경우 '재미있는 거짓말'의 성격을 벗어나기 어렵고, '관념적 주제'는 부차적인 포장술 역할만 하게 되는 것이다.

이러한 포장술이 소설의 본질인 것처럼 인식되는 상황에서는 창조적 놀이로서의 소설이 개발되기 어렵고, 나아가 여타의 '문화산업'도 결국은 위축되게 된다.

　어떤 이들은 '고상한 놀이'와 '저급한 놀이'를 구별하여 '저급한 놀이'를 문화적 타락으로 규정짓기도 한다. 그러나 아무리 저급한 놀이라 할지라도 그것 역시 창조성에 바탕하고 있는 것이고 문화적 의의를 지니고 있는 것이다. 지금 와서 본능의 진솔한 고백이라고 크게 칭찬받는 조선시대의 민중가요는 예전엔 저급하고 상스럽고 천박한 것으로 취급받았다. 그리고 남녀상열지사(男女相悅之詞)라고 하여 구박받던 고려가요는 요즘 국문학사에서 소중한 문학적 자산으로 평가되고 있다. 한국문학의 정수라고 하는 『춘향전』에도 음란한(?) 성희 묘사가 많이 나온다.

　그럼에도 불구하고 요즘 우리나라의 문화계는 귀족적인 문화(즉 상수도 문화)를 상놈들의 문화(즉 하수도 문화)보다 더 품격 높게 보는 모순된 시각을 드러내고 있다. 이러한 현상은 양반과 상놈의 구별이 없어진 오늘날의 자유민주주의 이념에 배치되는 것이다. 그런 사고방식은 결국 대중적 문화산업을 질식시키는 결과를 가져오기 쉽고 시대착오적 봉건윤리를 지속시키기 쉽다.

　우리나라엔 도대체 '축제문화'가 없다. 놀이문화의 정화(精華)가 바로 축제문화라고 할 때, 우리는 많은 것을 놓치고 있는 셈이다. 예전의 '단오절' 같은 것을 부활시켜 보려고 아무리 애써봤자 그것이 오늘날의 축제문화는 되지 못한다. 또 '미술제', '연극제' 같은 것 역시 축제문화와는 거리가 멀다. 축제문화는 한바탕 춤추고 놀며 억압된 본성을 카타르시스시키는 것인 바, 그것은 오늘날의 양식, 이를테면 농악이 아니라 사교춤 같은 것으로 대체되지 않으면 안 된다.

우리가 촌스러운 복고주의나 문화적 엄숙주의를 단연히 척결해 버릴 수 있을 때, 그때 비로소 진정한 축제문화가 생겨날 수 있다. 그리고 그 덤으로 국민의 정신건강을 음울한 이중성의 늪에서 건져 올릴 수 있다.

9 · 법(法) 생각

"법(法)대로 하자"는 말처럼 무서운 말은 없다. 법은 때에 따라서는 고무줄 잣대일 수 있고, '귀에 걸면 귀고리, 코에 걸면 코걸이' 식일 수도 있기 때문이다.

'법대로 돌아가는 사회', '법치주의 국가'라는 말이 언제나 다반사로 외쳐진다. 틀린 말은 아니다. 그러나 역사적으로 보아 법이 권력의 편에 서서 법을 빙자한 테러를 감행했던 경우도 꽤 많았다는 사실을 상기할 때, 무조건적인 '법치주의' 주장은 자유민주주의 발전에 큰 이익이 되지 못한다.

아이러니컬하게도 우리는 법을 어긴 사람들을 위인으로 떠받들기도 하고 의사나 열사로 기리기도 한다. 안중근 의사가 그렇고 윤봉길 의사가 그렇다. 그분들이 재판을 받았던 때가 일제 통치기간이어서 예외가 된다면, 식민지 시절이 아닌 때 법을 어긴 사람들 가운데도 나중에 훌륭한 인물로 기려진 예를 얼마든지 들 수 있다. 세조에게 반기를 들었던 사육신이 그렇고, 가깝게는 김지하 시인이나 그 밖에 많은 시국사범들이 그렇다. 그렇다면 법이란 대체 무엇인가.

'법 만능주의'는 곤란하다. 법보다는 '상식'이 앞서는 사회가 좋은 사회다. 독립전쟁 직전의 미국 사회는 워싱턴 같은 사람조차 국법을 어기면서까지 조국인 영국에 반기를 드는 것을 주저하는 분위기였다. 그런 어정쩡한 분위기에서 독립전쟁에 불을 댕긴 것이 바로 토머스 페인의 저서 『상식』이었다. 『상식』은 엄청난 부수가 팔려나갔고, 대다수의 미국 거주민들에게 독립전쟁의 당위성을 일깨워주었다. 그러므로 '법대로만 하면 만사 오케이'는 언제나 꼭 들어맞는 처방은 아니다.

'죄형법정주의'가 헌법에 명문화되어 있음에도 불구하고 법은 언제나 추상적이고 포괄적이기 쉽다. 나는 내가 겪은 『즐거운 사라』 사건 때 그것을 절감했다. 정체불명의 '사회적 통념'에 반(反)한다는 막연한 이유 하나만으로 우리나라뿐만 아니라 세계적으로도 유례가 없는 전격 구속과 실형 선고가 이루어졌다는 사실을 나는 상식으로 이해하기 어려웠다.

"법대로 하자"는 말은 "판사에게 맡기자"는 말과 통하기 쉽다. 유·무죄의 판별은 물론이고 형량의 결정에 이르기까지, 특히 우리나라처럼 배심원제도를 채택하지 않는 경우에는 모든 것이 판사의 고유 권한일수밖에 없기 때문이다.

현재의 법제도는 설사 무죄인 사람을 사형시키는 오판을 저질렀다는게 나중에 밝혀지더라도 판사는 전혀 책임을 지지 않는 체제로 되어 있다. 정말 신(神)에 가까운 무소불위의 특권이라고 할 수 있다.

사상범이나 정치범이 아닌 절도나 강도 같은 범죄라 할지라도 어떤 판사를 만나느냐에 따라 형량이 몇 년씩 줄어들고 늘어난다. 그러니 법은 무섭다. 나는 『즐거운 사라』 사건으로 감옥에 갇혀 있는 동안, 평생 동안 법에 대한 막연한 공포를 느끼지 않고서 살아갈 수 있는 직업은 오직 '법관'뿐이 아닐까 하는 생각이 들었다. 그리고 우리나라에서 아직도 사법고시 합격이 최고로 안전한 출세의 관문이 될 수밖에 없다는 사실을 슬픈 마음으로 인정할 수밖에 없었다.

언젠가 독일에서는 나치스에 협력한 법관들이 나치스 패망 후에도 계속 법관 노릇을 했다 하여 뒤늦게 사회 문제가 된 바 있다. 그런데 우리나라에서는 그런 식의 범사회적 논의가 일어난 적이 한 번도 없다. 오판을 하거나 독재정권의 시녀 노릇을 한 법관들이 문책을 당한 적이 내 기억엔 없다. 그러니 법관은 참으로 부러운 직업이다.

사람이 사람의 운명을 좌지우지하며 사디즘에 가까운 야릇한 쾌감을 느낄 수 있는 직업으로는 법관과 의사가 있고, 넓게 보면 교육자도 그 안에 들어간다(정치가도 해당된다고 생각하기 쉽지만 그렇지 않다. 정치가는 언제나 구체적으로 비판받는다). 그중에서도 가장 능동적으로 사람의 운명을 바꿀 수 있는 직업이 바로 법관이다.

의사는 잘못 치료하면 고소당하기 쉽다. 교육자도 언제나 문책당할 소지가 많다. 나는 선생 노릇을 하면서 학생들의 학점을 매길 때마다 막연한 두려움(잘못 채점했을 경우 항의가 들어올까 봐서)과 야릇한 쾌감을 함께 느끼곤 했다. 그러나 점수를 잘못 매겨 시말서를 쓰게 되는 경우도 있었으므로 두려움 쪽이 점점 더 커졌다.

'법치주의' 이상 가는 질서유지책은 사실상 아직 없다. 그러나 법을 감시하는 기능 역시 함께 발전해야만 진정한 법치주의가 이루어진다. 중세기의 마녀사냥도 '법'의 이름으로 했고, 갈릴레이의 재판도 '법'의 이름으로 했다는 사실을 우리는 늘 기억해야 한다.

10 · 신세대의 성(性) 생각

　우리나라 신세대들의 성의식은 한마디로 말해서 '어정쩡한 수준'에 머물러 있다. 완전한 '프리섹스'가 정착된 것도 아니요, 완전한 '순결의식'이 뿌리를 내리고 있는 것도 아니다. 혼전의 성(性)에 대해 물어 보면 상당수의 신세대들은 "사랑하면 섹스할 수도 있다"고 대답한다. 언뜻 그럴듯하게 들리는 말이지만, 꼼꼼히 따져서 생각해 보면 이 말처럼 애매모호한 말도 없다. 도대체 '사랑'의 정체가 무엇인지 아리송하기 때문이다.

　내가 생각하기에 진정한 '사랑'이란 성적(性的) 합일감(合一感)을 필연코 전제해야 하는 것이다. 이른바 '속궁합'이 안 맞는다면 사랑이란 헛된 신기루에 지나지 않는다. 그런데도 요즘 신세대 남녀들은 성에 대한 자기의 주견(主見)을 솔직히 피력하는 것을 꺼려한다. 보수적인 성관(性觀)을 구시대의 봉건윤리에서 비롯된 시대착오적 성관이라고 공박하면서도, 섹스 자체에 큰 비중을 두려고는 하지 않는다. 그래서 겉보기엔 굉장히 개방적으로 보이는 젊은이들조차 연신 "사랑해야 섹스할 수 있다"는 말을 앵무새처럼 되뇌고 있는 것이다.

특히 신세대 남성들의 성관은 터무니없이 이중적이다. 연애할 때는 프리섹스 비슷한 주장을 부르짖다가도 결혼상대로는 순결한 여성을 원한다. 애인이 아닌 여자는 섹시하고 노출이 많은 복장을 입고 다니기를 바라면서, 정작 애인 관계의 여자에게는 정숙한 복장을 요구한다. 이건 신세대 여성들 역시 마찬가지라고 볼 수 있다. 성적으로 순결한 남자만을 바라는 건 아니지만, 적어도 자기의 애인이 됐을 경우에는 자기하고만 섹스하다가 자기와 결혼하기를 바란다.

그래서 그런지 요즘에는 중세기의 유물인 '정조대'가 남자용·여자용으로 따로 만들어져 시판되고 있다. 물론 애교 있게 만들어진 모형에 불과하지만, 애인 관계로 굳어진 젊은 남녀들끼리 주고받는 선물용으로 인기가 있다고 한다. 그러니까 설사 혼전 섹스에 동의한다 하더라도 그건 '결혼을 전제로 한 성'에 불과할 뿐, 진짜 자유로운 성은 아닌 셈이다.

이런 어정쩡한 성의식은 보수적인 성의식보다 오히려 더 많은 부작용을 초래한다. "사랑한다"고만 말하면 섹스할 수 있기 때문에 엉뚱한 피해자를 많이 낳는 것이다.

연애를 계속하다가 결혼으로 골인하면 그런대로 좋은데, 그렇지 못한 경우가 많으니 탈이다. 일단 한쪽에서 싫증을 느껴 헤어지자고 하면 '순결을 더럽힌 책임'을 물어 육박전이 벌어지고 치사한 책임 추궁과 보복이 이어진다. 피임관리를 잘하지 못하는 것도 갈등의 원인이 된다. '신성한 섹스 의식'에 피임도구를 사용한다는 것은 찜찜한 일이므로 대충 일을 치르다 보면, 원치 않던 임신도 하게 되고 꺼림칙한 낙태나 '버려지는 아이'도 증가하게 마련이다.

이런 어정쩡한 성관(性觀)은 역시 기성세대들이 베푸는 성교육이 봉건 시대의 성관에 기초하고 있기 때문이다. 시대의 흐름은 '생식적 성'이 아 닌 '비생식적(非生殖的) 성(즉 쾌락을 위한 성)' 쪽으로 달려가고 있건만, 기 성세대들은 여전히 '생식적 성'만을 강조하고 '비생식적 성'을 부정한다. 또한 여전히 '정신적 사랑'이 '육체적 사랑'보다 우위에 있다고 말하며 성 에 대한 학습의 기회를 박탈해 버린다. 그러다 보니 당연히 피임교육이 이루어지지 못하고, 대개의 신세대 남녀들은 암중모색의 독학 끝에 '죄의 식 섞인 섹스'에 빠져들 수밖에 없다. 말하자면 '현명한 성 관리'가 이루 어지지 않고 '신경질적인 배설'만 이루어지고 있는 셈이다.

이 시대의 성은 전혀 감춰져 있지 않다. 가끔 가다 본때 보이기 식으 로 이른바 '음란물 단속'이 이루어지긴 하지만, 영화나 활자 매체 등을 통 해 성은 이제 생활의 일부가 되어가고 있다. 조선시대처럼 문화적 쇄국정 책을 펴서 빗장을 걸어 잠그고 산다면 모르겠으되, '세계화'나 '개방화'가 구호처럼 된 이상 성 역시 개방으로 달려갈 수밖에 없다. 더욱이 우리나 라의 1인당 GDP가 20,000달러 수준이 된 지금은 '식욕 중심의 시대'가 아니라 '성욕 중심의 시대'가 될 수밖에 없기 때문에, 잘 먹고 자란 신세 대들의 성적(性的) 욕구는 점점 더 커질 수밖에 없다.

그런데도 우리나라는 피임교육이나 애무기술교육에 서투르다. 적극적 인 피임교육을 하자고 주장하면 곧바로 프리섹스를 방조하는 것이라고 공격당한다. 또 삽입성교보다 오럴섹스가 더 안전하다고 주장해도 곧바 로 '변태 성욕'을 선전했다고 야단맞는다.

그래서 신세대들은 불안할 수밖에 없다. 그들은 여전히 순결의식과 이 중적 성관에 얽매여 불안한 섹스를 계속하고 있다. 미혼 여성들의 처녀막 재생수술이 성행하는 것도 그 때문이라고 할 수 있다.

신세대의 결혼의식은 원칙적으로는 "결혼은 필수가 아니라 선택이다"라는 입장에 서 있다.

신세대들은 대체로 다음과 같은 이상적 합의점에 관념적으로는 도달해 있다. 첫째는 결혼은 생존의 무거운 짐을 나눠지기 위한 일시적 도피행위가 되어서는 안 되고, 영원무궁하게 싫증나지 않는 성애(性愛)를 위한 성적(性的) 계약이 되어서도 안 된다는 것이다. 그리고 둘째는 결혼을 하고 자식을 낳는다 하더라도 누구한테서나 부성애나 모성애가 무조건 우러나와 자식을 위한 희생으로 자신의 여생을 바치게 되는 것 역시 아니라는 것이다.

그래서 '계약결혼'이나 '시험결혼(결혼 전에 시험적 동거기간을 갖는 것)', 또는 '계약동거' 같은 말들이 흥미있는 담론의 소재를 신세대들에게 제공해 주고 있다. 거기에 큰 자극제나 정보원(情報源) 역할을 하는 것은 서구의 급진적 성해방주의자들이 저술한 갖가지 성담론서들이다. 그러다 보니 이제는 한국에서도 '당당한 미혼모'가 점차 늘어나고 있는 추세를 보이게 되었고, 그들이 사회적 불이익이나 법적 불이익 없이 떳떳한 삶을 살아갈 수 있도록 해줘야 한다는 주장이 급격히 부상하게 되었다.

하지만 한국의 현실은 여전히 '어정쩡'하기만 하다. 우선 여성의 취업이 100퍼센트 보장돼 있지 못하기 때문에 당당한 독신녀나 당당한 미혼모로 버텨나가기가 너무 힘들고, 그 이전에 부모의 간섭이나 사회의 따가운 눈초리를 감당해 내기 어렵다.

그런 사정은 남성도 마찬가지다. 미혼 시절에 성적 죄의식과 성적 욕구의 틈바구니에서 괴로워하던 그들은 쉽사리 '결혼'이라는 '자살골'을 택해 도덕과의 타협을 도모한다. 또 혼기(婚期)에 대한 강박증 역시 미혼 여성만큼 심해서, 스스로 선택한 결혼이 아니라 '남 보라고 하는 결혼'을 감행하는 경우도 많다. 결혼을 통해 급격한 신분상승이나 재산증식을 노리는 이른바 '바보 온달 콤플렉스' 역시 여성의 '신데렐라 콤플렉스' 못지않게 미혼 남성들을 유혹한다.

신세대 남녀들을 헷갈리게 하는 것은 그런 것뿐만이 아니다. 지금은 '성의 제한' 시대가 아니라 '산아 제한' 시대이건만(다시 말해서 핵가족 시대이건만), TV 등의 매스컴에서는 언제나 대가족주의로 3~4대가 함께 살아가는 가족 드라마를 보여주며 성적 쾌락보다는 자식을 많이 낳는 쾌락을 통해 노후(老後)를 보장받으라는 식으로 신세대들을 윽박지른다. 또한 과도한 충효사상의 강조 역시 신세대들을 헷갈리게 하고 있다. 다시 말해서 자기가 '강요된 효도'라도 받아보고 싶은 욕구를 느끼는 것이다. 말하자면 화풀이 식 보상심리라고 할 수 있다.

그렇기 때문에 대학생 정도의 연령 때는 결혼을 안 하겠다고 생각하거나 계약동거를 하겠다고 생각했던 신세대들도, 일단 사회에 나간 다음에는 부모가 밟은 전철을 똑같이 밟게 되는 경우가 많다. 그러나 지금 시대는 부모의 시대와는 다르기 때문에 곧바로 후회하게 되거나 이혼의 비극이 따르기 쉽다. 아이를 안 낳고 이혼하면 그래도 나은데, 결혼하자마자 덜컥 아이를 낳아 놓고 금세 이혼으로 가는 부부가 점점 많아지고 있으니 탈이다. 그럴 때 신세대 부부들은 서로 아이를 안 맡으려고 몸부림치게 되고, 그 결과 아이는 불행한 인생을 시작하게 된다.

나는 현재와 같이 어정쩡한 결혼의식이 엄존하는 현실에서는, 차라리 결혼을 하고 나서 한 3년 정도 피임기간을 갖는 게 낫다고 본다. 그렇게 되면 혹 금세 이혼을 하게 되더라도 아이에게 후유증을 남기지는 않게 되기 때문이다. 아이만 낳으면 아이가 '사랑의 울타리' 역할을 하고 부성애와 모성애가 무조건 우러나와 행복한 가정생활이 가능해진다는 식의 어거지 훈계는 이제 사라져야 한다.

　신세대의 성의식에 대해서 지금까지 우리나라의 매스컴들은 지나치게 선정적인 자세를 취해 왔다. 말하자면 신세대들은 모두 프리섹스를 하는 것처럼 보도하고 모두가 '자유연애자'인 것처럼 보도해 왔다. 그러면서도 다른 한편으로는 케케묵은 조선시대의 유교윤리를 칭찬하고 『명심보감』 식 윤리교육이 필요하다고 떠드는 게 바로 한국의 매스컴이었다.

　아니 비단 매스컴뿐만 아니라 한국의 기득권 지식인들 모두가 급변하는 신세대 문화에 대해서는 이중적 자세와 양비론적 자세를 취해 왔다. 다시 말해서 "자유는 좋지만 방종은 안 된다", "섹스는 중요하지만 음란은 안 된다" 식의 어정쩡한 말장난만 해왔다는 얘기다.

　그러다 보니 신세대들은 도무지 정신을 차릴 수가 없다. 어떤 때는 신세대의 자유로운 성관과 혼혈문화적인 국제감각을 칭찬하다가도, 어떤 때는 '전통문화'를 내세우며 수구적 봉건윤리를 강요하고 있으니 말이다. 기성세대들의 '성 알레르기' 증상, 그리고 '세계화'와 '전통윤리'에 양다리 걸치는 이중적 처신 때문에 속병을 앓고 있는 것은 오직 신세대들이다.

　중·고등학생이 임신의 메커니즘도 모르는 채 성행위를 하고, 대학생은 피임준비도 안 하고 성교를 한다. 그런데도 기성세대는 오직 침묵으로 일관할 뿐 솔직하게 입장을 표명하진 않는다. 성교육을 한다고 해봤자 구체적인 내용과는 거리가 멀고, 페미니스트들의 여성해방론은 여전히 '조선시대식 부덕(婦德)'을 벗어나지 못한 채 '성(性) 박멸운동'에 머물러 있다.

　더욱 기가 막힌 것은, 프리섹스를 다룬 외국 영화나 소설들은 여전히 칭찬받으며 수입되어 신세대들을 약올리고 있다는 사실이다. 말하자면 프랑스의 '엠마뉴엘'이 보여주는 자유로운 성행동은 멋지고 세련된 것이고, 한국의 '순희'가 보여주는 자유로운 성행동은 더럽고 부도덕한 것이라는 논리가 신세대들을 이중적 갈등 속으로 몰아넣고 있는 것이다.

그러므로 신세대의 성의식과 결혼의식에 보다 주체적이고 각자 선택적인 '능동성'과 '책임감'을 불어넣어 주려면, 이제부터라도 '성에 대한 논의의 자유'와 '표현의 자유'를 보장해 줄 필요가 있다고 본다. 기성 지식인들의 어정쩡한 양다리 걸치기식 성 담론은 이젠 백해무익하다. 성에 관한 지식 역시 다른 지식들처럼 '일체의 모든 것'에 대해 알려줘야 하는 것이다. 이를테면 버섯에 대해 가르칠 경우 '먹는 버섯'뿐만 아니라 '독버섯'에 대해서도 가르쳐 줘야 하는 것처럼 말이다.

순결을 지키든 안 지키든, 결혼을 하든 동거를 하든, 모든 것은 이제 '각자 선택'의 방식으로 나아가고 있다. 퇴폐·음란·방종 같은 애매모호한 말들이 더 이상 공포 분위기를 조성하지 않고 선별적인 모럴 테러리즘 또한 없어져 진정한 표현의 자유와 향락의 자유가 보장될 수 있을 때, 그때 비로소 신세대의 성의식과 결혼의식은 자율성과 책임성을 획득할 수 있다. '향락'이란 말은 '즐거움을 누린다'는 뜻이다. 신세대들은 이 말이 왜 나쁜 뜻으로 쓰이는지 이해하지 못한다.

무엇보다 기성세대들이 '성에 대한 이중 잣대'와 '쾌락 문제에 대한 이중적 위선'을 반성하는 일이 시급하다. 이제는 솔직하게 성의식의 '변화'를 인정해야 한다. 변화하지 않고서는 진보할 수 없다.

제4장

나쁜 생각

사람과 사람 사이에 벽을 쌓는다

아무렇지도 않게 벽을 쌓는다

때로는 언어로, 때로는 의복으로

때로는 화장으로, 때로는 윤리로

때로는 사랑으로

튼튼한, 튼튼한 벽을 쌓는다

—시「벽」중에서

.

1 · 권태 생각

　우울증이나 신경쇠약, 또는 정신신체증(精神身體症 : 정신적 원인으로 육체에 통증이 오는 것) 같은 병의 원인은 돌연한 실연이나 사업의 실패 같은 '급성 재난'이 아니다. 현대인에게 많은 여러 가지 신경성 질환들은 대개 '권태'가 원인인 수가 많다.

　급작스런 위난이 닥쳐왔을 때 인간은 도리어 강렬한 긴장감과 함께 동물적 생존욕구로 자신의 심신 상태를 재무장하게 된다. 우울증 등의 신경성 질환에 빠져들게 되는 진짜 원인은 전혀 변화가 없는 일상의 무게 때문이고, 판에 박힌 도덕률에 대한 짜증 섞인 권태감 때문인 것이다.

　40대나 50대 나이의 건강한 중년 남녀들 가운데 간암이나 위암 따위로 졸지에 죽어버리는 사람들이 많다. 그런데 그들 대부분은 모범 가장(家長)·모범 주부이거나 모범 사원들이다. 그중엔 종교적 신앙심이 두터운 사람도 많고 술이나 담배를 안 하는 사람도 많다. 그들은 겉보기엔 법

없어도 살 사람들이요, 온화한 인격자들이고, 인내심이 강한 사람들이다.

하지만 그들의 속은 곯을 대로 곯아 있다. 그래서 아무런 극적(劇的) 변화 없이 지루하게 계속된 일상사가 그들을 잠재적 우울증 환자나 신경쇠약자로 만들어 결국은 이 세상을 떠나게 만들어버리는 것이다. 그들의 잠재의식 속에는 '돌연한 죽음'이라는 사건이, 드라마틱한 긴장감을 불러일으키는 비장의 무기나 최후의 수단 역할을 하며 내장(內藏)돼 있었던 셈이다.

이런 공식은 문학작품에도 그대로 적용된다. 두고두고 읽히는 명작소설이란 것들은 하나같이 '드라마틱한 실연'이나 '돌연한 죽음' 따위를 소재로 삼고 있기 때문이다.

뒤마 피스의 『춘희』에 나오는 여주인공 마르그리트는 사주팔자 면에서만 본다면 박복한 여인임에 틀림없다. 그녀는 매춘부인데다가 스물세 살 꽃 같은 나이에 폐병으로 죽어버렸으니 말이다. 그런데도 지금껏 수많은 독자들이 그녀에게 열광하는 이유는 무엇일까. 그것은 다름 아니라 그 여자의 삶이 평범한 상식 수준을 뛰어넘었기 때문이다. 말하자면 '짧고 굵게' 살았기 때문이고 강렬한 연애 체험을 해보았기 때문이다. 그것은 『마농레스코』나 『젊은 베르테르의 슬픔』 같은 소설의 경우도 마찬가지다.

여성 독자들에게 '일찍 죽는 춘희'를 택하겠느냐, 아니면 '오래오래 권태롭게 사는 안방마님'을 택하겠느냐고 물어보면 아마도 대다수의 여성들은 전자를 선택할 것이 틀림없다.

우울증이나 신경쇠약에 걸리면 대개는 몸이 빼빼 말라간다. 또는 스트레스를 먹는 걸로 풀어 몸이 비대해지는 경우도 있다. 이럴 때 마른 사람들에게 무조건 보약을 먹이거나 뚱뚱한 사람들에게 다이어트를 시켜 봤자 별로 효과를 못 본다. 먹는 게 문제가 아니라 '생각하는 게' 문제이기 때문이다.

몸이 마르면서 식욕이 없어지는 것은 정열이나 정력을 써버릴 만한 대상(즉 섹스 파트너)이 없어 에너지를 필요로 하지 않기 때문이다. 또 반대로 무조건 먹어 살이 찌는 것은 자신의 몸을 추하게 만들어 성적(性的) 외로움에 대한 '핑계'를 만들어내기 위한 것이다. 말하자면 "나는 뚱뚱하기 때문에 연애를 못한다"는 방어적 자위(自慰)의 구실을 만들어내는 것이라고 볼 수 있다.

요즘 건강법에 대한 관심이 고조되면서 '사랑'을 강조하는 의사들이 늘어가고 있다. 그러나 '사랑'만 가지고는 건강해지지 못한다. '사랑'은 '성욕'과 동의어라는 사실을 숙지해야 하고, 동물적 성욕을 배설할 대상을 떳떳이 찾아나설 수 있는 '뻔뻔스런 용기'가 있어야 건강해지는 것이다. '정신적 사랑'은 자칫 만성적 권태증의 원인이 되기 쉽다. 대부분의 정신적 사랑은 종교적·도덕적 자기검열을 수반하여, 그 사람을 '인내력'의 노예로 만들기 때문이다.

2 · 이별의 절차 생각

    남녀가 사랑을 나누게 될 경우 두 사람이 정신적·육체적 관계로 발전하게 되기까지에는 여러 가지 복잡한 절차가 요구된다. 이를테면 한쪽에서는 끈질기게 구애(求愛)하고 다른 한쪽에서는 그 구애를 적당히 사절(謝絶)하는 체하며 시간을 끌다가 결국엔 받아들이는 등 갖가지 형태의 '뜸들이기 과정'을 거치게 되는 것이다.

    그런데 그렇듯 복잡한 '만남의 절차'에 비해 '이별의 절차'는 너무나 간단한 것이 우리네 연애행위의 문제점인 것 같다. 이별 역시 어느 정도의 '뜸들이기 과정'이 필요함에도 불구하고, 대개의 이별은 졸지에 차버리고 졸지에 버림받는 식의 급격한 형태로 찾아오는 것이 보통이기 때문이다.

    나의 경우 내가 버림받는 쪽에 섰을 때는 상대방 여자가 어느 날 갑자기 영문 모를 '변덕'을 부려 이별을 선언하고 나서는 경우가 많았다. 아니 이별의 선언이라도 있는 경우는 양호한 편이고, 아예 뜬금없이 바람을 맞히거나 무조건 연락을 끊거나 하는 경우가 더 많았다. 그래서 나는 상대방의 돌연한 심경변화의 이유를 몰라 끙끙거리며 안타까운 유추(類推)를 되풀이하다가, 종당에 가서는 상대방의 변심을 '배신'으로 규정짓고 허망스레 '복수'를 맹세하는 걸로 끝을 내곤 했다.

물론 내가 여자를 '버리는 쪽'에 섰을 때도 있었는데, 나는 마음이 약한지라 졸지에 돌아서 버리지는 못하고 계속 칭얼거려 가며 '이별'을 애걸했던 적이 더 많았던 것 같다.

어제까지는 미치도록 좋기만 하던 사람이 오늘 갑자기 싫어지는 심리를 나는 충분히 이해할 수 있다. 혈연으로 맺어진 부모 자식 간이나 형제지간이 아닌 한, 사람과 사람의 만남은 그것이 이성간의 만남이든 동성간의 만남이든 결국 '남남간의 만남'이 돼버릴 수밖에 없기 때문이다. 그래서 설사 살을 섞은 부부 사이라 할지라도 일단 헤어지고 나면 그만인 것이고, 오랫동안 우정을 나눈 친구 사이라 할지라도 이데올로기의 차이나 이해득실의 문제에 얽혀 졸지에 적(敵)이 돼버리는 일이 심심찮게 생기는 것이다.

하지만 세상 인심이 아무리 그렇다 하더라도 '이별의 절차' 정도는 반드시 필요한 것이 아닐까. 두 사람이 만나서 사랑이나 우정을 나누게 되기까지 꽤 많은 시간이 소요됐던 것처럼, 헤어지는 과정에 있어서도 꽤 많은 시간을 투자하는 것이 도리가 아닐까.

특히나 이성간의 사랑일 경우, 우리가 흔히 '사랑'과 '결혼'을 동일 선상에서 놓고 바라보며 법적(法的) 구속력에까지 호소하여 두 사람 사이를 묶어두고 싶어 하는 이유는, 우리의 잠재의식 깊숙이 '졸지에 버림받는 것을 두려워하는 마음'이 내재해 있기 때문인지도 모른다. 부부가 헤어지게 될 경우엔 적어도 한쪽에서 이별을 제의하고 그것을 상대방에게 설득하는 과정이 뒤따르게 되기 때문이다.

그렇지만 두 사람이 그냥 애인 사이로만 머물러 있게 되면, 서로 아무리 오랫동안 살을 섞어가며 애정을 교환했다 하더라도 졸지에 뒤통수를 한방 얻어맞는 식의 '일방적으로 버림받는 이별'을 맞게 되기 쉽고, 따라서 거기에 부수되는 '적개심의 치유기간' 역시 오래 걸릴 수밖에 없는 것이다.

나는 일방적인 이별이든 상호 합의하에 이루어지는 이별이든 남녀 간에 사랑이 식게 되는 경우, 두 사람 사이의 애정을 우정으로 바꿔가려고 노력하는 것이 바람직한 자세라고 생각한다. 모래알처럼 많은 사람들 중에서 하필 두 사람이 만나게 됐다는 것은 어쨌든 대단한 사건이 아닐 수 없고, 그토록 어렵게 맺어진 소중한 인연의 끈을 하루아침에 싹둑 잘라버린다는 것은 너무나 안타깝고 애석한 일이기 때문이다.

연인 사이였든 부부 사이였든, 헤어진 뒤에도 이따금 만나 서로간의 정을 교환할 수 있다는 것은 얼마나 아름다운 일인가. 나는 이별 뒤엔 사랑이 미움으로 바뀌는 것을 지극히 당연한 것으로 아는 우리의 애정풍토가 몹시 안타깝고 한탄스럽다.

일본의 작가 다니자키 준이치로(谷崎潤一郎)는 '이혼식'을 거행하여 세인들의 큰 화젯거리가 된 바 있다. 그들 부부가 이혼한 이유는 단순한 성격차이 정도 때문이 아니었다. 아내가 남편의 친구와 바람이 났기 때문이었다. 그런데도 다니자키는 아내나 친구를 원망하지 않고 아내를 친구에게 선선히 넘겨 주었다. 그래서 그 '이혼식'은 '아내 양도식'을 겸하는 순서로 진행되었다고 한다. 그리고 다니자키와 그의 친구와 아내 세 사람은 이혼식 이후에도 계속 친분관계를 유지할 수 있었다고 한다. 참으로 부러운 얘기가 아닐 수 없다.

내가 좋아하는 외국 팝송 가운데 조지 베이커 셀렉션이 부른 〈I Have Been Away Too Long〉이라는 곡이 있다. "How can I say to you, I love somebody new……"로 시작되는 이 노래는 특히 가사의 내용이 내 마음을 사로잡는다.

보통의 이별 노래들은 대개 애인이 나를 버리고 도망간 것을 원망하며 슬퍼하는 내용이기 마련인데, 이 노래는 거꾸로 애인에게 좋게 이별할 것을 애원하는 내용이기 때문이다.

"우리는 그동안 너무 오랫동안 못 만났다……내가 드디어 다른 사람을 사랑하게 됐기 때문이다……이제 드디어 우리가 이별해야 할 시간이 닥쳐온 것 같다……"는 것이 이 노래의 주된 내용이다.

사랑을 시작할 때는 상대방에게 미칠 듯한 저자세로 애걸복걸하다가, 사랑이 식어버리면 내가 언제 그랬더냐는 식으로 냉정하게 발길을 돌려버리는 게 예사 사람들의 심리다. 그런데 이 노래에서는 자기에게 새 애인이 생겼다는 것을 상대방한테 솔직히 고백하면서, 구슬픈 비탄조로 '이별'을 설득하고 있다.

만남의 절차가 있듯이 이별에도 반드시 절차가 필요하다. 무슨 이유에선가 상대방이 미치도록 꼴 보기 싫어졌다 하더라도, 우리는 그동안의 정리(情理)와 의리를 생각해서라도 상대방의 가슴에 갑자기 못을 박지는 말아야 한다. 그리고 될 수 있는 한 인간적 우의를 유지시켜 나가도록 노력해야 한다.

3 · 관변 지식인 생각

　나는 도덕을 팔아먹고 사는 사람들을 증오한다. 그런 자들은 정권의
추이와 상관없이, 그리고 그들 스스로의 기회주의적 변신이나 어용적(御
用的) 생태와도 상관없이, 늘 사회적 기득권과 권세, 그리고 부(富)까지 누
리고 있기 때문이다. 그런 자들은 언제나 권력에 초연한 체하면서 오히려
권력의 주변에 포진한다. 이른바 관변 지식인으로 불리는 이들 중 상당수
가 여기에 해당되는데, 그들은 또한 매스컴의 구미에 맞는 양비론적 발
언을 잘하는 재주를 지니고 있어 '오피니언 리더'로서의 역할까지 해내고
있다.

　그들은 언제나 도덕을 팔아먹으며 스스로의 속악(俗惡)한 기회주의와
천박한 출세주의를 감춘다. 경제가 잘돼도 도덕 타령이요, 경제가 무너져
도 도덕 타령이다. 정치가 잘돼도 도덕 타령이요, 정치가 흔들려도 도덕
타령이다. 그들은 대개 자유주의적인 문화나 예술에 대해 부정적인 입장

을 견지하면서, 촌티가 물씬 풍기는 '닫힌 사고'를 갖고 있다. 그리고 옛날 조상 타령을 해가며 전통윤리를 들먹이길 좋아하고, 애국애족으로 포장된 문화적 국수주의를 내세운다.

그들은 내가 보기에 우리 사회의 적(敵)이다. 그러나 그들은 '군사독재'나 '부정부패'같이 분명히 드러나는 악을 행하는 게 아니라 보이지 않는 악(惡), 심지어는 선(善)으로 보일 수도 있는 악을 행하고 있으니 문제다. 이처럼 적성(敵性)을 분명히 드러내지 않기 때문에, 그들을 식별해 내기도 어렵고 없애버리기도 어렵다. 말하자면 그들은 도덕의 이름으로 개인의 자유를 억압하고 사회 발전에 쐐기를 박는 부도덕한 짓을 행하고 있는 것이다.

물론 우리가 지켜야 할 도덕은 많다. 살인을 해서는 안 된다는 도덕이나 남의 물건을 훔쳐서는 안 된다는 도덕은 상식적인 도덕이요 대중적 통념으로 합의된 도덕이다. 그러나 개인의 욕망을 억압하는 것이 선(善)이라고 가르치는 금욕주의적 도덕이나, 케케묵은 교훈주의적 문학이나 예술만을 좋다고 하고 다른 것들은 다 없애버려야 한다는 식의 독선적 도덕은 도덕이 아니다. 그것은 오직 사디스틱한 광분(狂憤)일 뿐이다. 우리나라 교육은 이런 위선적 도덕만을 가르쳤기 때문에 썩어 무너질 수밖에 없었다.

도덕을 팔아먹고 사는 자들은 일종의 강박신경증 환자들이다. 그래서 그들은 종교적 광신도와도 같다. 광신도들은 선과 계율에 강박적으로 집착하며 내세의 쾌락을 이기적으로 추구한다. 그리고 도덕을 팔아먹고 사는 자들은 인성(人性) 말살에 가까운 정화와 금욕에 집착하며 현세에서의 출세를 꿈꾼다. 그들이 집착하는 금욕은 '위선적 금욕'이기 쉽다. 그들 중 상당수는 이중적 처신을 해가며 파렴치한 권력욕과 명예욕을 발악적으로 추구하고 있기 때문이다.

정신분석학자 빌헬름 라이히는 처음엔 프로이트 좌파(左派) 이론가로 출발했다. 그러나 소련 정부가 동성애를 금하는 법률을 제정했다는 소식을 듣자, 소련에 대한 희망을 버리고 소련이 망할 것을 예언했다.

프랑스 대혁명이 실패한 것도 로베스피에르 등이 내세운 극단적 도덕주의 때문이었고, 조선이 망한 것도 유교적 도덕독재 때문이었다. 조선조 양반들은 대개 도덕을 팔아먹고 사는 자들이었고, 그래서 사회의 발전적 변화를 가로막았던 것이다. 그들은 대개 친일파로 전신(轉身)했고, 도덕적 자성(自省)운동을 빙자한 친일행위를 했다.

어쨌든 한국에서 앞으로 전개될 세상은 무언가 달라진 것이어야 한다. 그럴 경우 내가 간절히 바라는 것은 도덕을 팔아먹고 살면서 안전하게 호의호식하며 영예를 누리는 문화계·학계·법조계·언론계의 기회주의자들에게 본때를 보여주는 것이다. 그리고 쇄국주의적 문화관을 고수하며 '열린 세계관'과 '열린 의식'을 가로막는 수구적 통제주의자들 역시 이 땅에서 몰아내는 것이다.

도덕을 없애야 도덕이 선다. 아니 위선적 도덕, 촌티 나는 도덕, 당당한 쾌락을 억압하는 도덕을 없애야 진짜 도덕이 산다. 도덕적 테러가 환영받는 사회는 민주국가가 아니다.

4 · 우정 생각

　우정은 애정보다 사람을 피곤하게 한다. 애정은 언제라도 끊어버리면 그만이지만, 우정은 그렇지가 못하기 때문이다. 물론 '절교(絶交)'라는 말이 있긴 있다. 하지만 절교가 그렇게 쉽게 이루어지는 것은 아니다. 그저 데면데면한 상태로 연락을 자주 안 할 수 있을지는 모르지만, 애인과 헤어지거나 아내(또는 남편)와 이혼하는 식으로 싹 갈라서기는 힘들다.

　우정은 또한 너무나 포괄적인 의미로 쓰여 우리를 피곤하게 한다. 세상을 살아가다 보면, 아주 가까운 친구가 아니더라도 '우정'이라는 말을 사용하게 되는 경우가 많다. 이를테면 고등학교 동창이나 대학 동창들과의 관계에서도 '우정'이라는 말이 쓰이는 게 좋은 예다. 일년에 한 번 정도 만나는 사이라 할지라도 동창회 자리에서는 우정을 위장해야 하는데, 그것은 무척이나 피곤한 일이다.

　또한 두 사람 사이의 우정은 각자 어느 정도 사회적 성취감을 느끼는 상황에서만 가능하기 때문에, 자칫하면 공허한 관계로 시종하기 쉽다. 학교 동창생의 경우, 재학 시절엔 무척 친했다 하더라도 한 사람은 잘되고 한 사람은 못됐을 때 우정을 지속시키기는 어렵다. 친구 사이에도 질투심이 개입될 수밖에 없고, 열등감이나 우월감을 피해가기 어렵기 때문이다.

고사성어 가운데는 참된 우정에 관한 것이 많다. '수어지교(水魚之交)'니 '문경지교(刎頸之交)'니 '관포지교(管鮑之交)'니 하는 말들이 그것이다. 그중에서도 '문경지교'는 정말 무시무시한 말이다. 친구를 위해서 자기 목을 자를 수도 있다는 뜻인데, 과연 그런 우정으로 뭉친 사이가 얼마나 될까.

'관포지교'는 말할 것도 없이 춘추시대 때 관중(管仲)과 포숙아(鮑叔牙)의 우정을 가리키는 말이다. 두 사람은 나중에 정적(政敵)이 되었지만, 정쟁(政爭)에서 이긴 포숙아는 진 관중을 살려주고 오히려 자기보다 더 높은 벼슬자리에 앉혔다. 요즘 같아서는 도저히 실현하기 힘든 우정이라 할 만하다. 둘이 다 잘되거나 힘든 처지에 있을 때는 우정을 지속시키기 쉽지만, 둘 중 하나만 잘되고 하나는 못됐을 때는 우정을 지속시키기가 무척 어렵기 때문이다.

현대 사회에서의 우정은 대개 다음 세 가지로 나뉜다.

첫째는 진짜로 의기투합하여 뜻과 행동을 같이하는 친구 사이의 우정이요, 둘째는 단지 사교상의 목적으로 만나면서(이를테면 '술 친구' 따위) 이루어지는 우정이다. 그리고 셋째는 사업이나 직업 관계로 만나면서 생기는 우정인데, 직장 동료 사이나 문단의 교우(交友) 등이 여기에 속한다.

위의 세 가지 우정 중에서 두 번째와 세 번째 종류의 우정은 우정이라고 말할 수도 없는 것이다. 그런데도 우리는 그런 종류의 우정에 많은 시간을 할애하며 살아간다. 먹고 살기 위해서도 그렇고, 심심하고 권태로워서도 그렇다. 하지만 언제나 뒷맛이 씁쓸할 수밖에 없다.

첫 번째 종류의 우정이라고 해도 그것이 동성애가 아닌 이상 우리를 궁극적으로 위무(慰撫)해 주지는 못한다. 둘이서 실컷 대화를 나눈다고 해봤자 적극적 쾌감을 느낄 수는 없기 때문이다. 그래서 사람들은 결국 친구보다는 애인을 찾아 나서게 되고, 친구와의 만남의 횟수는 점차 줄어들게 된다. 애인 사이는 자주 만날수록 정이 붙지만, 친구 사이는 뜨악하게 만날수록 정이 붙는 건 이런 이유 때문이다.

아무리 의기투합하는 친구 사이라 할지라도 동업을 하거나 동거를 하게 되면 반드시 사단이 생기는 것은, 우정만 가지고는 관능적 고독감을 풀어버릴 수 없기 때문이다. 인상파 화가 고흐와 고갱은 죽이 아주 잘 맞는 사이였지만, 동거한 지 얼마 안 돼 심각한 싸움에 휘말렸다. 그래서 두 사람은 절교하지 않으면 안 되었고, 고흐는 그 충격 때문에 자기의 귀까지 잘랐다.

사람들은 평생 동안 애정과 우정 사이에서 방황한다. 애정에 흠뻑 빠져 있을 때는 친구 보기가 귀찮아지고, 애정이 끝나버렸을 때는 문득 친구가 그리워진다. 그러나 친구에게 열정을 쏟아봤자 애정만큼의 쾌락감을 맛보지는 못한다. 그래서 다시 애정을 찾아 나서게 되는데, 이런 식의 '왔다갔다'로 시종하다 보면 어느새 형편없이 늙어 있다. 늙어서 죽음을 의식할 때쯤 되면 우정은 정말 별 볼일 없는 품목(品目)이 되어버린다. 죽는 것은 오직 혼자서 감당해야 할 고통이기 때문이다.

우정이 애정보다 더 은근히 오래가는 기쁨을 선사해 주는 것은 아니다. 우정은 '정신적'인 것이기 때문에 우리를 더 귀찮게 한다. 정신적인 것은 언제나 맺고 끊는 것 없이 우리를 결박하기 때문이다.

5 · 기회주의자 생각

『노천명 전집』(솔출판사 간)이 나왔는데, 노천명이 일제 말에 쓴 친일적인 글들이 다 빠져 있었다. 편자(編者) 중 한 사람이 노천명의 이대(梨大) 후배라서 그런 것 같다는 생각을 했다. 하지만 아무리 그렇다 하더라도 선배의 글들을 다 모아놓은 '전집'에 의도적으로 손질을 가했다는 것을 납득할 수 없었다.

이와는 반대로 이광수가 쓴 친일적인 글들을 모아놓은 『동포에게 고함』(철학과현실사 간)이라는 책이 같은 시기에 출판되었다. 일문(日文)으로 쓴 것을 우리말로 번역한 것인데, 그 책을 읽으면서 나는 충격과 동시에 서글픔을 느꼈다. 시대를 잘못 타고난 이광수에게 일말의 동정심을 느끼면서도, 그 내용이 너무나 확신에 차 있는 것이었기 때문에 경악할 수밖에 없었다.

일제 말에 친일행위를 한 문학인들에 대한 재점검과 재조명이 아직은 완전히 이루어지지 않고 있다. 이광수는 너무나 유명한 인물이라서 그만하면 철저히 비판받고 있는 편이지만, 노천명 등 덜 유명했던 문인들에 대해서는 적당히 얼버무리고 넘어가는 일이 많은 것이다. 하긴 문인들 거의 대부분이 친일행위를 했기 때문에 잘잘못을 철저히 따지다 보면 한국의 현대문학사 태반에 흠집을 내게 되는 고충도 있다.

작가의 행적과 작품을 한데 몰아서 평가할 것인가, 아니면 따로 독립시켜 평가할 것인가 하는 문제는 참으로 골치 아픈 문제다. 나는 『시학』(철학과현실사 간)이라는 책을 오랜 연구 끝에 출간했는데, 시인 및 시작품을 많이 다루게 되었다. 그런데 시인들 상당수가 일제 말의 친일 및 해방 후의 어용적(御用的) 행태들을 보여주고 있어 제대로 된 평가를 하기가 참으로 어려웠다. 이를테면 서정주 시인의 경우는 좋은 시를 많이 썼기 때문에 도저히 안 다룰 수가 없었다. 하지만 그이의 정치적 행동은 얄미운 구석이 많았다. 그래서 친권력적(親權力的) 행태에 대해서는 따로 비판을 가하고, 작품은 따로 독립시켜 청찬하는 방식을 취하는 것으로 낙착을 보았다.

문학을 연구하면서 느끼게 되는 것은 작가의 행동과 작품이 합치되기가 무척이나 어렵다는 사실이다. 물론 윤동주나 한용운, 이육사나 이상화 같은 바람직한 예도 많으나, 대다수의 문인들은 일시적 영달을 좇아 변절자적 행동을 많이 보이고 있다. 그러면서도 그들은 계속 칭찬을 받고 영예를 누렸다. 문단의 권력을 손에 쥐고 여러 명의 '부하'들을 양산하여 계파를 만들었기 때문이다.

어디 문인들뿐이랴. 교육자의 경우는 더욱 그래서, 친일행위나 어용적 행위를 한 유수한 대학의 설립자들은 여전히 교육계의 대부(代父)로 존경받고 학교 안에 동상까지 서 있는 경우가 많다. 이는 참으로 가슴 아픈 일이요, 우리 사회에 비판문화가 전무(全無)하다는 것을 보여 주는 표징이 아닐 수 없다. 그 밖에 어용 판사나 어용 언론인들, 그리고 어용 학자들이 일말의 반성도 없이 뻔뻔스럽게 영화를 누리고 있는 게 우리나라의 현실이다.

이런 형편이고 보니, 정말로 한국이라는 나라에서는 그저 권력에 줄을 대고 사는 것만이 처세의 비결이라는 허망한 결론에 도달하게 된다.

나는 문학인이든 기타의 지식인이든 그들이 남겨놓은 문학적·학문적 업적은 그대로 인정한다 하더라도, 적어도 그들의 변절자적 행태만은 따로 독립시켜 호된 비판을 가하는 게 마땅하다고 본다. 그런데도 우리 사회의 현실은 그런 비판조차 권력의 추이에 따라 움직이고 있다.

이는 언론인이나 학자들이 마땅히 책임져야 할 일이다. 한데도 한국의 언론인이나 학자들은 기득권 세력 눈치 보기에만 급급하니 어찌 올바른 역사 정리를 바랄 수 있으랴. 그저 한숨만 나올 뿐, 한국의 장래에 별 기대를 걸 수 없게 된다.

각자의 소신을 제대로 펼칠 수 없게 만드는 획일주의적 문화정책, 그리고 악화가 양화를 구축하는 학계·언론계·문화계의 현실, 이런 것들이 합쳐져 우리나라 지식인들은 점점 '기회주의적 눈치꾼'들이 되어가고 있다.

6 · 권위주의 생각

세계 여러 민족 가운데서도 머리 좋기로 이름난 독일 국민들은, 어째서 히틀러를 자기네 지도자로 떠받들었던 것일까. 그리고 히틀러의 카리스마적 독재에 왜 그토록 열광했던 것일까. 히틀러는 군사 쿠데타나 폭력혁명을 일으켜 권력을 잡은 인물이 아니다. 여론조작에 의했든 감언이설에 의했든, 어쨌든 그는 대다수 국민들의 마음을 사로잡아 선거를 통해 정권을 장악했다.

많은 학자들이 이 문제에 관심을 갖고 접근한다. 우선 제1차 세계대전후 패배감과 무력감에 시달릴 대로 시달린 독일 국민들에게 히틀러가 민족적 긍지를 심어주고, 또 경제 발전을 위한 긍정적 대안을 제시했기 때문이라는 견해가 있다. 어느 정도 맞는 말이다.

영웅적 카리스마로 백성 위에 군림하는 독재자는 언제나 난세에 출현하게 마련이다. 히틀러가 정권을 잡았던 때는 바로 그 '난세'의 정점이었다. 나폴레옹이 프랑스 혁명 후의 혼란기를 틈타 황제 자리까지 오를 수 있었던 것도 같은 경우다. 히틀러는 제1차 세계대전 후의 만성적 인플레와 민주정부의 무력한 통치에 대한 민중들의 반감을 등에 업고 '강력한 지도자'로 부상할 수 있었다.

그러나 혼란기라고 해서 무조건 카리스마적 독재자가 출현하는 것은 아닐 것이다. 독재정치를 은근히 그리워하는 국민들의 집단적 정서가 있어야만 비로소 독재자가 힘을 행사할 수 있다.

심리학자들은 이 점에 착안하여 히틀러의 집권 이유를 설명하려 한다. 그 가운데 가장 설득력 있는 이론으로 정평을 받고 있는 것이 에리히 프롬의 '권위주의적 성격' 이론이다. 히틀러의 집권이 가능했던 것은 히틀러가 '권위'를 가진 인물이라서 그랬던 게 아니라, 당시의 독일 국민들이 대체로 권위주의적 성격을 갖고 있었기 때문이라는 것이다.

권위주의적 성격이란 한마디로 말해서 사도마조히스틱(sadomasochistic)한 성격을 말한다. 자기보다 강한 자에게는 절대 복종함으로써 마조히즘적 피학(被虐)의 쾌감을 얻고, 자기보다 약한 자에게는 가혹한 잔인성을 발휘함으로써 사디스틱한 가학(加虐)의 쾌감을 얻는 심리가 사도마조히즘의 심리다.

권위주의적 성격을 가진 인간은 스스로 자유를 누리는 것을 두려워한다. 그래서 '홀로 서기'를 도모해 보지 못하고 언제나 독재적 보호자를 필요로 하는 것이다. 마치 평생 동안 아버지의 품을 떠나지 못하고 있는 자식과도 같다. 가부장제도가 일종의 종교로서 확립돼 있는 나라의 국민들이나 성적(性的) 억압이 심하고 관념우월주의가 강한 나라의 국민들은 권위주의적 성격을 갖게 되기 쉽다. 나치즘 출현 당시의 독일이 바로 그런 경우였다. 히틀러가 집권 후 에로틱한 내용의 서적들을 몽땅 불태워버렸다는 것이 한 증거다. 관념우월주의는 또한 극기주의나 금욕주의와도 통하는데, 히틀러가 '쾌락으로서의 성(性)'을 증오하며 철저한 채식주의자였다는 것 역시 그가 지독한 권위주의적 성격의 인간이었다는 것을 말해준다.

히틀러는 '국가와 민족'을 섬기며 마조히스틱한 쾌감을 맛보았고, 국민들 위에 군림하여 그들을 부림으로써 사디스틱한 쾌감을 맛보았다. 독일 국민들은 히틀러를 섬기며 마조히스틱한 쾌감을 맛보았고, 유대인들을 학대하면서 사디스틱한 쾌감을 맛보았다.

권위주의적 성격은 곧바로 관료주의적 성격과 통한다. 윗사람에겐 약하고 아랫사람에겐 강한 것이 바로 관료주의적 성격인데, 이는 개성 없고 야심만 많은 출세주의자들이 흔히 갖고 있는 성격이다. 그들은 주체적 자아가 없기 때문에 지위에 의해서만 스스로의 정체성(正體性 : identity)을 확인받으려 한다. 그리고 높은 지위에 올라가는 가장 효과 빠른 수단이 '보스에 대한 아첨과 절대 충성'이라고 생각하는 것이다.

우리나라처럼 권위주의가 만연해 있는 나라도 달리 없을 것이다. 수구적 봉건윤리가 여전히 판치고 있기 때문에, '민주화'나 '자유화'가 아무리 소리 높이 외쳐져도 권위주의는 사라질 줄을 모른다. 예전엔 단순히 '군사독재'가 권위주의적 사회 분위기를 만드는 원흉이라고 생각하여 그 해결책의 제시도 쉬웠다. 그러나 외형상 군사독재 문화가 사라진 지금, 권위주의 문화를 없앨 수 있는 뾰족한 처방은 나오지 않고 있다. 그저 '도덕성 회복'이니 '의식 개혁'이니 하는 투의 막연한 처방만 제시되고 있을 뿐이다.

이럴 경우 우리는 다시 한 번 금욕주의적 봉건윤리에 대해 생각해 봐야 한다. '강력한 아버지'의 관념에만 의지하려고 하는 정신 편향의 봉건윤리는 자아 상실을 가져오고 성적(性的) 억압에 따른 '화풀이 문화'를 가져온다. 국민 각자 각자가 권위주의적 성격에서 벗어나 참된 자유인으로서의 주체성을 가질 수 있을 때, 그때 비로소 권위주의 문화에 따른 상명하복 식(式) 전체주의 풍조가 사라져 우리나라는 거듭날 수 있을 것이다.

7 · '가짜 영웅' 생각

역사는 거의 믿을 게 없다. 대부분의 역사는 승리자의 역사요, 지배계급의 역사이기 때문이다. 그러므로 "후세 사가(史家)들의 판단에 맡긴다"나 "역사가 진실을 증명해 줄 것이다" 따위의 말은 지나치게 소박한 언명(言明)이 아닐 수 없다.

역사는 언제나 민중을 외면한다.『삼국지』를 봐도 "적벽대전에서 제갈량과 주유가 조조를 이겼다" 식으로만 되어 있다. 말하자면 적벽대전 때 죽은 수십만 명의 졸병들 명단은 생략돼 있는 것이다. 서구의 경우에도 워털루 전쟁 대목에서 "나폴레옹이 졌다"라고만 되어 있다. 역시 수많은 졸병 전사자 명단은 생략돼 있다.

『삼국지』를 보면 정말 재미있다. 신나는 전투가 연속해서 벌어지기 때문이다. 수많은 영웅들이 출현하여 지혜와 무공을 다툰다. 그러나 삼국시대가 끝난 뒤 중국의 인구는 3분의 1로 줄어들었다. 군인이든 민간인이든 너무나 많이 희생당했기 때문이다.

항우와 유방이 싸운 얘기도『삼국지』못지않게 재미있다. 그러나 두 사람 때문에 너무나 많은 민중들이 죽어갔다. 일례로 항우는 진(秦)나라의 수도를 함락시킨 후 투항해 온 진나라 군사 20만 명을 몽땅 죽여 버렸다. 사후 처리가 곤란하다는 이유에서였다.

무지막지한 옛날이었기 때문에 그렇게 많은 민중들이 희생당한 것은 아니다. 20세기 초에도 러시아의 경우 공산혁명의 와중에서 1천만 명의 민중이 목숨을 잃었다. 그러니 "사람은 죽어서 역사에 이름을 남긴다"는 말은 거짓말이다. '사람'이 아니라 '영웅'이거나 '지배계층'이라야만 겨우 역사에 이름을 남기게 되는 것이다.

예술가의 경우에도 그것은 비슷하다. 살아서는 전혀 빛을 못 보다가 죽은 지 한참 지나서야 재평가를 받고 유명해진 작가들이 더러는 있다. 에드거 앨런 포도 그렇고 스탕달도 그렇다. 그러나 그런 영광이 모든 '훌륭한 작가'에게 해당되는 것은 아니다. 재수가 없으면 아무리 재주가 뛰어나도 살아서든 죽어서든 영영 묻혀버리는 경우가 얼마든지 있다. 그러므로 문학사(文學史) 역시 믿을 게 못 된다. 정치사든 문학사든 어쨌든 그것은 사람에 의해 기록되는 것이요, 사가(史家)들 나름대로의 편견이 작용할 수밖에 없기 때문이다.

재미있게 읽은 책 가운데『라스트 바탈리온(최후의 전사)』이라는 게 있다. 일본의 르포 작가가 쓴 것인데, 독일 나치스의 입장에서 제2차 세계대전과 유대인 학살을 재조명한 책이다. 나치즘이 옳았다는 건 아니고, 어쨌든 히틀러가 패배했기 때문에 제2차 세계대전의 역사가 승리자의 편에서 왜곡되게 기술됐다고 작자는 주장한다. 이를테면 아우슈비츠에서 6백만 명의 유대인이 학살당했다는 것은 지나친 과장이라는 것이다.

나는 나치스의 만행을 변호할 의사는 추호도 없지만, 어쨌든 '역사의 허구성'을 어떤 형태로든 집요하게 추적했다는 점에서 무척 인상 깊었다.

광해군이나 연산군이 정말로 잔인무도한 폭군이었으며, 사도세자는 과연 정신이상자였을까. 또 궁예는 정말 미친놈이었고 신돈도 정말 지독한 색골 요승(妖僧)이었을까.

하긴 미친놈이든 아니든 역사책에 기록이라도 됐으니 그래도 그들은 일반 민중보다는 낫다. 민중들은 언제나 대의명분을 위한 엑스트라로 희생됐고 역사에 이름을 남길 수 없었다.

그렇다면 민중들에겐 종교에서 말하는 사후(死後)의 보상이라도 있는 것일까. 하긴 사후의 보상에 대한 가냘픈 기대와 희망 때문에 많은 민중들이 종교를 믿었다.

기독교나 불교는 별 의미 없이 살아가는 민중들에게 내세에 대한 희망을 심어줌으로써 거대 종교로 발전할 수 있었다. 그러나 내세가 확실히 있다는 보장은 없다. 그러므로 공정한 판단과 보상을 역사가나 신(神)에게 바란다는 것은 무의미하다.

역사엔 물론 정치사만 아니라 풍속사도 있고 생활사도 있다. 그쪽으로 가면 역사의 허구성에 대한 노여움이 조금은 가셔진다. 영웅이나 지배계급의 역사가 아니라 일반 민중들의 역사이기 때문이다. 그러나 지배계급의 정치사나 귀족계급의 문화사 위주로 돼 있는 이른바 정사(正史)라는 것만이 역사의 교과서 역할을 하고 있는 게 현실이기 때문에, '역사의 진실'이라는 것에 대한 의구심을 여전히 떨쳐버리기 어렵다. 역사에 이름이 남을 것을 바라거나 역사의 옳은 판단에 기대지 않고서도 그날그날을 안심하고 보람되게 살아갈 수 있는 사회, 그리고 영웅이나 위인이 되려고 아등바등하지 않아도 되는 사회, 그런 사회는 정녕 신기루인 것일까.

'역사 발전'을 빙자한 가짜 영웅들의 억압과 폭력의 합리화가 바로 인류의 역사였다는 사실이 나를 너무나도 슬프게 한다.

8 · 명예 생각

언젠가 나는 아직도 생존해 있는 어느 원로시인의 시비(詩碑)를 세우는 데 찬조금을 낼 수 없느냐는 연락을 받은 적이 있다. 나는 그분의 문하생도 아닌데다가, 살아 있는 사람 면전(面前)에서 아부하는 일은 도저히 찬동할 수 없다고 하며 거절했다. 전화를 끊고 나서도 나는 뒷맛이 못내 찜찜했는데, 도대체 이런 식의 행태가 왜 자주 벌어지고 있는지 한탄스러워서였다.

시비뿐만이 아니다. 학자들의 경우엔 회갑이나 정년퇴임, 또는 고희 때 해당 분야 연구자들의 논문을 엮어서 봉정하는 것이 관례처럼 되어 있다. 진심으로 스승의 학덕을 존경해서 문하생들이 하는 행위라면 탈을 잡을 게 없다. 그러나 그 사람의 학문적 성과보다는 학계나 교육계에서 차지하는 높은 위치 때문에 울며 겨자 먹기로 그런 고역(?)을 감수하는 경우가 더 많으니 문제다. 예전엔 그저 여러 사람들이 쓴 논문을 엮어서 봉정하는 게 보통이었는데, 요즘 들어서는 그 사람의 인품이나 덕을 기리고 찬양하는 글들을 모아서 봉정하는 경우도 꽤 많아졌다. 참으로 낯간지러운 행위가 아닐 수 없다.

그렇다고 해서 모든 학자들이 회갑이나 고희 때 다 그런 영광을 누리는 것은 아니다. 아무리 학술적 업적이 뛰어난 사람이라 할지라도 학계나 교육계에서 '감투'를 쓰고 '보스' 역할을 하고 있지 않으면 그런 대접을 받기 어렵다. 말하자면 어떤 형태로든 '조직'을 장악하고 있어야 하는 것이다.

혼자서 공부만 열심히 하고 있는 사람이라면 살아생전에 그런 대접을 받기 어렵고, 대개는 공부보다 '조직관리'나 '감투쓰기'에 능한 사람이 더 '원로학자' 대접을 받는다. 이것은 문단도 마찬가지다. 글만 열심히 쓰고 있으면 늙어서 외로워지기 쉽다. 이른바 '문단정치'를 통해 인간관계를 원활히 하고 후배 관리를 잘해야만 늙은 뒤에 가서 '원로문인' 대접을 받게 되는 것이다.

인간은 원래 정치적 동물이라고 하지만, 우리나라처럼 매사에 '정치'가 동원되는 곳도 달리 없을 것 같다. 특히 외곬으로 고독한 작업을 계속해야 하는 학문의 세계나 예술의 세계에 있어서까지도 정치적 요소가 너무나 많이 작용하니 문제다. 그래서 미술의 경우엔 화가가 살아 있을 때는 엄청나게 비싸게 매겨졌던 그림값이 죽고 나서는 뚝 떨어지는 경우도 많고, 문학의 경우엔 살아 있을 때는 전집(全集)이 나오기까지 하며 문단의 칭송을 받던 사람이 죽고 나서 싹 잊혀지는 경우도 많다. 학문의 세계는 더 심하다고 할 수 있는데, 이른바 '학계'라는 곳에서는 예술계보다 더하게 감투나 지위가 위력을 떨치기 때문이다.

정승집 개가 죽으면 문상객들이 문전성시를 이루지만 정승이 죽으면 개미 새끼 한 마리 얼씬거리지 않는다는 옛 속담은 비단 권세가들에게만 해당되는 말이 아니다. 가장 꼿꼿하게 소신을 지켜가고 속된 명리에 초연해야 할 학자나 예술가들에게도 그 속담은 마찬가지로 적용된다.

학술사(學術史)나 예술사를 꼼꼼히 들여다보면, 살아생전 명예를 누린 사람들 가운데 후세에까지 두고두고 남을 만한 독창적 업적을 남긴 사람은 아주 드물다. 물론 아인슈타인이나 피카소, 톨스토이 등 예외가 있긴 하다. 하지만 살았을 때 유명했던 사람들은 당대의 사회적 통념과 유행사조에 영합하여 명예를 누린 경우가 대부분이기 때문에, 죽고 나서 잊혀져 버린 경우가 훨씬 더 많았다.

그러므로 그 사람이 살아 있을 때 시비를 세워준다거나 기념사업을 벌여준다거나 하는 것은 정말로 가당치 않은 소인배들의 아부 행위에 불과하다. 또 참된 학자나 예술인이라면 설사 그런 대접을 받게 되더라도 절대로 사양해야 할 것이다. 그런데 우리나라에서는 어떻게 해서라도 죽기 전에 자기를 명예롭게 만들어 놓으려고 애쓰는 이들이 많다. 자기가 한 일 중 밝히기 부끄러운 부분은 쏙 빼놓고 자서전을 써서 남기려 한다든지 하는 행위가 좋은 예다. 공자가 말한 "인부지이불온 불역군자호(人不知而不慍 不亦君子乎 : 남들이 나를 알아주지 않아도 성내지 않는 것이 진짜 군자다)"가 우리나라에서는 지금 거의 잊혀져가고 있는 것 같다.

지위로든 작품으로든 당대에 영예를 얻는 이들은, 대체로 '소신껏 창작하고 연구하며 맛보는 쾌락'을 억제하는 형이 많다. 이 눈치 저 눈치 잘 보고 스스로의 고집스런 발언을 억제해야만 적을 만들지 않게 되기 때문이다. 그래서 가장 공정해야 할 대학에서의 승진 심사나 재임용 심사 때도 연구나 창작 실적보다는 그 사람의 '인품'이 저울질되는 수가 많은데, '좋은 인품'이란 것도 따지고 보면 매사에 둥글둥글 잘 대처해 나가는 '무

개성(無個性)'인 경우가 많다.

　　조선시대의 유생들은 다 학자 겸 예술가 겸 정치가였다. 한국의 학자나 예술가들은 조선조 식 양반의식에 절어 있어서 그런지 권력을 너무 탐한다. 그래서 학문과 예술의 진보가 더뎌지게 되고 악화가 양화를 구축하게 된다. 참으로 걱정되는 현상이라 아니할 수 없다.

9 · '나쁜 역사' 생각

시저가 독재정치를 하면서 로마의 황제가 되기를 꿈꾸자, 부루투스는 공화제를 살리기 위해 시저를 암살했다. 시저가 칼을 맞아 죽어가면서 마지막으로 부르짖었다는 말, "부루투스, 너마저도!"는 지금도 인구(人口)에 회자(膾炙)되고 있는 말이다. 부루투스는 시저의 심복이었음에도 불구하고 시저를 죽였다. 사정(私情)보다 대의(大義)를 중시하겠다는 그의 확고한 신념 때문이었다.

그러나 부루투스는 시저의 부하였던 안토니우스의 대중 연설 때문에 곧바로 역적이 되어야 했다. 안토니우스는 시저의 유언장을 로마 시민들 앞에서 공개하여 시저의 불타는 애국심을 상기시킨 결과, 부루투스를 '나쁜 놈'으로 만드는 데 성공했다. 그래서 부루투스는 이리저리 도망다니다가 안토니우스에게 죽을 수밖에 없었다.

시저의 죽음은 공화정을 부활시키기는커녕 오히려 제정(帝政)의 확립을 촉진시켰다. 시저가 죽은 뒤 안토니우스와 옥타비아누스가 티격태격 싸우더니 결국 옥타비아누스가 승리했고, 잇따른 내전에 지친 로마 국민들은 옥타비아누스를 황제로 옹립했다.

18세기 말 루이 왕조의 학정에 지친 프랑스 국민들은 혁명을 일으켜 루이 16세를 몰아내고 공화정을 출범시켰다. 루이 16세를 단두대에서 처형할 때까지만 해도 프랑스 국민들은 열정과 희망에 들떠 조국의 '민주화'를 믿어 의심치 않았다. 그러나 로베스피에르가 등장하여 공포정치를 실시하고 수많은 사람들을 단두대로 처형하자 점차 실망하게 되었다. 또한 왕당파와 공화파 간의 끊임없는 내전 또한 '민주화'에 대한 회의와 염증을 불러일으키기에 충분했다. 로베스피에르 이후 치열한 권력다툼 끝에 암살과 처형이 반복되자 돌연 나폴레옹이 나타났다. 나폴레옹은 국민투표를 통해 황제로 선출되고 국민들은 쌍수를 들어 왕정복고를 환영했다.

이승만 대통령이 3선 개헌 이후 독재정국을 굳혀나가자 4·19혁명이 일어났다. 이승만 대통령의 심복이었던 이기붕은 아들 손에 죽었고 이 대통령은 하와이로 망명했다. 곧바로 '단군 이래 최대로 자유가 보장됐던' 민주정이 실시됐다. 그러나 잦은 데모와 정치인들의 내분을 핑계로 곧 5·16 쿠데타가 일어났다. 이상하게도 학생세력은 별 저항을 보여주지 않았다. 장면 정권이 아주 짧게 지속되어 너무 성급한 쿠데타라는 설이 있었음에도 불구하고, 어쨌든 박정희 씨는 대통령에 당선되었다.

박정희 대통령이 '10월 유신'까지 단행해 가며 독재정국을 굳혀나가자 박정희 대통령의 심복이었던 김재규가 부루투스처럼 나섰다. 김재규는 박 대통령을 저격했고, 자기는 권력 탈취에 뜻이 있어서가 아니라 민주화에 대한 열망 때문에 박 대통령을 죽였다고 주장했다.

1980년 '서울의 봄' 시절에는 곧바로 민주화가 달성되는 듯싶었다. 그런데 뜻밖에도 전두환 씨가 쿠데타를 일으키며 등장했고 초고속으로 대통령이 되었다.

중국의 경우, 한나라 말기에 동탁이 독재정치를 하자 조조 등 지방 제후들이 들고일어났다. 그래서 동탁을 죽였을 때 국민들은 환호하며 조조를 영웅으로 떠받들었다. 그러나 조조는 동탁 못지않은 독재자가 되어, 아들 대(代)에 가서 아예 한나라를 없애버리는 단초를 만들었다.

역사는 언제나 지루한 반복의 연속이다. 열렬한 민주화운동 끝에는 반드시 독재자가 나타난다. 대개는 국민들이 원했거나 방조했기 때문이다. 히틀러를 총통으로 뽑은 것도 국민들이었고, 나폴레옹을 황제로 뽑은 것도 국민들이었다. 독립운동이나 민주화운동을 열심히 하던 사람들이 일단 '독립'이나 '민주화'를 쟁취하고 나면 독재자가 되는 경우도 많다.

그래서 역사에 길이 남는 진정 명예로운 애국지사가 되려면 일찍 죽는 게 낫다. 김구 선생은 설사 정권을 잡았다 하더라도 독재정치를 했을 것 같지는 않다. 그러나 사람의 일은 모른다. 그가 대한민국 초대 대통령이 됐다면 또 다른 형태의 가부장적 독재를 했을 가능성을 배제하기 어렵다.

따지고 보면 '걸출한 지도자'의 도래를 바라는 사람들의 심리 자체에 문제가 있다. 요즘도 우리나라의 몇몇 예언가들은 21세기에 한국에서 '세계적인 지도자'가 출현할 것이라고 장담하고 있다. '지도자'나 '영웅'이나 그게 그건데, 한 사람의 힘으로 국운(國運)의 융성이나 세계 제패가 이루어질 수도 없고, 또 그래서도 안 된다. 도대체 '세계 제패' 따위의 말을 함부로 하는 국수주의적이고 전체주의적인 발상 자체가 이 대명천지에 어떻게 가능한지 도무지 알다가도 모를 일이다.

정치적 독재뿐만 아니라 어떤 형태의 독재든 누구나 독재를 원하는 사회는 병든 사회요, 촌스러운 사회다. 한때 여성가족부는 '문화 독재'를 꿈꿔 이른바 '성매매 근절'과 '야한 포르노' 추방 캠페인을 벌였고, 보수적 매스컴이나 보수적 문화단체들은 이를 적극 찬성하고 나섰다. 우울하고 안타까운 일이다.

10 · 성(性) 기능 장애 생각

　신문 보도를 보니 미국에서는 요즘 '성욕결핍증' 때문에 고생하는 사람들의 숫자가 늘어나고 있는 모양이다. 또 이와는 반대로 성욕이 너무나 과다하게 항진(亢進)하여 하루에도 대여섯 번씩 자위를 해야 하는 사람들도 많아지고 있다고 한다.

　그 유명한 『킨제이 보고서』가 나온 것은 1953년인데, 그때까지만 해도 성기능 장애 중 성욕결핍증이나 성욕과다증은 큰 비율을 차지하지 않았다. 그때는 주로 '오르가슴을 못 느끼는 증세(여성의 경우)'나 '조루증(남성의 경우)' 같은 것이 제일 큰 문제로 되어 있었다.

　그런데 1970년대 이후 성해방의 물결이 서구 사회를 휩쓸고 난 다음부터는 불감증이나 조루증 같은 것은 차츰 사라지게 되었고, 그 대신 성욕결핍증과 성욕과다증이 그 자리를 차지하게 된 것이다. 그런데 우리나라는 아직 성해방의 전 단계에 머물러 있어서 그런지, 아직도 불감증이나 조루증이 성기능 장애의 가장 큰 부분을 차지하고 있다.

보도에 의하면 미국의 의사들은 성욕결핍증과 성욕과다증의 심리적 원인을 아직도 프로이트의 오이디푸스 콤플렉스 이론에서 찾고 있다고 한다. 즉 남성의 경우 이상적인 여성상을 어머니상(像)에다 두고 있는데, 어머니와 비슷한 여자와 사랑하다 보면 어머니와 섹스할 수 없기 때문에 자연 성욕이 결핍될 수밖에 없고, 또 거기에 대한 반발 심리에 따른 역현상(逆現象)으로 성욕과다증이 나타나게 되는 것이라고 보는 것이다.

하지만 그런 식으로 따지다 보면 불감증이나 조루증 역시 오이디푸스 콤플렉스(또는 엘렉트라 콤플렉스)가 근본적 원인이 될 수밖에 없기 때문에, 인간은 결국 어떤 상황에 처하더라도 원만한 성생활을 해내기 어렵다는 결론에 도달하게 된다.

나는 이런 현상들에 프로이트의 이론이 반드시 적용되지는 않는다고 본다. 물론 그의 이론이 상당한 타당성을 갖고 있는 건 사실이지만, 아무래도 19세기 식 이론이라서 그것을 현대의 개방된 성문화에 그대로 적용시킨다는 것은 무리라고 보는 것이다.

불감증·조루증·성욕결핍증·성욕과다증·발기부전 같은 것들은 대부분 부부간의 성생활에 중점을 둬가지고 조사된 성기능 장애들이다. 이러한 성기능 장애들에 대한 이론이나 처방을 보면 이상하게도 항상 '권태'의 문제가 빠져 있다.

그러므로 기질적(器質的) 요인에 의한 것이 아니라면 대개의 성기능 장애들은 매일 똑같은 파트너와 갖는 '상투적인 성행위'가 근본적 원인으로 작용할 경우가 많다. 다른 것은 접어둔다 쳐도 특히나 성욕결핍증 같은 것은 더욱 그런데, 성욕 역시 식욕과 똑같은 것이라서 아무리 먹성이 좋은 사람이라 할지라도 똑같은 음식을 먹다 보면 질리게 마련이기 때문이다. 이럴 때 특별한 별미(別味)를 갖다 주면 대개는 입맛이 돌아오게 된다.

이러한 원리는 사실 불감증에도 그대로 적용되고 조루증이나 발기부전증 같은 것에도 마찬가지로 적용된다.

조루증은 성행위를 일종의 '의무 방어전'으로 치를 때 나타나는 신경질적인 '자폭(自爆) 현상'이라고 할 수 있다. 상대하기조차 싫은 사람이 자꾸 장기나 바둑 같은 것으로 싸우자고 덤빌 때, 적당히 싸우는 체해 주다가 "그래, 내가 졌다, 졌어" 하며 두 손 들어줘 버리는 것과 비슷한 심리라고 하겠다.

발기부전증은 글자 그대로 '성적 흥분'이 발기 현상을 가져올 만큼 강렬하지 못해서 일어나는 것이다. 그리고 성욕과다증은 그것이 남녀간의 잦은 성관계로 나타나는 것이 아니라 잦은 자위행위로 나타나는 것이라고 볼 때, 스스로의 관능적 상상력에 걸맞은 상대를 못 만났기 때문에 생겨나는 신경질적인 자학행위라고 볼 수 있다.

미국이라는 나라는 부부 중심의 엄격한 청교도정신이 일종의 국시(國是)로 되어 있는 나라이다. 그리고 프로이트 역시 엄격한 헤브라이즘에 영향 받은 사람이기 때문에 '가족의 존엄성'의 테두리에서 벗어나지 못했다. 그래서 애꿎은 근친상간욕구를 들먹여가며 남녀간의 성적 트러블들을 해명하려 했던 것이다.

참고삼아 내 경우를 두고 말하자면 나 역시 여러 가지 성적(性的) 트러블들을 조금씩은 경험해 보았다. 나는 조루증보다는 발기부전일 때가 많았는데, 대개는 상대가 야한 페티시(fetish)를 갖고 있지 않은 경우에 생겨난 현상이었다.

사람들은 누구나 성적 취향을 제각기 다르게 갖고 있게 마련이다. 그런데 그것이 '외로움'과 '성적(性的) 허기증' 때문에 자기도 모르게 망각

되어 일정한 성(性) 대상에 체념적으로 고착(固着)될 때, 거기서 반드시 '권태감'이 생겨나게 되는 것이고 그 결과 갖가지 성기능 장애들이 뒤따라오게 되는 것이다.

결혼제도 이외에 외로움을 지속적으로 해소시켜 줄 수 있는 별다른 대안은 아직 없다. 하지만 나는 어쨌든 갖가지 성기능 장애들이 반드시 오이디푸스 콤플렉스 등에 기인하여 생겨나는 것은 아니라는 사실을 말하고 싶었다.

제5장

이상한 생각

변태는 창조적 불복종

모든 창조는 금지된 것에의 도전

룰룰루 변태는 대견해!

—시 「변태는 즐거워」 중에서

1 · 돈키호테 생각

'착각'은 우리의 생활을 훨씬 더 윤택하게 만들어 주기도 하고, 정반대로 비참한 지경에 빠뜨리기도 한다. 이를테면 그저 그런 외모를 가지고 있는 사람의 경우 매일 30분씩 거울 들여다보기를 계속하다 보면 스스로 미남·미녀가 된 듯한 착각에 빠질 수가 있다. 일종의 '자기애(나르시시즘)' 심리인데, 이런 종류의 착각은 스스로의 '외모 열등감'을 치료해 주어 자기의 얼굴을 보다 아름답게 가꾸기 위해 용맹정진하게 되는 계기를 마련해 준다.

이와는 반대로 나폴레옹이나 히틀러 등 독재자들이 빠져든 '세계 정복 가능성'에 대한 착각은 스스로뿐만 아니라 국민 전체를 고통의 구렁텅이로 빠뜨려 넣을 수밖에 없었다.

'아름다운 착각'은 확실히 고난으로 가득 찬 이 세상을 살아나가는 데 도움을 준다. 그중 가장 대표적인 예가 바로 '돈키호테'의 착각이다. 그는 늙은 나이인데도 불구하고 '기사(騎士) 로맨스 소설'을 탐독하다가 착각에 빠져들어, 스스로를 용감한 미남 기사라고 단정했다. 그리고는 비루먹은 말인 '로시난테'를 씩씩한 준마로, 못생긴 촌뜨기 처녀 '둘시네아'를 천하절색의 공주님이라고 착각했다. 남들이 보기엔 정말 실성한 사람과 다름없는 행동을 했지만, 돈키호테의 착각은 자신의 정신연령을 더 젊게 만들고, 스스로의 마음을 보다 낭만적으로 만들어 주어 세속에 찌든 스트레스를 말끔히 가시게 해줬다고 볼 수 있다.

그래서 나는 여성을 만날 때도 착각 속에서 만나는 것을 좋아한다. 대낮에 만나는 것보다는 늦은 저녁때의 카페나 뽀시시한 조명이 흐르는 나이트클럽 같은 데서 만나는 것이 좋고, 화장기 없는 맨얼굴보다는 화장과 치장을 많이 한 여성을 만나는 것이 더 좋다. 타고난 미인이 아닌 다음에야 옷으로든 화장으로든 외모를 어느 정도 포장하여 '관능적 착각' 또는 '관능적 환상'을 불러일으키는 것이 낫기 때문이다.

또 음악이 시끄럽게 흐르고 불그레한 조명이 에로틱한 분위기를 자아내는 댄스 클럽 같은 곳에서는, 청각과 시각이 착각을 일으켜 어느 정도 에로틱한 만남이 가능해지는 것이다. 바꾸어 말하자면, 같이 술을 마시면서 하는 데이트가 맨 정신으로 하는 데이트보다 훨씬 더 에로틱한 분위기를 만들어 주는 것과도 같다.

인생은 어차피 괴로움의 연속이다. 아무리 "운명은 없다"고 외쳐대며 운명의 심술과 맞대결을 해나간다 해도, 우리는 생로병사(生老病死)의 고통을 극복할 수 없다. 그러므로 우리는 되도록이면 운명의 실체를 직시하지 말고 우회적으로 바라보면서, 그때그때의 고달픔을 환상적 착각 속에다 묻어 두는 것이 좋다. 말하자면 끊임없이 백일몽을 꿈꾸는 자세로 인생을 살아나가는 것인데, 그런 방식으로 살아가다 보면 자신이 어느새 낭만주의자가 되어 있다는 사실을 자각하게 되고, '철부지 낭만주의자'의 기쁨을 만끽할 수 있는 것이다.

어린이들은 동화를 즐겨 읽는다. 그런데 유명한 동화라는 것이 몽땅 '착각 덩어리'이다. 그래서 『신데렐라』, 『백조왕자』, 『백설공주』 등을 읽다 보면 우리가 마치 왕자나 공주(그것도 기가 막히게 예쁘거나 잘생긴)가 된 듯한 착각에 빠져들어 한동안 행복할 수 있다.

그런데 어린 시절을 지나 성인으로 성장한 뒤에까지 동화를 읽는 사람은 퍽 드문 것 같다. 나는 어린이든 어른이든, 동화 속 나라에서 헤매며 살아가는 것이 현실 속에서 눈 똑바로 뜨고 살아가는 것보다는 훨씬 낫다고 생각하기 때문에, 어른들에게도 동화 속 나라에서 헤매며 살아가기를 권하고 싶다.

나는 글을 쓰는 사람이기 때문에 스스로 작품 속의 세계를 창조해 보며 한동안 즐거울 수가 있었다. 장편소설 『권태』에서는 손톱·발톱이 무지무지하게 긴 여자, 그리고 나를 진실로 사랑해 주는 '희수'란 여자를 창조해 내어 그녀와의 사랑을 즐겼고, 연작소설 『광마일기』에서는 모란의 요정인 '강설(降雪)', 30년 연하인 '지나', 고려시대 때 죽은 처녀귀신인 '야희' 등과 작품 속에서의 로맨스로 행복할 수 있었다. 그리고 『즐거운 사라』와 『별것도 아닌 인생이』, 『청춘』 등에서는 내가 남주인공이 되어 야한 여주인공들과의 로맨스 속에서 행복한 착각을 하기도 했다.

소설을 읽든 쓰든, 우리는 '야한 환상'을 주는 글을 통해 낭만적 착각에 즐겁게 빠져들 수 있다. 영화도 그렇고 만화도 그러한데, 다만 우리나라의 검열제도나 예술에 대한 검찰과 사법부의 개입이 너무 심하여 '행복한 착각', '에로틱한 착각'을 방해하고 있다는 것이 내 생각이다.

아름다운 착각을 불러일으켜 주는 것은 비단 예술작품뿐만이 아니다.

술도 그렇고 담배도 그렇고 광적(狂的)인 취미생활도 그렇다. 특히나 사랑은 더더욱 '착각'의 연속이다. 우리는 '아름다운 착각' 속에서 사랑에 빠지고 '맨정신'으로 이별한다.

그러므로 쌍방이 다 착각 속에서 사랑했다가, 헤어질 때가 되면 '내가 언제 그랬냐'는 듯 이모저모 이별의 책임을 상대방에게만 전가시키는 태도는 온당치 못하다고 생각한다. 과거를 '아름답고 달콤했던 착각'의 시간으로 돌리며, 또다시 '새로운 착각'을 찾아나서는 자세가 더욱 소중하지 않을까.

그래서 나는 착각을 주는 여성이 좋고, 그런 여성이 진정 사랑스러운 여성이라고 생각한다. 착각을 주는 여성은 스스로도 착각에 빠지기를 잘하는 여성이다. 자기가 빼어난 미인이라고 착각하고 있는 여성은 화장과 몸 가꾸기에도 신경을 많이 써가지고 남자를 즐거운 착각에 빠뜨린다.

성형외과 의사의 말을 들어봐도, 미인들일수록 성형수술에 더 관심이 많다고 한다. 말하자면 보통 수준 이상의 외모를 가진 여성들일수록 더욱 더 아름다워지고 싶어 한다는 얘기다. 하지만 따지고 보면 완벽한 미모를 가지고 있는 여성은 이 세상에 단 한 명도 없다. 그러므로 '예쁜' 여성들은 다 착각에 빠진 여성들이요, 상대방에게 착각을 주려고 노력하는 여성들이라고 볼 수 있다.

'아름다운 착각', 더 나아가서 '마취적이고 도피적인 착각'이 건강한 사회문화로 정착될 수 있을 때, 우리 사회는 보다 더 즐겁고 명랑한 사회로 변할 수 있다. 우리의 인생은 낮으로만 이어지는 게 아니다. '낮 생활'도 중요하지만 '밤 생활' 역시 중요하다. 그런데 우리가 밤에 꾸는 꿈은 아름다운 착각, 관능적 착각의 연속인 것이다. 꿈속에서라도 우리는 아름다운 착각 속에 마음껏 몸을 맡길 수 있어야 한다.

2 · 프로이트 생각

20세기 후반에 발표된 성애소설이나 성애영화 가운데, 소위 '걸작'이라고 손꼽히는 것들은 대부분 프로이트의 정신분석학 이론을 토대로 하여 만들어진 것들이 많다.

예술이란 묘한 것이어서, 평범하고 정상적인 생활을 다룬 것은 자칫하면 관객이나 독자들을 식상하게 만들기 쉽다. 그래서 러브스토리들은 대개 사련(邪戀)이나 삼각관계 같은 내용을 다루고, 걸핏하면 주인공을 비정상적인 인격의 소유자로 만들어버린다.

미술의 경우에도 평범한 것을 싫어하는 것은 마찬가지여서, 일그러진 얼굴이나 기형적인 광경만을 그린 파블로 피카소나 살바도르 달리의 그림이 현대미술을 대표하는 걸작으로 되어 있다. 에로티시즘 영화도 예외는 아니다. 그래서 이른바 '정상 성욕'을 다룬 것은 별로 인정을 받지 못하고 '변태 성욕'을 다른 것만이 '문제작'으로 꼽히며 인정을 받는 것이다.

내가 본 영화 가운데서 예를 들자면, 낮에는 음탕한 창녀로 살다가 밤에는 정숙한 가정주부로 돌아가는 상류층 여인의 이중생활을 그린 〈세브린느〉(카트린 드뇌브 주연), 역시 상류계급 여성의 도벽(盜癖)과 불감증을 그린 〈마니〉(알프레드 히치콕 감독 작품으로 '007'로 유명한 숀 코너리와 손톱이 긴 티피 헤드렌이 나왔다), '마마보이' 남성의 정신분열을 그린 〈사이코〉(역시 히치콕 감독), 그리고 상류층 남성의 변태 성욕을 그린 〈나인 하프 위크〉(이 영화를 보고 킴 베이싱어한테 홀딱 반했다), 시아버지와 며느리 사이의 사련(邪戀)을 그린 〈데미지〉(루이 말 감독) 같은 작품들이 얼른 내 머릿속에 떠오른다.

이런 유의 작품들이 갖고 있는 공통점은, 주인공이 변태적 행동을 보이게 된 심리적 원인을 어린 시절의 왜곡된 성 체험에 따른 '정신적 외상(外傷)'에 두고 있다는 점이다. 이러한 인과론적(因果論的) 플롯 설정은 다분히 프로이트적이다. 프로이트는 어린 시절의 충격적 성체험이 표면적으로는 망각돼 버린다 하더라도, 무의식 속에 잠재되어 있다가 그 사람이 성장한 후에 어떤 '변태적 행동'으로 나타나게 된다고 주장한 바 있다. 그래서 그 이론에 꿰어 맞추기라도 하려는 듯, 많은 영화가 그런 식의 복선을 깔고 있는 것이다.

그렇지만 이런 영화들은 마치, "주인공의 변태 성욕을 다룬 것은 그걸 좋아해서가 아니라, 그런 양상의 밑바닥을 정신분석학적으로 파헤쳐 보려고 한 것뿐이오" 하고 변명하고 있는 것처럼 보인다. 말하자면 쓸데없는 사족을 구구하게 갖다 붙이고 있는 것이다.

〈데미지〉의 경우를 보자. 여주인공은 어렸을 때 오빠와 서로 사랑했지만 오빠가 그 괴로움 때문에 자살하는 것을 보고 나서, 약혼자의 아버지를 꼬드기는 능동적 탈선(?)의 길로 들어서게 된다는 내용으로 되어 있다

(〈세브린느〉나 〈마니〉 등도 어렸을 때의 체험만 다를 뿐 이와 비슷한 구성이다).

마지막 부분에서는 여주인공이 직접 자신의 심리상태를 설명하기까지 한다. 그때 내가 받은 인상은 리얼한 에로티시즘이 아닌 오직 눈요깃거리로서의 센세이셔널리즘으로 관객을 꼬셔놓고 나서, 그런 상업주의적 계산을 구차스럽게 변명하는 것처럼 들렸다.

하긴 독특한 성적 취향이나 일탈욕구에 대해 솔직하게 표현하는 것을 꺼려하고, 허위의식으로 가득 찬 '도덕주의적 포장'을 한 것만을 '고급 예술'로 간주하는 풍토에서는 그런 식의 구성이 불가피했을지도 모른다(요즘에는 프로이트의 정신분석학 이론 대신 '정치적·사회적 모순이 성에 미치는 영향'이 선정주의를 변명하기 위한 핑곗거리로 더 많이 이용되는 경향이 있다).

아무튼 대부분의 에로티시즘 영화에서는 '양심적 영혼'과 '동물적 본능' 사이의 괴리가 으레 주제로 등장한다. 그러나 영(靈)과 육(肉)의 분리는 바람직한 것이 아니고 실제로도 불가능한 것이라고 나는 생각한다. 이 점이 바로 프로이트의 결정적 오류인 것이다. 그는 범성욕설(汎性慾說)을 통하여 성욕의 중요성을 우리에게 일깨워주는 큰 역할을 했지만(그것만으로도 그는 충분히 위대하다), 한편으로는 도덕적 초자아(超自我)를 지나치게 강조했다. 그리고 모든 특이한 성행동을 인과론적으로만 설명하려 하여 우리를 괴롭히고 있다.

어린 시절에 왜곡된 성 체험을 했건 안 했건 간에 사람은 누구나 동물적 본능을 가지고 있고, 그러한 본능은 대개 '일탈적'이고 '변태적'인 것으로 나타나게 마련이다. 사디즘과 마조히즘이 대표적인 예인데, 이 두 가지는 사실 '변태 성욕'이 아니라 이 세계를 지탱해 주는 음양(陰陽)의 원리와도 흡사한 기본 심리인 것이다.

이 밖에 여러 가지 다른 '변태 성욕'들도 인간의 실존적 양상의 하나일 뿐 병적(病的)인 증상은 아니다. 특히 인간을 만물의 영장으로까지 만들어 주는 데 결정적으로 공헌한 '관능적 상상력'의 원활한 활동은, 변태 성욕 없이는 불가능한 것이었다.

프로이트여 안녕, 초자아의 억압과 구속이여 안녕, 어린 시절에 느꼈던 성적(性的) 죄의식도 안녕, '변태'라는 말이여 영원히 영원히 안녕!

3 · 관능적 영상미 생각

　관능(官能)과 영상(映像)의 관계는, '영상이라는 메커니즘을 통해 표출된 인간의 육체'가 '실제적 육체가 주는 일상적(日常的) 느낌'을 얼마나 예술적으로 변조·왜곡시킬 수 있느냐 없느냐에 따라 결정된다. 말하자면 일상적 육체가 아닌 비일상적(非日常的) 육체를 영상 메커니즘을 통해서 표현해 낼 수 있을 때, 그 영상은 단순한 기록물이 아닌 미적(美的) 작품으로 승화될 수 있다.

　이러한 작업을 가능하게 하려면 예술철학적 무장이 필요한데, 그것은 다름 아닌 '변형(變形 : deformation)의 당위성'과 '자연미의 거부'에 대한 당당한 믿음이다. 일찍이 영국의 탐미주의자 오스카 와일드가 말했듯이, "예술이 자연을 모방하는 것이 아니라 자연이 예술을 모방한다"는 사실을 예술가의 좌우명으로 받아들일 수 있을 때, 그때 비로소 창조적 영상미가 가능해지는 것이다.

창조적 영상미는 반드시 관능적이어야 한다. 화면에 나타나는 소재가 여인의 육체나 남성의 육체가 아니더라도, 어떤 종류의 소재든 그것이 영상화되면 그것은 관능적 상징물로 작용할 수밖에 없다. 화면을 들여다본 다는 것 자체가 이미 관음증(觀淫症 : voyeurism)을 전제로 하고 있기 때문이다. 그렇기 때문에 영상을 창조해 내는 사람이 관능적 상상력이 부족하거나 관능적 상상에 대해 죄의식 섞인 수치심을 느낀다면, 그 영상은 미적(美的)으로 실패할 수밖에 없다.

관능적 영상의 창조는 빅 클로즈업(big close up)이나 익스트림 클로즈업(extreme close up)의 촬영기법에 의한 하이포리얼리즘(hypo-realism : 極寫實主義)적(的)화면 조작에 의해 더욱 완벽하게 이루어질 수 있다. 회화와 영상이 다른 점은 회화에 있어서는 현실의 왜곡이 주로 초현실주의 수법에 의해서 이루어지고, 영상에 있어서는 하이포리얼리즘적 수법에 의해서 이루어진다는 것이다.

초현실주의적 수법의 예로 살바도르 달리의 그림을 들 수 있다. 그의 그림에서는 시계가 엿가락처럼 늘어지기도 하고 사람의 다리가 셋이 되기도 한다. 그러나 표현기법 자체는 질감과 양감을 충실히 살리는 소묘 기법을 택하고 있다. 그래서 기법 자체로만 보면 아무튼 사실주의이다. 그러나 영상의 경우에는 그것이 불가능하다.

아니 가능하긴 하지만 별 의미가 없다. 전위적인 사진작품 가운데는 어안(魚眼) 렌즈를 사용하여 인체나 물체를 왜곡시키는 경우를 볼 수 있는데, 그것은 회화를 모방하는 것에 불과하므로 진정한 사진(또는 영상)정신의 발로라고 볼 수 없다. 사진은 역시 사진다워야 한다. 말하자면 '진짜 대상' 그대로를 옮겨야 하는 것이다. 영상의 경우도 마찬가지다. 대상물 자체의 원형을 왜곡시킬 필요는 없다. 다만 어느 부분을 찍느냐, 얼마나 크고 정밀하게 찍느냐가 중요한 것이다.

극사실주의 기법은 그래서 회화에 있어서보다는 영상에 있어서 더 효과적이고 창조적인 기법이 될 수 있다. 예컨대 여인의 입술을 영상으로 표현할 경우 화면 전체를 입술 하나로 꽉 차게 한다든가, 더욱더 정밀묘사로 들어가 입술의 주름살 하나하나까지 클로즈업시킨다든가 할 때, 그 영상은 단순한 '입술의 복사(copy)'가 아니라 '입술의 창조'가 되며, 관능적 비일상성이 주는 그로테스크한 탐미성(耽美性)으로 승화될 수 있다.

또 관음증이 관능적 영상미 창출의 근본적 심리기제(心理機制)라고 할 때, 관음증의 충족은 '천천히 엿보기'에서 비롯된다는 것을 잊어서는 안 된다. 그러므로 전라의 전신(全身)을 정상적인 속도로 찍는다거나 하면 엿보기의 쾌감을 관객에게 선물해 줄 수 없다. 여자를 찍을 경우, 옷을 입히긴 입히되 속이 훤히 비치는 '시스루' 스타일의 옷을 입혀 어느 한 부분을 찍는다거나, 가운데가 찢어진 스커트 사이로 언뜻언뜻 엿보이는 여인의 사타구니에 카메라의 초점을 맞춘다거나 하여 아주 느린 속도로 찍을 때, 관능적 영상미는 비로소 그 빛을 발할 수 있다.

또한 여인의 얼굴이나 헤어스타일·장신구·구두 등도 모두 다 비일상적이고 비실용적이어야 한다. 다양한 색색가지 가발의 이용, 귓불이나 유두가 축 늘어질 정도로 무거운 귀고리나 젖꼭지고리, 도저히 신을 수 없을 만큼 높은 굽의 하이힐, 도저히 손을 놀릴 수 없을 정도로 긴 손톱 등의 이미지는 관능적 영상미가 주는 감각적 정서를 배가(倍加)시킨다.

섹스 묘사의 경우에도 진정한 관능미를 창조하려면 보통 평범한 섹스는 안 된다. 도덕적 규범을 벗어난 섹스, 즉 다양한 형태의 이상(異常) 성욕을 느린 속도로 묘사하는 것이 더욱 관능적이다. 즉 몽환적 나르시시즘·혀놀림 중심의 키스·오럴섹스·페티시즘(fetishism)·사도마조히즘

등을 간접조명(또는 반사조명)에 의해 환상적으로 묘사하면 관객의 관음증을 더욱 만족시켜 카타르시스 효과의 상승작용을 불러일으킬 수 있다.

영상이라는 것 자체가 이미 우리가 꾸는 '꿈'과 같이 비(非)상식적이요 비규범적이요 비정상적인 성격을 내포하고 있다. 그러므로 관능적 영상미의 창조자는 이상(異常)성욕의 표현에 대해 촌스럽게 눈치 보며 두려워하거나 우물쭈물 부끄러워해서는 안 된다.

4 · 『신약성서』에 나오는 빌라도 생각

　역사는 과연 정직하게 모든 진실을 말해 줄 수 있을까. 역사는 옳을 때도 있고 그를 때도 있다. 역사 역시 사람에 의해 기록되는 것이기 때문이다. 특히 정치사의 경우, 역사는 언제나 승리자의 입장에서 기술되기 쉽다. 우리가 정사(正史) 못지않게 야사(野史)를 중시하는 것은 그런 이유 때문일 것이다.

　종교의 역사도 마찬가지다. 기독교나 불교 등 대개의 거대 종교들은 2천 년이 넘는 세월 전에 창시된 것이기 때문에 와전이나 조작이 끼어들 수밖에 없다. 특히 기독교 같은 종교는 정경(正經)과 외경(外經)의 구분이 엄격하고, 그 정경이란 것이 정치적 입장을 포함한 여러 가지 사정에 의해 인위적으로 결정된 것이라서 의심해 볼 만한 내용이 많다.

　그중에서도 특히 예수가 13세 때부터 29세 때까지 무엇을 했는가 하는 문제는 오랫동안 학자들의 호기심의 대상이 되어왔다. 『신약성경』에는 전혀 언급이 없기 때문이었다. 그러다가 19세기 말 러시아의 언론인 이었던 노토비치(N. Notovitch)가 티베트 지방으로 가 발굴했다는 『이사전(傳)』이 발표되자 기독교 학자들 사이에서는 큰 논란이 일어났다. 『이사전』이 조작된 것이라고 주장하는 사람도 있었고, 참고할 만한 가치가 있는 문헌이라고 주장하는 사람도 있었다.

『이사전』은 예수가 티베트로 유학을 가서 불교를 배우고 많은 사람들을 교화시킨 후, 다시 조국인 유대 나라로 돌아가 전도하다가 죽은 과정을 기록한 책이다. '예수'를 티베트 지방에서는 '이사'라고 불렀던 것이다. 『이사전』의 진실을 규명하는 책으로는 엘리자베스 프로페트가 쓴 『예수의 잃어버린 세월』이 대표적인데, 우리나라에서도 번역·출간된 바 있다.

기독교와 불교의 유사성은 예수의 비유 곳곳에 나타난다. 『이사전』이 제대로 기록된 책이라면, 그러니까 예수는 불교의 교리(모든 인간은 부처다)를 빌려 유대교의 단점을 보완한 일종의 종교개혁자가 된다.

그런데 내가 특히 『이사전』에 관심을 갖게 된 까닭은, 예수가 티베트에 갔다는 사실보다 예수의 죽음을 기록한 부분이 정경과는 판이하게 다르기 때문이었다.

『신약성서』에 의하면 예수를 고발하여 십자가에 못 박히도록 한 것은 당시 유대 나라의 종교지도자들로 되어 있다. 그리고 로마에서 파견된 유대 총독 빌라도는 끝까지 예수를 살리려고 애쓰다가 종교지도자들의 주장에 못 이겨 할 수 없이 예수에게 사형을 언도한 것으로 나와 있다. 그러나 『이사전』에 기록된 예수 재판의 내용은 전혀 다르다. 당시의 유대교 지도자들은 끝까지 예수를 살리려고 노력했으나, 빌라도가 강압적으로 예수를 사형시킨 것으로 되어 있는 것이다.

『이사전』에 의하면, 빌라도는 예수가 유대 민중들한테 인기를 끌자 그가 민중봉기를 일으킬까 두려워 억지 재판으로 예수를 죽였다는 것이다. 성경에 기록된 대로라면 예수는 로마에 대한 반감보다는 당시 종교지도자들(특히 바리새인들)에 대한 반감이 더 컸던 것으로 되어 있고, 당시의 종교지도자들은 예수의 대중적 인기를 시샘하여 예수를 죽인 것으로 되어 있다.

기독교가 로마의 국교가 되어 유럽 전역에 퍼진 이후 유대인들은 예수를 죽인 장본인으로 지목되어 끊임없는 박해를 받았다. 히틀러가 유대인들을 학살하게 된 배경 역시 성경의 이런 기록 때문이라고 볼 수 있다.

『이사전』의 기록이 옳은지 그른지 우리는 도저히 알 수가 없다. 하지만 재미있는 유추를 해볼 수는 있는데, 만약 『이사전』의 기록이 사실이라면, 성경에서 예수를 유대인들이 죽인 것으로 하고 빌라도에게 면죄부를 준 것은 아무래도 로마 정부의 입김이 작용했기 때문일 거라는 것이다.

로마 총독이 예수를 죽인 것으로 하면, 기독교를 국교로 삼아 백성들을 통제하는 것이 아무래도 힘들어진다. 그렇기 때문에 로마 정부에 기생하는 어용 신학자들은 예수 죽음의 책임을 몽땅 유대교 지도자들에게 뒤집어씌운 게 아니었을까. 물론 이건 어디까지나 추측이다.

『신약성서』를 자세히 들여다보면 당시의 유대 나라가 로마의 식민지였는데도 불구하고 예수는 로마를 비방하는 말을 한마디도 안 하고 있다. 그리고 오히려 조국을 저주하는 말을 더 많이 한다. 이 점 역시 의문이 가는 사항인데, 진위야 어찌됐든 흥미로운 연구과제가 아닐 수 없다.

역사의 기록은 언제나 정치권력의 영향을 받는다. 이런 사실을 생각하면 역사책 읽기가 두려워진다.

5 · '지킬 박사와 하이드 씨' 생각

　우리는 지금 '이중적 위선'이 기득권 유지와 출세의 수단으로, 심지어는 존경받는 사회 지도층 인사가 되는 수단으로 이용되는 시대에 살고 있다.

　'이중적 위선'은 기회주의적 처신으로 이어지고, 기회주의적 처신은 정권의 추이나 사회적 관심의 변화와는 상관없이 그 사람에게 부(富)와 명예, 그리고 권력까지 챙기게 만들어 준다. 이럴 때 기회주의자들이 자신의 이중적 처신의 방패막이로 사용하는 것은 대개 '수구적 도덕'이나 '전통윤리' 같은 것들이다.

　해방 이후 수많은 정치적 격변기를 거치면서 끝까지 살아남아 '품위 있게' 지위를 누리고 개인적 이득을 챙긴 이른바 '지도층 인사'들은, 거의가 다 도덕적 보수주의를 명분으로 내세웠다. 그런데 해방 후 어떤 정권이건 도덕을 통치의 수단으로 이용하지 않은 정권은 없었으므로, 그들은

'사회적 명사'로서의 이름과 지위를 실속 있게 유지할 수 있었다.

해방 이후 역대 정권 중 도덕을 강조하지 않은 정권은 하나도 없다. 폭력적인 방법으로 부도덕하게 권력을 잡은 군사정권 때도 여전히 도덕은 강조되었다. 그래서 5·16 쿠데타 후엔 '재건국민운동본부'가 차려져 국민들을 옥죄고, 5·18 광주민중항쟁 후에는 '삼청교육대'가 생겨 사회악 일소와 도덕 확립을 부르짖으며 억울한 피해자들을 많이 낳았다.

현재 우리 사회에서 '도덕적 위선'을 변명 또는 포장하기 위해 가장 빈번하게 이용되는 명분은 역시 '건강한 성윤리'이다. 학계·언론계·법조계에 만연된 도덕적 가치관의 이중구조 속에서, 이미 한물가 버린 조선시대의 케케묵은 성윤리가 여전히 제도권 인사들의 기득권 유지를 위한 방패막이 구실을 톡톡히 해내고 있는 것이다.

성(性)을 단순 도구화했음에도 불구하고 '이데올로기적 포장'이나 '권선징악적 주제'를 방패삼아 아무런 저항 없이 날개 돋친 듯 팔리고 있는 예술상품들! 도덕이니 관습이니 하는 고상한 논리로 성을 터부시하면서도 매춘이나 인신매매와 같은 성도덕의 타락을 잉태해 내는 사회의 음성적 이중구조에 대해서는 너무나도 관대한 사회문화적 풍토! 이렇듯 성윤리에 있어 극단적인 이중구조를 가진 것이 우리의 현실이다.

그런데도 기득권 지식인들은 '성은 아름다워야 한다'는 논리로 자신들의 도덕적 경직성과 이중성을 끊임없이 변명해대고만 있다. 사실상 우리 사회에서 가장 중요하고 시급한 문제는 '성'이 아니라 '위선적 양면성'의 문제인데도 말이다. 문화의 획일성과 소아병적(小兒病的) 민족중심주의, 그리고 윤리의식의 이중성은 국민들을 위선자가 되도록 강요한다. 그런 와중에서 '전통 수호'와 '세계화'라는 상반된 명제에 적당히 양다리 걸치는 머리 좋은 위선자들은, 오히려 정치적·제도적 기득권과 물질적 부까지 누리고 있다.

도덕적 이중구조의 극복은 지금 우리 사회에서 가장 시급히 해결해야 할 사안인데, 그렇다면 우리는 구체적으로 어떤 노력을 기울여야 할까. 거듭 강조하거니와 우선 가장 시급하게 필요한 것은 '솔직함의 문화풍토'를 만들어나가야 한다는 것이다. 솔직한 담론이나 솔직한 주장은 대개 결론을 확실하게 내리는 경우가 많다. 그래서 공격을 당하기도 쉽고 어이없는 모럴 테러리즘의 표적이 되기도 한다.

그래서 한국의 기득권 지식인들은 언제나 '솔직성'보다는 '객관적 관찰'을 가장한 '양비론적 어정쩡함'을 표현의 주된 수단으로 삼는다. 그러고는 결론을 보류하고 항상 '깊이 생각해 볼 문제'라느니 '좀더 사태의 진전을 관망해 보자'느니 하는 투로 담론을 마무리 짓는 게 보통이다. 그러다 보면 늘 "자유는 좋지만 한계가 있다", "성은 중요한 문제지만 프리섹스에 대한 논의는 시기상조다", "민주화가 곧 혼란을 의미하는 것은 아니다" 투의 어정쩡한 결론으로 도피하게 되고, 활발한 토론문화는 슬며시 뒷걸음질치게 되는 것이다.

위선은 솔직하지 못한 데서 나오고 솔직하지 못한 것은 도덕적 테러에 대한 두려움에서 나온다. '……인 것 같다', '……일지도 모른다'는 식의 이상한 어투가 만연하게 된 것도 그런 이유 때문일 것이다.

자유가 좋다면 그것으로 끝내야지 꼭 '혼란'과 대비시킬 필요는 없지 않은가. 성이 즐거운 것이라면 그것으로 끝내야지 '퇴폐'나 '음란'을 꼭 동반시켜 자신의 성적 욕구를 구구히 변명할 필요는 없지 않은가.

'도덕성'보다 '솔직성'에 더 가치가 매겨지는 사회풍토가 한시바삐 이루어져야 한다. 아무리 전위적인 주장을 하더라도 화를 당하지 않는 명실상부한 '표현의 자유'가 하루빨리 보편화돼야 한다. 위선자들이 보무당당하게 활개치며 '사회 지도층 인사' 대접을 받는 일은 이제 없어져야 한다.

버트런드 러셀은 이런 말을 한 적이 있다. "부패하고 음란한 사회일수록 금욕주의를 내세운다." 아마도 사회 상층부에 만연한 도덕적 이중성을 비꼰 말일 것이다. 나는 러셀이 1920년대에 지적했던 이 말이 지금 우리 사회에도 그대로 적용된다고 생각한다.

참된 도덕과 참된 정직성을 사회 분위기로 정착시키기 위해서는 이제 이데올로기나 종교만으로는 안 된다. 꼭 프로이트나 빌헬름 라이히의 이론을 빌리지 않더라도, 성(性)에 대한 억압과 이중 잣대가 개선되지 않는 한 우리는 영원히 낮에는 '지킬 박사', 밤에는 '하이드 씨'가 될 수밖에 없다. 즉 다시 말해서 '자아분열'을 일으킬 수밖에 없는 것이다.

성의 억압을 없애는 길은 꼭 '프리섹스'에 있는 것만은 아니다. '포르노를 포함한 성에 대한 표현의 자유'가 프리섹스 이전이요, 성적(性的) 자유의 전부다. 프리섹스는 다양한 성(性) 취향의 하나일 뿐 강제할 수는 없는 것이기 때문이다. 다만 문제가 되는 것은 '프리섹스'는 악(惡)이요, 수구적 봉건윤리에 부합한 성은 선(善)이라는 식의 흑백 논리적 획일주의요, 외설과 예술을 애써 가르려는 문화독재적 품위주의이다.

6 · 나잇값 생각

　우리가 꽤 자주 쓰는 말 가운데 "나잇값 좀 해라"는 말이 있다. 이 말은 대개 훈계조(調)의 의미로 쓰이곤 하는데, "너도 이젠 나이를 먹을 만큼 먹었으니 철이 들어야 하지 않겠느냐"는 뜻인 것 같다. 하지만 나는 이 말 가운데 은연중 우리의 외모를 빨리 겉늙게 하고 우리의 마음을 쉬 답답한 보수주의자로 만들어버리려는, 무의식적인 세뇌 의도가 내포되어 있다고 생각한다.

　내 생각에 나이는 안 먹을수록 좋고 마음은 어릴수록 좋다. 늙어가는 외모야 어쩔 수 없다 하더라도 마음만은 적어도 언제나 젊음인 채로 있는 것이 좋은 것이다. 그리고 외모 또한 마음의 지배를 받게 마련이어서, 전혀 안 늙을 순 없다 하더라도 마음먹기에 따라 훨씬 젊어 보이게 만들 수가 있는 것이다.

　솔직히 말해서 나는 내가 지금 '나잇값'을 하지 못하고 있는 것을 퍽이나 다행스럽게 여기고 있다. 만일 내가 나잇값에 걸맞은 삶을 살아왔더라면 진작에 자식을 가진 아버지가 되었어야 했을 것이고, 늦은 나이에 야한 내용의 글, 아니 가식적 교훈이 배제된 내용의 글을 쓰려고 애쓸 수도 없었을 것이기 때문이다.

내가 만약 과거 조선시대에 태어났다면 일찍이 장가를 들어 지금 나이에 할아버지가 되어 있을 수도 있을 것이다. 그렇다면 나는 지금 허구한 날 공자왈 맹자왈 훈계조의 넋두리나 중얼거려 가며 이른바 '웃어른'으로서의 '위선적으로 포장된 행동'만 하고 있을 가능성이 높다. 상상만 해도 끔찍스러운 일이다.

언젠가 일흔 살이 넘은 노(老) 화가가 40년 연하의 여성과 결혼하여 큰 화제가 된 적이 있다. 그런데 만약 그분이 '나잇값'대로 행동했더라면 그토록이나 당돌한 혼인이 이루어질 수 있었을까? 미국의 여배우 엘리자베스 테일러의 경우 역시 마찬가지다. 그녀는 예순 살의 나이에 20년 연하의 건달 남성과 결혼을 했다. 남이 뭐라고 하든 간에 그녀는 '나잇값'을 초월하여 순진한 소녀나 할 법한 로맨틱한 모험을 감행했던 것이다.

나잇값에 걸맞게 살아가다 보면 빨리 늙고 빨리 허물어진다. 그러다 보면 괜히 억울한 마음이 생기게 되고, 그런 억울함에 대한 보상심리 때문에 자기 자신도 모르게 촌스러운 도덕주의자, 심통 사나운 권위주의자가 되기 쉽다.

젊은이들이 흥겹게 노는 것이 공연히 꼴 보기 싫어지고, 그래서 걸핏하면 윤리·도덕을 부르짖어 가며 '퇴폐추방'을 외치게 된다. 그러면서 "내가 젊었을 때는 저렇지 않았는데 요즘 애들은 틀려먹었어", "술집하고 모텔만 늘어가니 정말 말세야 말세" 하는 따위의 말들만 힘주어 외치게 된다. 이것은 현진건의 단편소설 「B사감과 러브레터」에 나오는 심술궂은 노처녀 'B사감'의 심리와도 통하는 것인데, 자기가 직접 연애를 해 볼 생각은 하지 못하면서 공연히 연애하는 젊은이들만 들볶아대는 심보라고 할 수 있다.

언제나 중요한 것은 '지금'이다. 나는 내가 설사 지금 자식을 가지고 있다 하더라도, 이른바 나잇값에 걸맞은 늙은 아버지 역할에 머물러 있지만은 않을 것 같은 생각이 든다.

내 글을 싫어하는 사람들 중엔 내가 쓴 야한 소설 같은 것을 보고 "넌 자식을 가진 어버이의 심정도 모르느냐? 네가 만약 딸을 가지고 있다면 그따위 퇴폐적인 글은 쓰지 못할 것이다"라고 야단치며 나무라는 이들이 많다. 그런 사람일수록 나에게 '공인(公人)으로서의 사명감' 따위를 설교해 가며 내 책이 젊은이들에게 주는 영향을 걱정하곤 한다.

글쎄…… 나는 자식이 없어 잘 모르겠지만, 설사 내가 자식을 가진 아버지라 할지라도 자식에게 '걱정'을 핑계로 '도덕적 설교'를 퍼부어댈 것 같진 않다. 오히려 나는 '나잇값'을 하지 않고 계속 마음이 어린 상태로 머물며 자식들과 함께 철부지 소꿉장난을 계속해 나갈 것이다. 그리고 자식들을 보다 야하고 자유롭게 키우려고 노력할 것이다.

우리나라의 고질병인 폐쇄적인 권위주의는 누구나 일찍부터 '나잇값'을 하려고 노력하는 데서 나온다. 20대까지는 진보와 개혁을 외치며 '기성세대는 물러가라'고 떠들어대던 사람들도 40대 중반의 나이만 되면 다들 중늙은이가 되어버려 가지고, 내가 언제 그랬더냐는 식으로 싹 얼굴을 바꿔버리는 것이 보통이다.

나이에 따라 서열을 따지고 어법(語法)을 가리고 옷차림이 달라진다. 신나게 춤추며 놀아보려고 해도 나이에 따라 들어갈 수 있는 댄스 클럽이 따로따로 정해져 있다. 연애를 하려고 해도 나이 든 사람은 돈으로 '나잇값'을 해야만 한다. 그러다 보면 결국 '정신적 청춘'을 일찍부터 포기해 버리게 되어 할 수 없이 외형적 체면치레나 권위만을 찾게 되는 것이다.

나이는 우리의 마음으로부터 온다. '청춘'이란 말은 나이에 따른 일정한 시기를 가리키는 말이 아니라 '마음의 상태'를 가리키는 말로 쓰여야 한다. 나잇값을 하려고 너무 일찍부터 서둘다 보면 우리는 형편없이 겉늙어버린다. 우리는 아무리 나이를 많이 먹더라도 마음만은 계속 '철부지 상태'로 머물러 있도록 애써야 한다.

7 · '돼지 멱따는 소리' 생각

언젠가 텔레비전 뉴스를 통해 도살장을 탈출한 황소가 거리를 누비고 다닌 사건이 보도된 바 있다. 그때 나는 텔레비전을 보면서 착잡한 생각에 빠져들지 않을 수 없었다. 황소든 인간이든 다 같이 고귀한 생명을 갖고서 태어난 존재인데, 어찌하여 인간의 목숨만 귀중하고 소의 목숨은 귀중하지 않게 취급돼도 되는가 하는 생각이 들어서였다.

내가 보기에 인간이라고 해서 다른 동물에 비해 특별하게 다른 오장육부를 갖고 있는 것 같지는 않다. 다만 뇌(腦)의 상태만 조금 달라 인간 스스로 만물의 영장이라 자부하며 으스대고 있을 뿐이다. 아직까지도 대부분의 사람들은 인간의 생명만 고귀하고 다른 동물의 생명은 고귀하지 않다고 생각한다. 그래서 태연하게 낚시를 도락으로 즐기기도 하고 사냥을 스포츠로 즐기기도 한다.

나는 낚시나 사냥을 극도로 증오하는데, 배가 고파서 물고기나 짐승을 잡아먹는 것은 할 수 없다 치더라도, 취미나 도락으로 살상을 한다는 것은 나로서는 도저히 용납할 수 없기 때문이다. 그래서 나는 스페인 사람들이 좋아한다는 투우 경기 역시 무지무지하게 혐오한다. 죽기로 작정된 것이나 다름없는 소를 슬슬 약올려가면서 서서히 죽여 가는 것이 어째서 '유쾌한 오락'이 될 수 있단 말인가. 투우는 지독하게 잔인한 사디즘이요 천인공노할 동물 학대라고 볼 수밖에 없다.

낚시를 좋아하는 사람들 중엔 자기는 잡은 고기를 다시 놓아준다고 하며 변명하는 경우도 있다. 그러면서 자기는 살생까지는 안 한다고 자부하는 모양인데, 일단 낚싯바늘에 걸려 입안이 찢어져 언청이가 돼버린 물고기가 제대로 살아나갈 리가 없다. 살기는 산다 하더라도 끊임없는 고통에 시달릴 수밖에 없을 것이다. 그런데 낚시광들 중엔 "물고기 같은 하등동물은 신경이 발달해 있지 않아서 통증을 잘 모른다"고 말하는 이도 있어 나로서는 아연실색할 수밖에 없었다.

우리는 먹고 살기 위해 하는 수 없이 소든 돼지든 잡아먹어야 한다. 하지만 그렇다 하더라도 이왕이면 '안락사' 같은 방법으로 소나 돼지를 도살한다면 얼마나 좋을 것인가.

나는 어렸을 때 시골에서 자란 관계로 옆집에서 돼지를 잡는 광경을 목격한 적이 있는데, 긴 식칼로 계속 목을 찔러대는 것이었다. 그래서 나는 이른바 '돼지 멱따는 소리'를 오랜 시간 동안 들을 수 있었다. 그때의 그 처참한 비명 소리가 지금까지도 뇌리에서 떠나지를 않는다.

인간은 참으로 욕심 많은 동물이다. 인간의 육체든 동물의 육체든 따지고 보면 다 같은 것인데도 불구하고, 인간만이 유독 '영원한 생명을 누리는 육체'를 갖고 있다고 믿고 있기 때문이다. 소나 말의 육체에는 영혼이 깃들어 있지 않으므로 내세(來世)도 있을 수 없다. 오직 인간만이 '고귀한 육체'를 간직하고서 내세로 들어갈 수 있다는 얘기다.

아아, 이 얼마나 오만방자하고 미련스럽기 짝이 없는 망상이란 말이냐. 인간은 천당이나 지옥 따위의 개념을 만들어내어, 죽음 뒤에 따라오는 육체적 삶을 억지로라도 가정하려고 한다. 그래서 종교라는 것이 생겨나 인간을 행복한 착각에 빠져들게도 하고 또 강박증적 공포심에 빠져들게도 했다.

우리 사회를 풍미하고 있는 '말세론적 신앙' 같은 것도 따지고 보면 지독한 인간중심주의의 결과로 생겨난 욕심이 낳은 미망(迷妄)일 뿐이다. 뭐든지 처음이 있으면 끝이 있는 법이다. 지구상에 나타났던 동물들 가운데 이미 많은 동물들이 멸종해 버렸다. 오직 인간만이 멸종을 피할 수 있다는 이론은 말도 되지 않는다.

그러니까 만약에 종말의 시간이 닥쳐온다면 열심히 기도를 한 사람이든 기도를 안 한 사람이든 다 죽게 마련이다. 올바른 신앙생활을 한 몇몇 사람만이 '휴거(携擧)' 현상에 의해 하늘나라로 올라간다는 것은 얼토당토않은 궤변이 아닐 수 없다.

소의 죽음이나 인간의 죽음이나 죽음은 같은 것일 수밖에 없다. 그러므로 우리는 한 개인의 종말이든 전 세계의 종말이든 종말 이후의 세계에 대해 더 이상 관심을 두지 말아야 한다. 그 대신 살아 있을 때의 행복과 쾌락을 위해 총력을 기울여야 한다.

내가 지금까지 누누이 강조해 온 '육체주의'적 관점만이 인간을 심리적 망상과 강박관념에서 해방시켜 준다. 육체주의란 무엇인가? 인간을 동물과 똑같이 보면서, 육체의 편안함과 안정을 저해하는 과도한 정신주의의 폐해를 거부하는 것이 바로 육체주의다. 즉, 정신우월주의적인 금욕주의나 '신(神)의 닮은꼴'로서의 인간중심주의에 빠져들지 않으면서, 육체의 쾌락과 현세의 행복만을 위해 모든 노력을 집중시키는 것이다.

내세를 걱정하지 않고 전세(前世)의 업(業)에 대한 불합리한 공포에서 벗어나는 것이 육체주의다. 과도한 이상주의나 이념에 치우친 행동을 거부하고, 철저한 현실주의와 물질주의적 관점을 지켜나가는 것이 육체주의다.

이제라도 인류가 정신 중심의 이기적 인간중심주의에서 벗어날 수만 있다면, 인류는 적어도 자연 파괴로 인한 재앙으로부터 벗어날 수 있다. 육체주의 만세!

8 · 운명 생각

운명에 대해 생각해 보지 않은 사람은 아마 한 사람도 없을 것이다. 나도 예상치 못한 풍파를 많이 겪게 되어 『비켜라 운명아 내가 간다』라는 제목의 철학 에세이를 출간한 바 있다.

사실 우리나라만큼 '운(運)'이라는 말이 사사건건 따라다니는 사회도 달리 없다. 지칠 줄 모르고 계속되는 대권(大權) 논의에서도 언제나 결론으로 삼는 것은 "누가 대권을 잡을 운을 타고났느냐"이다. "누가 대통령이 돼야 우리나라가 잘될 것인가"라는 문제라든가, "누가 대통령이 돼야 인권이 신장되고 참된 민주화가 이뤄지는 공평무사한 정치를 할 것인가"라는 문제는 항상 논외로 밀려난다. 그래서 차기 대권을 누가 잡느냐 하는 주제를 놓고 수많은 역술가들이 책을 써서 돈을 벌고, 유명한 역술가의 집은 정치인들로 문전성시를 이룬다. 우리나라의 정치는 정치가 아니라 점치(占治)다.

나도 어렸을 때부터 『주역(周易)』을 읽어 간단한 점을 쳐보기도 했다. 그러나 한평생의 운명이 미리 정해져 있다는 생각을 해본 적은 없다. 아니, 그런 생각에서 애써 벗어나려고 노력했다는 게 더 맞는 말일 것이다. 운명이라는 게 있다면 그 반은 유전인자의 소치요, 나머지 반은 야(野)한 잠재의식의 소치라는 게 내가 『비켜라 운명아 내가 간다』라는 저서에서 내린 결론이었다.

그러므로 과학(특히 유전공학)의 발달은 인간의 유전자를 변화시켜 많은 고통들을 없애줄 수 있을 것이다. 이를테면 불치병으로 되어 있는 암(癌)의 유전자를 미리 없애는 기술이 개발된다고 하면, 우리는 병고(病苦)의 운명에서 한결 벗어날 수 있다.

또한 야한 잠재의식의 개발은 쓸데없는 죄의식과 변태적 금욕주의를 극복하게 만들어, 실용적 쾌락주의에 바탕을 두는 행복한 유토피아를 건설하게 할 수 있다. 성적(性的) 억압에 기인하는 병적(病的) 적개심은 중세기적 마녀사냥을 재현시키기도 하고, '민족주의적 전체주의'나 '이데올로기를 핑계 대는 전쟁'을 유발시키기도 하기 때문이다.

선진국에서는 야한 잠재의식을 물질주의적 관점에서 연구하는 학자들이 차츰 늘어나고 있다. 그들은 '야한 잠재의식'을 'ESP(Extra Sensory Perception, 초감각적 지각)'라고 부르는데, 초감각적 지각이란 '표면의식'에 대립되는 개념이다.

표면의식은 언제나 도덕적 죄의식이나 권력에 대한 공포, 관습적 사고 따위에 얽매여 있다. 그래서 표면의식에 의해 기도를 한다거나 자기 최면을 건다고 하면 그런 소원은 도저히 성취되지 않는다. ESP를 연구하는 학자들은, 그토록 많은 종교인들이 전쟁 방지를 위해 기도를 거듭했음에도 불구하고 왜 1, 2차 세계대전이 일어났으며, 지금껏 세계 곳곳에서 전쟁이 계속되고 있느냐고 묻는다. 그들의 설명에 의하면 신(神)이 기도를 들어주지 않았기 때문이 아니라 ESP가 기도를 들어주지 않았기 때문이다. 그러므로 ESP는 불교에서 말하는 '일체유심조(一切唯心造)'의 '심(心)'이라고도 볼 수 있다.

인간의 잠재의식(즉 ESP)은 야하다. 즉 어린아이처럼 솔직하다. 그것은 어떠한 당위론적 도덕이나 종교적 공포심에도 흔들리지 않는다. 그래서 잠재의식은 이중적 위선을 싫어하고 동물적 육감(肉感)의 세계에서만 활동하려 한다. 그렇기 때문에 표면의식이 계속 위선적으로 본능을 억압하는 쪽으로만 치달을 경우, 잠재의식은 어린애처럼 신경질을 부려 무의식적 파괴욕구와 적개심을 폭발시킬 수밖에 없는 것이다.

운명을 극복하는 방법으로 흔히 '정신력'이 외쳐지곤 한다. 하지만 정신력이란 잠재의식과는 거리가 먼 개념이다. 그것은 표면의식에 해당되는 것으로서, 이를테면 '노력하면 성공한다' 따위의 훈민적(訓民的) 사탕발림이나 '불평하지 말고 분수에 만족해라' 따위의 봉건윤리적 순치(馴致)에 길들여져 있다. 그런 정신은 '마음'이 아니요 오직 가상(假像)일 뿐이다.

예수가 말한 "마음이 가난한 자가 복이 있다"나 불교에서 말하는 '공즉시색(空卽是色)'은 서로 뜻이 통한다. 후천적으로 형성된 관념적·도덕적 선입견들을 말끔히 털어내 버릴 수 있을 때, 거기서 '선입견 없는 마음'이나 '공(空)한 마음'이 비로소 형성되게 되고, 그때 운명 극복의 길이 열리게 되는 것이다.

운명은 야(野)하다. 잠재의식의 문을 활짝 열어놓고 본성에 솔직해질 수 있을 때, 우리는 아름다운 운명을 만들어 낼 수 있다.

9 · 전생(前生) 생각

　　요즘 전생(前生)과 윤회에 대한 관심이 점점 더 높아져가고 있다. 최면 상태에서 전생의 기억을 되살리는 사람들이 많아지고 있고, '전생요법'이라는 정신치료 기술까지 나와 화제가 되고 있다. '전생요법'이란 최면을 통해 전생에 품었던 한(恨)이나 억울한 일을 당한 기억을 되살리도록 유도해 주어, 현생(現生)에서 겪는 스트레스나 우울증 등을 치료하는 것을 말한다.

　　전생과 윤회에 대한 관심은 불교 신자가 많은 동양권 사람들에게만 한정되지 않는다. 서양인들 중에도 전생의 기억을 되살렸다는 사람이 많고, 그런 기억이 사실인지 아닌지 확인하는 데 평생을 바친 학자들도 많다.

　　1950년대 말 미국에서는 『브라이디 머피를 찾아서』라는 책이 베스트셀러가 된 적이 있다. 이 책은 어떤 여자가 최면 도중 자기의 전생 때 이름이 브라이디 머피라고 하면서 전생의 일을 자세히 서술하자, 그게 진짜

인지 가짜인지 추적해 나가는 과정을 기록한 책이었다. 그런데 결론은 그 여자의 기억이 사실이라는 것이었다. 이 책 이후로 미국에서는 유사한 책이 수없이 쏟아져 나왔고, 지금도 계속 나오고 있다.

그렇지만 전생의 기억이 가짜라고 밝혀진 적도 많다. 최근에 나는 한 TV 프로그램을 흥미 있게 지켜봤는데, 어떤 한국 여성의 전생 기억을 추적해 나가는 프로그램이었다. 그 여성은 자기가 전생에서 연산군의 어머니였다고 했다. 그런데 전생 때 입었던 복장에 대한 서술 등으로 미루어볼 때, 아무래도 가짜 같다는 결론이 나왔다. 가짜라고 해서 그 여성이 거짓말을 한 것은 아니고, 여러 가지 울화를 전생의 일에 투사(投射)시켜 해소해 보려는 무의식적 노력의 결과라는 게 전문가의 진단이었다.

전생과 윤회에 대한 책을 읽다 보면 다 사실 같아 보여 쉽게 빨려 들어가게 된다. 그러나 내가 보기에 반 이상의 케이스는 잠재의식의 장난 때문에 생긴 현상인 것 같다. 비행접시를 목격했다는 사람들 대부분이 환영(幻影)을 본 경우인 것과 마찬가지로, 대부분의 전생 체험 역시 인간이 잠재의식 안에 갖고 있는 '소망적 사고(思考)'의 결과인 것이다.

그러나 '브라이디 머피' 케이스처럼 전생의 기억이 실제적으로 입증되는 경우도 가끔은 있다. 그래서 전생이나 윤회를 완전히 부정하기 어려워지는 것이다. 어느 심령과학자가 쓴 책을 보니 인간은 2,000년 정도를 계속 거듭나며 생로병사의 고통을 겪다가, 결국은 '윤회학교'를 졸업하고 승천하게 된다고 나와 있었다. 그 책에서 말하는 '승천'이란 인간계보다 한 차원 높은 영계(靈界)에서 새로 태어나는 것을 말한다.

인류가 지금껏 이룩해 낸 과학의 진보는 대단한 것이지만, 아직도 우리가 모르고 있는 세계는 많다. 그래서 최근 서구에서는 텔레파시를 연구

하는 초심리학이라든지 영혼의 실체를 규명하려는 심령과학 같은 것이
새로운 과학으로 급부상하고 있다. 하지만 이런 분야의 과학이 궁극적인
연구대상으로 삼는 것도 결국은 인간의 '마음'이라고 할 수 있다. '마음'
의 실체를 밝혀낼 수만 있다면, 우리는 새로운 에너지를 개발해낼 수도
있고, 아울러 윤회의 진실도 밝혀낼 수 있을 것이다.

　나는 전생이나 윤회 등에 대한 태도에 있어 아직은 불가지론자(不可知
論者)에 속한다. 그것은 신(神)이나 천국 등 종교적 개념에 대해서도 마찬
가지다. 내가 관심을 갖고 있는 것은 왜 인간은 늘 고통스럽게 살아가야
하며, 그 고통의 원인이라고 할 수 있는 '인간의 마음'의 정체가 과연 무
엇이냐 하는 문제다.

　인간이 가진 사디스틱한 적개심이나 가학욕(加虐慾)·피학욕(被虐慾) 같
은 것이 인간을 계속 고통으로 몰아가고 있고, 고통에 겨운 인간은 내세
나 윤회나 천국 등의 관념에 의지해서라도 고통을 덜어보려고 한다. 그래
서 나는 대부분의 전생 체험이란 것 역시 따지고 보면 카타르시스 수단
의 하나일 뿐이고, 설사 전생과 내생이 실제로 존재한다 쳐도 현생을 더
복되게 하는 데는 별 기여를 하지 못한다고 생각한다.

　전생을 인정하게 되면 우리가 겪는 고통이 다 자업자득(自業自得)인 셈
이 되어 사회적 모순이나 지배 권력의 횡포 등에 맞서 싸워나가기가 어
렵다. 우리나라에서 특히 종교 산업이 번창하고 내세나 윤회 등에 대한
서적들이 잘 팔리는 이유는, 우리 사회가 오직 '힘'에 의해 유지되는 사회
요 사회정의가 미처 정립되지 못한 불안한 사회이기 때문이다.

　이럴 때 우리는 공자가 말한 "미지생 언지사(未知生 焉知死 : 삶을 아직 모
르는데 어찌 죽음을 알랴?)"를 다시 한 번 상기할 필요가 있다. 그래서 실제
적 삶을 쾌락하고 행복하고 자유롭게 만드는 데 보다 구체적인 노력을

기울여야 한다. 그런 다음에야 우리는 비로소 전생이나 윤회의 문제를 보다 과학적으로 탐구해 나갈 수 있을 것이다.

10 · 귀신 생각

언젠가 MBC TV에서는 〈이야기 속으로〉라는 다큐멘터리 프로그램이 반영된 바 있는데, 실화를 기초로 해서 드라마로 재구성한 것이라 무척이나 재미가 있었다. 〈이야기 속으로〉는 예전에 인기를 끌었던 〈전설의 고향〉처럼 귀신이나 정령(精靈) 등의 얘기를 중심으로, 현대과학으로는 풀 수 없는 불가사의한 신비 체험들을 다룬 것이었다. 하지만 〈이야기 속으로〉에 나오는 얘기들은 〈전설의 고향〉과는 달리 지금 이 순간에도 곳곳에서 벌어지고 있는 일들을 그대로 재현한 것이라서 훨씬 더 실감이 났던 것이다.

과연 귀신은 있는 것일까? 〈이야기 속으로〉에 나오는 얘기들 중 가장 많은 부분을 차지하는 것은 역시 귀신 얘기이다. 특히 부모나 조상귀신에 관련된 얘기가 많고, 부모의 묫자리에 관한 얘기도 많다.

묫자리를 잘못 써서 자손이 재앙을 받았다는 실화가 유난히 많은 걸

보면, 귀신이 확실히 존재하지 않는다고 단정할 수도 없겠다는 생각이 든다. 또한 원한 맺혀 죽은 귀신 얘기도 많은데, 억울하게 죽은 사람들이나 동물의 영(靈)이 천지간에 꽉차 있다는 생각을 하면 소름이 오싹 끼치면서 삶이 더욱 두렵게 느껴진다.

〈이야기 속으로〉에는 또 팔자(八字) 얘기도 많이 나온다. 운명이 미리 정해져 있다는 것을 입증해 주는 사례들이다. 정말 그렇다면 우리는 힘껏 노력해 봐야 아무런 소용이 없다는 절망감에 빠져들게 되고, 운명에 복종하는 것이 상책이라는 체념적 인생관을 받아들이게 된다.

그런데 내가 〈이야기 속으로〉를 보면서 가장 재미있게 느꼈던 것은 부모의 묏자리가 나빠 자손이 재앙을 받다가, 부모의 유골을 화장해 버리고 나니 재앙이 씻은 듯 물러갔다는 실화들이었다. 묏자리가 조상의 유택(幽宅)이라면 부모의 유골을 이장(移葬)하지 않고 화장한다는 것은 대단한 불효가 된다. 그러니까 조상귀신이 더 화를 내 재앙을 갑절로 내려야 할 터인데 오히려 재앙이 없어졌다는 것이다.

여기서 우리는 한 가지 힌트를 얻을 수 있는데, 묏자리가 나빠 자손에게 재앙이 내린 것은 조상귀신이 노해서가 아니라 조상의 시신(屍身)에 남아 있는 미지의 물리적 파동(波動)이 자손에게 영향을 미쳐서 그렇게 됐을지도 모른다는 사실이다. 나쁜 묏자리는 대개 물이 많이 나오는 묏자리로 되어 있다. 그렇다면 요즘 많이 얘기되는 수맥(水脈)의 화(禍)와 무슨 관계가 있을지도 모른다는 생각이 든다.

죽기 전에 저승사자가 나타나 자기를 저승으로 인도해 갔다는 얘기나 꿈속에 조상이 나타나 자신의 운명을 예지(豫知)해 줬다는 실화는 역시 집단 무의식이 투사(投射)된 현상으로 이해해야 할 것 같고, 사주(四柱)가 맞아떨어졌다는 얘기는 유전자와 운명과의 상관관계로 규명되어야 할 것 같다. 나는 인간에게 운명이란 것이 있다면 그것은 거의 유전자 소관이라고 보는데, 앞으로 유전과학이 더 발달하게 되면 우리는 운명을 임의로 조절할 수 있게 될지도 모른다는 생각까지 해보게 된다.

원귀(冤鬼)의 문제는 어떻게 이해해야 할까. 만약 진짜로 원귀가 있다면 인간은 누구나 온전할 수 없다. 매일 우리는 쇠고기, 닭고기, 생선 등 억울하게 죽은 수많은 동물들의 시체들을 파먹고 살기 때문이다. 아니 동물만이 아니다. 뿌리째 뽑혀 죽은 무·배추의 시신(屍身)으로 우리는 매일 김치를 담가먹고 있지 않은가.

사람한테만 영혼이 있고 동식물에겐 영혼이 없다는 얘기를 나는 신용할 수 없다. 그런 생각은 지독히 인간중심주의적인 사고방식이다. 그러므로 원귀의 문제 역시 인간이 갖고 있는 무의식의 투사 현상으로 봄이 옳다. 떳떳하게 살지 못하는 자들이 양심의 괴로움 때문에 원귀를 자주 보게 되는 것이다. 이는 이악스럽게 사는 사람들일수록 종교에 광신적으로 집착하는 것과도 비슷한 현상이다.

한국에서는 유달리 신비 현상이 많이 일어난다. 자질구레한 귀신이나 도깨비 같은 것뿐만 아니라 거대한 신적(神的) 존재들이 기독교의 큰 교회나 다른 종교집회소 같은 곳에 나타나 신비 체험을 불러일으킨다. 비합리적인 봉건윤리가 아직도 뿌리를 깊게 내리고 있는 탓이기도 하고, 폭압적인 인권유린이 여전히 자행되고 있기 때문이기도 하다. 권력에 대한 공포가 광신적(狂信的) 신비 체험을 불러들이는 것이다.

제6장

야한 생각

엉거주춤 발가벗는 척 하지만 말고

홀라당 시원하게 빨가벗고서

너희들 마음속 위선을 털어버려라

모든 사람들에게 가식적

시민의식의 구성원이 되라고 강요하지 말아라

—시 「이 땅의 지식인들에게」 중에서

1 · 야인(野人) 생각

함석헌은 「들사람 얼」이라는 글에서, 역사에 자취를 남긴 들사람(野人)의 예로 소부(巢父)·허유(許由)·장자(莊子)·디오게네스·김시습(金時習) 같은 이들을 든다. 소부와 허유는 요(堯) 임금의 소싯적 친구들인데, 요가 정치에 뜻을 품고 임금이 되자 그를 비웃는다. 그래서 요가 그들더러 자기를 도와 정치 일선에 나서달라고 부탁하자, "에이, 더러운 말 들었군" 하며 귀를 물에 씻었다는 것이다.

장자 역시 정치와 기성문화를 경멸하여 평생을 야인으로 지낸 사람이다. 그는 유위(有爲)보다 무위(無爲)에서 진리를 찾았고 겉치레적인 예(禮)와 도덕을 비웃었다. 그래서 공자 같은 인물은 장자에게 건방진 시혜의식(施惠意識)으로 똘똘 뭉친 위선덩어리로만 보였다. 디오게네스는 그리스의 거지 철학자로 이름난 인물이다. 알렉산더 대왕이 디오게네스의 소문을 듣고 찾아가 소원이 무엇이냐고 묻자, "햇볕을 가리고 섰지 말고 좀 비켜달라"고 했다 해서 유명해진 사람이다.

　김시습을 예로 든 것은 좀 무리라고 생각되는데, 순수하게 비정치적이고 반(反)문화적인 야인은 아닌 것 같기 때문이다. 김시습은 세종의 총애를 받으며 자라다가, 수양대군이 조카 단종을 죽이고 왕위를 찬탈한 것에 분개하여 벼슬길을 버리고 생육신(生六臣)의 한 사람이 되어 초야에 묻힌다. 그러니까 그는 유교적 충효사상에 충실했던 인물이지 정치나 권력 자체를 우습게 본 초탈자(超脫者)는 못 된다. 이 점에 있어 함석헌은 야인(野人)과 야당인(野黨人)을 혼동했던 것 같다. 야인이란 글자 그대로 '야한 본성에 솔직한 인물'이요, 야당인이란 단지 권력을 잡지 못해 투덜거리는 사람일 뿐 반(反)문화적 기인(奇人)은 못 되기 때문이다.

　어쨌거나, 함석헌은 역사가 들사람들에 의해 꾸려져 왔다고 주장한다. 겉보기엔 지배 이데올로기로 무장된 문화인들, 즉 점잖은 엘리트들에 의해 역사가 이끌려간 것처럼 보이지만, 사실은 반문화적 기인 또는 아웃사이더들이 역사의 이면을 지배했다는 것이다.

　함석헌의 말은 맞다. 역사를 정치사로만 파악하지 않을 경우, 인류의 진보엔 문화적인 삶을 산 사람들보다는 반(反)문화적인 삶을 산 사람들, 즉 당대엔 괴짜나 기인이요 아웃사이더로 간주됐던 사람들이 더 큰 영향을 미쳤기 때문이다. 꼭 순수한 아웃사이더가 아니더라도, 김시습같이 의리 있는 은둔자들 역시 소중한 역할을 했다. 그들은 적어도 '정치적 눈치꾼'은 아니었기 때문이다.

　만물이 음양의 법칙에 따라 조화롭게 이끌려가듯이, 인간사회의 안정된 발전은 지배 엘리트와 야인, 문화와 반문화, 보수와 진보, 정신주의와 육체주의 등의 조화로운 상보작용(相補作用)에 의해 이루어진다. 점잖을 빼는 도덕주의자만 설쳐서는 안 되고, 솔직한 쾌락주의자도 활동의 공간을 확보할 수 있어야 한다. 관변단체만 설치면 안 되고, 재야단체도 힘을 발휘할 수 있어야 한다. 또 보수세력 대 진보세력의 형평이 어느 정도 맞아야 한다.

중국 철학사를 보면 어느 시대에나 유가(儒家)와 도가(道家)가 대립한다. 유가가 주장하는 것이 이성적 삶이나 문화적 삶이라면 도가가 주장하는 것은 본능적 삶이나 반문화적 삶이다. 미국이 양당 제도를 확립하여 대통령책임제를 독재의 위험으로부터 구했듯이, 중국철학사 역시 유가와 도가의 대립이 있어 문화독재의 위험성을 막았다. 장자나 양주(楊朱) 같은 기인(奇人)들이 대접받는 사회가 좋은 사회요, 진보세력이 무조건 적대시되지 않는 정치가 좋은 정치다.

그런데 요즘 우리나라 정치계나 문화계를 보면 온통 보수 일색이다. 여당도 보수요, 야당도 보수다. 그 서슬 퍼렇던 진보세력은 다들 어디로 가버렸는지 자취가 희미하다. 다들 '호랑이굴'로 들어가려고만 하지, 호랑이를 무시하거나 초연해할 생각은 하지 않는다. 호랑이의 말단 비서관이라도 돼야 백성을 구제할 수 있다는 생각이 상당수 '진보 성향의 인사'들 머릿속을 지배하고 있다.

문화계도 마찬가지다. 서슬 퍼렇던 진보적 이념문학은 어느새 자취를 감추고 온통 보수적 서정주의 일색이다. 기인은 용납 받지 못하고, 이렇다 할 괴짜도 없다. 다들 품위와 절제만 따지고, 거친 도전이나 실험성은 조악하다고 놀림을 당한다.

진짜 '들사람'이나 '반문화인'이 되기는 사실 어렵다. 하지만 적어도 '야한 기질'을 가진 엉뚱한 반골들이 보수나 수구의 독주에 브레이크를 걸 수 있는 사회 분위기를 마련하는 것은 어렵지 않다. 치졸한 투정이나 반항이라 할지라도 너그럽게 용납 받는 사회, 아웃사이더적이고 반문화

적인 삶이라 할지라도 억압받지 않는 사회, 그런 사회가 바로 민주사회가
아닐까.

2 · 회춘(回春) 생각

  내가 다시 20대의 나이로 되돌아갈 수 있다면 우선 나는 내 겉모습부터 야하게 차리고 보겠다. 요즘 나는 사람들로부터 다음과 같은 항의를 받는 일이 많다. "너는 여자보고는 늘 야하게 꾸미고 다니라고 충고하면서 왜 정작 자신은 전혀 멋을 내지 않고 후줄그레한 차림새로만 다니는 거냐?"

  그러면 나는 사실 대답할 핑곗거리가 별로 없다. 머리카락이 왕창왕창 빠져나가는 중인데다가 나이도 이제 많이 먹었기 때문에 외모에 별로 자신이 없어서라는 투로 대답하기에는, 어쩐지 비겁하다는 생각이 들기 때문이다. 내 나이 정도의 남자들 가운데도 공들여 멋을 내고 다니는 사람들이 얼마든지 많기 때문이기도 하다.

  나는 옷을 살 때 대충대충 적당히 사고, 남성 화장품도 전혀 사용하지 않는다. 이발소에도 물론 가지 않는다. 머리숱이 없어서이기도 하지만 이

발소에서 보내는 시간이 도무지 귀찮고 지루하게만 느껴지기 때문이다. 그래서 그냥 집에서 가위로 적당히 잘라내고 있다.

넥타이도 거의 매지 않기 때문에 가지고 있는 것이 열 개가 넘지 않는다. 가끔 스카프로 멋을 내보는 적도 있는데 선물로 받은 서너 개를 가지고 적당히 목에 두를 뿐이다.

내가 이렇게 멋 내는 데 신경을 안 쓰게 된 것은 20대 때부터 몸에 밴 버릇 때문이다. 20대 시절의 나는 빈약한 신체에 대한 심각한 열등감에 빠져 있었는데, 대학 시절의 내 몸무게가 47킬로그램밖에 안 나갔으니 그럴 만도 했다(키는 175센티미터). 그래서 나는 옷을 많이 입을 수 없는 여름을 극도로 증오했다. 반면에 야하게 차리고 다니는 여자들만 보면 미치도록 흠모하며 죽자 사자 따라다녔다. 아마 내가 하지 못하고 있는 것에 대한 대리적 보상심리 때문이었는지도 모른다.

그렇게 20대의 나이를 보내면서 나는 '야한 차림의 인공미(人工美)'가 지니는 미학적 가치에 대해 어느 정도 철학적 확신을 갖기에 이르렀다. 그런 생각의 결과가 시, 소설, 수필들로 구체화되어 뒤늦게 독자들한테 선을 보이게 되었던 것이다.

대부분의 내 소설들은 인공미(人工美)가 자연미보다 우월하다는 것을 주제로 삼아 그것을 구체적 묘사로 형상화시킨 것이라고 할 수 있다. 요즘도 나는 그런 내용의 글들을 많이 쓰고 있는데, 글을 쓸 때마다 '인공적 치장'에 의해 선천적 약점들을 얼마든지 보완할 수 있다는 사실에 대한 깊은 확신을 갖게 되었다. 그리고 그것은 비단 여자들한테만 해당되는 얘기가 아니라 남자한테도 해당되는 얘기라는 생각을 하게 되었다.

이런 생각을 확신 있게 갖고 있음에도 불구하고, 나는 요즘 그것을 실천으로까지 옮기지는 못하고 있다. 그렇게 해봤자 예쁘게 봐줄 애인도 없을 뿐더러, 어느새 60을 넘은 나 자신에 대해 서글픈 회한을 느끼고 있기 때문일 것이다.

그래서 내가 다시 20대로 돌아간다면 우선 최대로 멋을 내고 싶다. 그렇게 해서 내 신체적 콤플렉스들을 자랑스러운 나르시시즘으로 전환시키고 싶다. 멋을 부리기 위해 우선 나는 머리부터 길게 기르겠다. 사실 나의 20대 시절은 남자들의 장발이 유행할 때였다. 나중에 유신정권이 장발 단속을 벌이기는 했지만, 그래도 마음만 먹으면 얼마든지 머리를 길게 기를 수 있었다.

지금의 나는 머리를 볼 때마다 저절로 한숨이 나온다. 머리카락이 뭉텅뭉텅 빠져나오기 때문이다. 중국제 대머리 치료제를 아무리 발라 봐도 소용이 없다. 하지만 20대 때의 나는 머리숱이 너무 많아서 고민이었다. 그래서 이발소에 갈 때마다 늘 머리숱을 치고 깎아달라고 부탁하곤 했다. 그러니까 그때 내가 머리를 왕창 길렀다면 아주 풍성한 수풀처럼 되었을 것이다. 거기다가 나는 근사하게 파마도 하겠다. 그러면 깡마른 체구와 비교되어 '언밸런스'의 미(美)를 창출할 수 있을 것이다.

바지도 헐렁한 핫바지가 아니라 다리에 꽉 달라붙는 스판텍스 바지 같은 것만 입겠다. 재킷도 어깨에 패드를 많이 집어넣어 내 좁은 어깨를 보강하고 빨간색 우단같이 야한 옷감으로 된 것만 입겠다. 셔츠도 집시풍의 헐렁한 것으로 입고, 아무리 무더운 여름이라도 반소매로 된 것은 절대로 입고 다니지 않겠다.

내가 외모상 그래도 자랑할 수 있는 것은 코와 손이다. 대학 시절에 나는 바보같이 시커먼 뿔테 안경만을 썼다. 내가 지금의 무테 안경으로 바꾼 것은 30대 때의 일이었다. 내가 다시 20대가 된다면 비틀스의 존 레논이 걸치고 있는 동그란 금테 안경이나 패션 안경을 쓰겠다. 그래서 내

오뚝한 코가 더 돋보이도록 하겠다.

그 다음은 손이 문제다. 나는 언제나 여자가 손톱을 길게 기르고 있는 것을 굉장히 좋아하는데, 그건 아마도 나의 기다란 손가락에 대한 나르시시즘적 애정이 여자한테로 투사(投射)되었기 때문인지도 모른다.

우선 손톱을 어떻게 할까? 나도 아예 여자들처럼 손톱을 길게 기르고 매니큐어까지 칠해 버릴까? 에라 한번 그래 보기로 하자. 20대 대학 시절부터 지금까지 나는 내 맘에 들 만큼 손톱을 길게 기르고 있는 여자를 한번도 만나보지 못했다. 나는 기껏해야 내가 쓴 소설의 여주인공들을 '손톱을 무지무지하게 길게 기른 여자'로 만들어 가지고 허겁지겁 탐미적 열정을 충족시켰을 뿐이다.

그러니 여자에게 손톱을 길게 길러달라고 치사하게 구걸하지 말고 내가 직접 길러보기로 하자. 머리도 기르는데 손톱이라고 못 기를 게 뭐냐. 예전에 중국이나 유럽에서는 여자들뿐만 아니라 남자들까지도 다 손톱을 길게 기르지 않았던가.

대충 이렇게 외모를 치장하고 난 다음 나는 한번 진짜 정열적인 연애에 빠져들고 싶다. 내가 20대 때에 한 연애는 서글픈 짝사랑이나 어색한 풋사랑뿐이었다. 그래서 나는 한번 아주 퇴폐적인 사랑에 빠져보겠다. 나의 20대는 대부분 학생 때였으니 돈이 넉넉할 리 없다. 하지만 소주 한 병에 쥐치포 몇 개만으로도 그 순간은 더없이 행복할 것이다.

내가 다시 20대의 나이로 돌아간다면 나는 꼭 슬리핑백과 텐트를 준비하여 애인과 여행을 자주 다녀보겠다. 치사하게 모텔 신세는 지지 않고 청명한 공기 아래서 노숙하며 싱그러운 섹스를 즐겨 보겠다. 낯선 장소에서의 대화는 색다른 사랑의 감정을 느끼게 할 것이다. 기타도 배울 수 있으면 배워 텐트 속에서 그녀와 함께 다정한 듀엣이 되어 아름다운 노래도 부르리라.

하지만 나는 어떤 여자한테든지 그녀와 결혼하고 싶다는 어리석은 희망을 절대로 품지 않겠다. 또 결혼을 보채대는 여자라면 단호히 거절하겠다.

3 · 연애 생각

연애에는 두 가지가 있다. 하나는 '연애를 위한 연애'이고 다른 하나는 '진짜로 사랑에 빠져서 하는 연애'이다. 여기서 말하는 '사랑'이란 물론 정신적 사랑이 아니라 관능적 사랑을 가리킨다.

'연애를 위한 연애'가 사람들이 하는 연애의 대부분을 차지한다. 그것은 하도 굶주리다 보니 마지못해 먹게 되는 음식과도 같은 것으로서, '시장이 반찬'이라는 속담이 그대로 적용되는 것이다.

진짜 사랑은 '관능적 경탄'으로 시작되지 않으면 안 된다. 말하자면 첫눈에 보고 반해야 하는 것이다. 상대방의 학벌이 어떻고, 집안이 어떻고, 직업은 무엇이고, 성격은 어떤가 따위의 문제가 고려되어서는 안 된다. 즉 상대방에 대한 사전지식이 전혀 없어야 한다.

그러므로 누군가의 소개로 만나게 되는 이성은 '진짜 사랑'의 대상이 되기 어렵다. 아무래도 선입관이 작용하기 때문이다. 또 소개를 받는다는 것 자체가 이미 '사랑에 배고픈 상태'를 전제하는 것이므로, 관능적 열정에 의한 순수한 직관이 불가능하다.

'관능적 경탄'은 시각에 의존한다. "상대방과 대화를 나누어 보니 감칠맛이 나더라"나 "상대방과 키스를 해보니 뿅 가게 되더라" 따위와는 거리가 멀다. 그러니까 첫눈에 보고 반하는 사랑은 '상대방의 외모에 대한 경탄'에서 출발할 수밖에 없다. '외모'에는 얼굴뿐만 아니라 키, 헤어스타일, 화장, 옷차림 등이 다 포함된다. '첫인상'이 중요한 것은 그 때문이다.

첫인상이 모든 연애의 성패를 좌우한다. 물론 이성을 바라볼 때, 곰보가 보조개로 보이는 식으로 '제 눈의 안경'의 원칙이 적용될 수는 있다. 하지만 어찌됐든 '첫눈'에 반해야 한다. "자꾸 만나다 보니 얼굴에 정이 가더라"나 "찬찬히 뜯어보니까 고운 얼굴이더라" 가지고는 절대로 안 된다.

'연애'는 '부부생활'과도 다르고 '우정'과도 다르다. 연애는 정(情)에 의해서 진행되는 것이 아니라 오로지 관능적 욕구에 의해서 진행되는 것이기 때문이다.

부부생활은 성격의 조화라든가 속궁합의 일치라든가 가치관의 일치 같은 것이 주된 성공요인으로 작용한다. 우정은 '좋은 의논 상대'라거나 '털어놓고 대화를 나눌 수 있는 사이' 같은 것 등이 그 지속 여부를 결정한다. 하지만 연애에는 그런 요소들이 아무런 작용을 하지 못한다.

연애감정을 지속적으로 불태우기 위해서는 오로지 '상대방의 외모에 대한 관능적 경탄' 하나만 필요하다. 그러므로 오랜 연애 끝에 드디어 삽입성교를 하게 되면 연애는 대개 끝장을 고한다. 속궁합이 안 맞아서도 아니요 권태감이 느껴져서도 아니다. 연애는 그저 '바라보는 것'이어야 하기 때문이다.

물론 연애기간 중에 같이 블루스 춤을 춘다거나 키스를 나눈다거나 스킨십(skinship)을 통한 애무를 즐긴다거나 하는 것은, 연애감정에 불을 더 댕길 뿐 연애를 끝장으로 몰아가지는 않는다. 하지만 삽입성교는 상대방과 이미 한 몸을 이루어(다시 말해서 이미 '소유'해 버려), '군침 흘리며 바라보는 상태'를 유지시키지 못하기 때문에 위험한 것이다.

한 남자와 한 여자가 우연히 만나 동시에 첫눈에 반하게 되는 경우는 극히 드물다. 영화나 소설에서는 그런 경우가 자주 등장하지만 현실과는 거리가 멀다. 대개의 연애는 한쪽에서 일방적으로 홀라당 반해버리는 형태로 시작된다. 따라서 엄밀히 따져 말하면 진짜 연애는 오직 짝사랑뿐이다. 한쪽은 지극정성으로 구애하며 사랑을 하소연하고, 다른 한쪽은 차갑고 냉소적인 눈길을 보내는 상태가 가장 연애다운 상태다. 상대방의 지극정성에 감복하여 사랑을 받아주면 연애는 그 즉시 끝난다.

그러므로 연애는 원칙적으로 비극이다. 사랑을 보내는 쪽에서 보면 상대방이 사랑을 안 받아주기 때문에 비극이고, 사랑을 받는 쪽에서 보면 귀찮은 애물단지가 지긋지긋 괴롭히기 때문에 비극이다. 또 상사상애(相思相愛)하는 사랑이 이루어지고 나면 '관능적 경탄'의 감정이 식어버리기 때문에 비극이다.

그렇기 때문에 진짜 연애소설은 결말을 한쪽의 죽음으로 끝낼 수밖에 없다. 『러브 스토리』나 『춘희』는 여주인공의 갑작스런 죽음이 있기 때문에 남자 쪽의 사랑이 지속될 수 있었다. 『개선문』이나 『폭풍의 언덕』도 마찬가지 경우다. 그런데 지금까지 소설 속에서 남자 쪽이 먼저 죽는 경우는 드물었다. 아마도 작가가 대부분 남성들이었고, 여류작가의 경우라도 수동적 여성상만을 그려서 그랬던 것 같다.

나는 지금까지 '연애를 위한 연애'는 꽤 여러 번 해보았고, '진짜로 사랑에 빠져서 하는 연애', 즉 첫눈에 반해서 하는 연애는 딱 한 번밖에 못

해보았다. 첫눈에 반해서 하는 연애는 물론 짝사랑의 연속이었는데, 한 10년쯤 하다가 그만 끝장이 나고 말았다. 그녀가 나의 사랑을 받아들였기 때문이다.

나는 유미주의자이기 때문에 '연애를 위한 연애'의 상대도 외모를 위주로 골랐다. 하지만 대개는 무언가 미흡한 구석이 한 군데라도 있거나, 관능적 매력이 미칠 듯 풍겨 나오지는 않는 그저 곱상한 외모의 소유자인 경우가 대부분이었다. 그럴 경우 대화가 통한다거나, 술이나 담배 쿵짝이 맞는다거나, 춤이나 애무 쿵짝이 맞는다거나 하는 것 등이 나의 허전한 마음을 달래주었다.

연애를 위한 연애를 한 경우, 구애의 기간을 오래 가져본 적은 별로 없다. 미치도록 반한 것이 아니기 때문에 한두 번 프러포즈해 보다가 안 되면 단념해 버렸기 때문이다.

그래서 '연애를 위한 연애'의 경우는 흡사 '서로 첫눈에 반한 것' 같은 양상으로 시작되는 수가 많았다. 하지만 나중에 가서 생각해 보면 둘 다 '몹시 배고픈 상태'에 있었다는 것이 연애행위를 촉발시킨 주된 요인으로 작용했다는 사실을 알게 되었다.

진짜 연애의 경우는 배가 고프든 고프지 않든 무조건 반해버린다는데 특색이 있다. 또 상대방이 임자가 있든 없든 무조건 돌진하게 된다는 것도 특색이다. 그럴 경우 그 '임자'가 애인이 아니라 남편(또는 아내)이라면 좀 골치가 아파진다. 아직도 우리나라엔 '간통죄'가 시퍼렇게 살아 있기 때문이다. 하지만 임자 있는 여자(또는 남자)라 해도 짝사랑의 대상으로만 즐기면 후환이 없다. 또 그래야만 사랑이 오래간다. 그러나 짝사랑의 고뇌 끝에 자살하게 되는 경우도 있는 것을 보면(『젊은 베르테르의 슬픔』이 바로 그런 경우다), 이래저래 진짜 연애란 골치 아픈 것이다.

그렇지만 평생 동안 진짜 연애를 한 번도 못해보고 죽는다면 그것처럼 큰 비극은 없다.

4 · 사랑 생각

서양에 비하면 동양에서는 성(性)을 죄악시하지도 않았고, 그에 대한 논의도 개방되어 있었던 편이다. 그래서 서양처럼 동성애자 마녀사냥 같은 것도 없었다. 특히 전통적 한방이론에서는 음(陰)을 양(陽)보다도 더 중요시한다. 생식을 주관하는 신(腎)의 기(氣)가 생명유지의 원동력이 된다고 보는 것이다. 또 경락의 분포를 봐도 신(腎)의 지배를 받는 방광 경락이 전체 경락의 70 퍼센트 이상을 차지하고 있기에, 동양에서는 성을 중요시하지 않을 수 없었다.

이렇게 보다 합리적이고 실용적인 동양철학의 기반에서 나는 지금까지 억압된 성의 해방을 주장했던 것이지, 단순한 프로이트주의자로서 무조건적 서양숭배 사조에 빠져 있었던 것은 아니다.

현재 우리 사회의 성 개방 풍조는 진정한 의미의 개방이 아니라, '은폐된 개방', 즉 이중구조를 가진 개방이기 때문에 문제가 있다. 이것은 미국 사회의 이중구조를 뒤쫓는 것으로서, 겉으로는 근엄한 도덕주의를 표방하고 있지만, 실제로는 음성적으로 온갖 성적(性的) 방탕과 퇴폐문화가 판을 치고 있다. 바로 이러한 이중구조의 해체가 내가 진정으로 바라는 성 해방이다.

그렇게 되기 위해서는 성 해방 이전에 '느낌으로서의 해방', '관능적 상상력의 해방'이 절실히 필요하다. 상상력마저 비난의 대상이 된다면 우리의 정신은 완전한 질식 상태에 빠져, 오래 굶다 못해 도둑질하게 되는 식으로 파행적이고 자포자기적인 성적(性的) 일탈행위로 빠져들 수밖에 없다. '성(性)에 대한 표현의 자유'가 절실한 것은 이 때문이다.

일단 '개방'하고 나서 '관리'를 잘하는 것이 중요하다고 나는 본다. 우리나라는 개방도 안 하고 관리도 안 한다. 그러니 모든 것을 '숨어서 잘해봐라'는 식이다. 걸리면 병신이고 재수가 없는 것이다. 정말 눈 가리고 아옹이요, 되는 것도 없고 안 되는 것도 없는 사회라고 볼 수 있다. 매매춘이 불법이라고 하지만 실제로는 음성적 매매춘이 더 활개치고 있지 않은가.

성매매특별법이나 아동청소년보호법은 오로지 명분으로 작용할 뿐, 오히려 성병(性病) 균을 더 퍼뜨리게 하고 있다. 포르노와 성노동(賣春)의 양성화가 오히려 성적(性的) 노이로제와 성 범죄를 줄인 것이 선진국들의 실례다.

사실 인류 역사의 발전과정에서 모든 종교의 교리와 모든 성인(聖人)이 주장한 게 결국 '사랑'인 셈인데, 왜 지금 이 세상이 사랑으로 가득 찬 곳이 되지 못하고 있는가 하는 문제도 여기에 그 원인이 있다고 나는 생각한다. 즉, 사랑을 정신적인 것만으로 받아들인 게 문제의 발단이 되었다.

그러나 이를테면 예수의 사랑은 절대로 정신적이기만 한 사랑이 아니었다. 『성경』을 보더라도 예수는 '터치(touch)'를 무척 많이 하는 걸 알 수 있다. 예수를 사모하는 여성인 막달라 마리아와 갖는 가벼운 페팅 장면 (마리아가 예수의 발을 향유로 씻겨 주고 그녀의 긴 머리털로 예수의 발을 훔쳐 준다)도 그것을 입증한다. 또 하느님이 인간을 빚어 낸 뒤 '땅 끝까지 충만하라'고 했다는 것은 바로 성행위를 전제로 한 말이라고 볼 수 있지 않은가.

이런 기독교가 바울에 의해 정신편향으로 왜곡되고, 콘스탄티누스 황제에 의해 로마제국의 국교로 공인되어 정치와 결탁하게 되면서 '사랑' 자체가 왜곡되기 시작한 것이다. 말하자면 민중을 억압하고 통제하기 위한 수단으로 성(性)을 이용하기 시작했던 것이다.

사랑은 정신과 육체가 하나일 때 실현되는 것이다. 그런데 중세 기독교처럼 육체적 사랑에 대하여 죄의식을 가질 때, 성에 대한 굶주림이 생기고, 그런 성적(性的) 기아증의 대리적 보상행위로서 정신적 명분을 핑계로 한 종교전쟁이나 마녀사냥 같은 집단적 사디즘의 형태가 나타나게 된다.

그러므로 우리는 정신만이 아니라 섹스가 거기에 당연히 포함된, 불구적 사랑이 아닌 총체적 사랑으로 돌아가야만 한다.

그런데 그런 사랑에는 반드시 아름다움의 요소가 들어갈 수밖에 없다. 아름다움이란 사실 1차적으로는 이성에게 성적(性的)으로 어필하기 위하여 존재하는 것이기 때문이다. 그러나 2차적으로는 자기 자신의 마음도 평화롭게 해줄 수 있다는 데 아름다움의 무궁한 효용이 있다.

아름다움을 나 자신에 대한 '건강한' 나르시시즘으로 느끼면 마음이 평화로워지고 심통과 열등감이 사라진다. 그래서 관능적 탐미주의의 보편화는 전 세계를 평화롭게 만들 수 있다. 한국 사람들은 탐미주의의 긍정적 효용가치를 잘 모르고 있는 것 같다. 요즘의 우리나라처럼 모든 게 핏발 선 정치투쟁 일변도로만 나갈 때, 탐미주의 또는 유미주의는 거기에 대한 하나의 처방으로 선용될 수 있다.

이런 생각은 내가 빌헬름 라이히와 오스카 와일드 그리고 파이어스톤 같은 사람들의 생각으로부터 영향 받은 것인데, 그들의 주장을 종합하면 관능적 즐거움과 아름다움에의 욕구가 차단되게 되면 성(性) 억압에 기인한 성적(性的) 울분이 집단적으로 폭발하여 그것에 대한 대리적 보상행위로서 파시즘이나 극우적 민족중심주의 등의 테러리즘이 발생된다는 것이다.

이것은 우리가 평범한 일상생활에서도 늘 경험하게 되는 일이다. 사랑(곧 섹스)이 잘 이루어지지 않을 때 우리는 공연히 신경질을 부리게 된다. 아이들도 마찬가지다. 부모에게 사랑(말로만의 사랑이 아니라 살갗접촉을 수반하는)을 받지 못하고 자라난 아이는 문제아가 될 수밖에 없다. 한국인들은 지금 섹스에 대한 애증병존 심리로 차츰 미쳐버릴 지경에 이르렀다.

5 · 나르시시즘 생각

나는 야한 여자나 야한 남자가 아름답고, 야한 사람이 되려면 '노출증'을 스스로의 나르시시즘으로 즐길 수 있는 사람이 되어야 한다고 생각한다. 그렇다면 일단 겉으로만 흉내 내는 것이 아니라 진짜 마음속 깊이 야한 사람이 된 다음에 구체적으로 어떻게 치장을 해야 하며, 어떤 부분을 노출시켜야 하며, 어떻게 전체적인 멋을 가꿔나가야 이성으로부터 사랑받을 수 있느냐 하는 실천적인 문제가 뒤따른다.

물론 이런 문제들은 모두 다 외관상의 문제에 속하는 것이다. 마음속으로 아무리 야한 사람이 된다고 해도 겉으로 촌티가 더덕더덕 나는 몰골로 이성의 사랑을 받을 수는 없다. 물론 마음이 야한 사람은 '관능적 상상력'이 발달한 사람이게 마련이므로, 누가 가르쳐 주지 않아도 스스로의 외모를 매력적으로 가꿀 수가 있다. 그러나 워낙 사회적 인습의 장벽이 두텁기 때문에, 스스로의 선천적 본능을 아예 망각해 버릴 우려도 없지 않다.

사실 정신과 육체는 따로 분리될 수 있는 성질의 것이 아니다. 그렇기 때문에 정신이 육체를 지배할 수 있는 가능성만큼이나, 육체가 정신을 지배할 수 있는 가능성 역시 큰 것이다. 아무리 마음속이 야한 사람이라도 그것을 겉으로 표출시키는 것에 게을리하다 보면, 완전히 멋대가리 없는 인물로 전락할 우려가 있다. 오히려 겉을 화려하고 관능적으로 치장하다 보면 속까지 야해지는 경우가 더 많다.

특히 우리나라처럼 관능적 치장의 자유를 억압하고 천시하는 사회에서는(물론 멋을 낼 수는 있다. 그러나 역시 한계가 있다), 남보다 조금만 더 '튀게' 화장하고 몸치장을 하다 보면 마음속까지 점점 야해지면서 자유로워져 가고 있는 자신을 발견하게 되는 수가 많다.

그러나 남자들은 그런 기회조차 여자보다 훨씬 더 제한받는다. 그래서 관능적 상상력이 발달한 남자라 할지라도 자신의 천품을 아깝게 썩히게 되는 수가 많다. 대학에서 학생들을 상대하다 보면 남학생이 여학생에 비해 성적(性的) 상상력의 면에 있어 훨씬 둔감하고 답답하게 느껴질 때가 많은데, 그 까닭은 역시 남자들에게는 외모를 치장할 권리가 여자만큼 주어져 있지 않기 때문일 것이다.

그래서 그런지 그들은 돈을 주고 여자를 사서 정액을 배설하는 식의 무지막지한 성행동에는 용감하지만, 성적 유희나 관능적 상상력의 면에 있어서는 여자들에 비해 한결 더 보수적이고 한심하리만치 촌스럽다.

거듭 말하지만 인간은 원래 남녀를 불문하고 '드러내놓고 야해지고 싶은 본성'을 타고났다. 그러나 현대 남성들은 그러한 본성을 턱없이 억압당하고 있다. 그래서 그들은 대개 야한 여성을 질투하고 미워한다. 내가 소설 『즐거운 사라』에서 겉과 속이 다 야한 여자로 형상화한 '사라'가 구속되고 단죄 받은 것도 그런 이유 때문이라고 볼 수 있다.

특히 수구적 봉건윤리에 세뇌된 남자들은 결혼할 때 상대방의 처녀성을 따지고, 결혼한 후에도 계속 의처증에 시달리는 이들이 많다. 여성을 근본적으로 질투하고 있기 때문이다. 그런 남자들은 심지어 자위행위조차 죄의식 때문에 당당하게 하지 못한다. 멋진 사랑을 위해서는 성교 자체보다 관능적 상상력에 의한 성희가 훨씬 중요하다는 것을 모르고 있기 때문이다.

아무튼 그래서 여자는 남자보다 한결 행복하다. 그들에게는 스스로의 '관능미'를 한껏 당당하게 가꿔나갈 수 있는 자유가 어느 정도 보장돼 있기 때문이다.

6 · 성애(性愛) 생각

　나는『성애론(性愛論)』이라는 책을 출간한 바 있는데, 그런 제목으로 나온 책은 우리나라에서는 처음이 아니었나 싶다. 지금까지도 주로 '사랑'이나 '연애'라는 말만 쓰이고 '성애'라는 말은 잘 쓰이지 않는다.
　나는 사랑이나 연애는 '성애'와는 조금 다른 뜻을 내포하고 있다고 본다. 우선 '사랑'은 육체적 의미보다 정신적 의미를 담고 있다. 흔히 얘기되는 하느님께 대한 사랑이나 부모님의 사랑, 조국에 대한 사랑 등이 요즘 쓰이는 '사랑'의 어의(語義)에 가깝다. 물론 '사랑'엔 원래 '육체적 접촉을 통한 사랑'의 뜻도 내포돼 있었지만, 요즘 들어서는 보다 폭넓고 두루뭉수리하게 쓰여 '정신적 사랑'의 의미로 좁혀졌다는 게 내 생각이다.
　'연애' 역시 육체적 의미보다는 정신적 의미를 담고 있다. 물론 연애를 할 때 육체적 접촉을 안 가질 수는 없다. 키스나 애무 등 피부 접촉이 없는 연애란 '짝사랑'에 한정되는 경우가 많기 때문이다.

그러나 현재 우리 사회의 사회윤리로는 연애할 때의 성행위를 어쨌든 표면적으로는 인정하고 있지 않기 때문에, 그 전개 상황이야 어떻든 '정신적 사랑'의 의미에 보다 무게를 둘 수밖에 없다. 이럴 경우에 교환되는 '정신적 사랑'이란 대개 성적(性的) 호기심과 선망감(羨望感)에 바탕을 둔다.

남자의 경우라면 사정(射精)상태가 아닌 발기(勃起)상태가 바로 연애감정에 해당되고, 그래서 연애감정은 안쓰럽게 짜증나는 '성적(性的) 대기상태'의 연속이기 쉽다. 하지만 그런 달착지근한 기다림과 신경질 나는 자제(自制)가 있어 연애행위가 재미있게 느껴지기도 하는 것이다.

'성애(性愛)'는 정신적 사랑의 의미가 배제된 육체적 사랑을 뜻한다. 이럴 경우 동성애냐 이성애냐 하는 문제는 별 상관이 없고, 성교(性交)냐 성희(性戱)냐 하는 문제도 별 상관이 없다. 단지 관능적 쾌감만 확보하면 그만이기 때문이다.

물론 성애의 경우에도 '상대방의 외모에 대한 경탄'이나 '상대방의 지성에 대한 경탄' 같은 게 성충동의 유발 동기로 끼어들 수는 있다. 또 결혼 이후의 성애가 훨씬 더 안정감 있는 오르가슴을 가져다 줄 수도 있다. 하지만 성애는 원칙적으로 동물적 감각과 물리적 자극만으로 이루어진다. 그러므로 가장 순수한 성애는 어린아이의 성애이다. 어린아이는 오로지 핥고 빨고 만지고 비비는 행동에 의해서만 사랑을 표시하기 때문이다.

인간은 태어나서부터 '성애의 충족'을 갈망한다. 그러다가 철이 들기 시작하면서부터 정신적 사랑의 고귀함에 대해 부단히 교육받으며 세뇌된다. 그러면서 성애에 대한 갈망을 연애에 대한 갈망으로 대체시켜 나간다. 하지만 결국에 가서는 성애에 대한 갈망으로 되돌아오게 되는데, 그 결과 이루어지는 것이 '동거'나 '결혼'이다.

그러나 동거나 결혼은 일시적 만족만을 줄 뿐, 곧바로 '권태'의 구렁텅이에 빠져들게 된다. 특히 결혼으로 인한 권태는 그것에 대한 대리적 보상물로 '돈'이나 '명예' 같은 것을 갈구하게 만들고, 그러다 보면 인간은 대개 추하고 탐욕스럽게 늙어간다.

그러므로 인간의 사랑은 원초적 비극성을 지니고 있다. 정신적 사랑과 육체적 사랑을 동시에 만족시킨다는 것이 도저히 불가능하기 때문이다. 하지만 시간이 흐를수록, 다시 말해서 인간들이 도덕적·종교적 멍에에서 벗어나 본능에 더욱 더 솔직해질수록, 사람들은 정신적 사랑의 허울에서 벗어나 '어린아이의 성본능', 즉 성애적 사랑으로 되돌아갈 확률이 높다.

그렇게 되면 연애나 결혼, 또는 정신적 사랑은 성애의 괴상한 형태로 사람들에게 인식될 것이다. 특히 '낭만적 연애 심리'는 일종의 정서 장애나 변태 심리로 치부될 가능성이 높다. 결혼 역시 '계약 동거' 같은 새로운 형태로 변질되는 과정을 통해 구시대의 유물이 될 것이다.

미래를 대비하는 일은 사랑의 측면에서도 필요하다. 연애와 성애를 확실히 구분 짓는 일 역시 미래를 대비하는 일 중의 하나다. 인간의 순수한 행복은 오로지 성애적 사랑으로부터 온다.

7 · 관능적 놀이 생각

가치관의 측면에서 볼 때 인류는 '신본주의(神本主義) 시대'에서 '철학의 시대'로, 그리고 철학의 시대에서 다시 '실용주의 시대'로 옮겨간다고 볼 수 있다. 실증주의(實證主義)를 주창한 콩트는 '철학의 시대' 대신 '형이상학의 시대'라는 말을, 그리고 '실용주의 시대' 대신 '실증주의 시대'라는 말을 썼다. 콩트는 르네상스 이전까지의 서구 역사를 신본주의 시대로 보고, 그 이후를 형이상학의 시대로, 그리고 계몽주의 시대 이후를 실증주의 시대로 보았다. 실증주의의 보급을 통한 미신적 사고의 타파가 가능하다고 믿었기 때문이다.

그러나 계몽주의가 시작된 지 2백 년이 훨씬 지난 지금까지도 실증주의는 완전히 뿌리를 내리지 못하고 있다. 종교는 여전히 큰 힘을 떨치고 있고, 종교적 미신 때문에 실증주의적 가치관의 보급은 차질을 빚고 있다. 이럴 때 우리는 차라리 '실증주의'보다는 '실용주의'에 주목할 필요가 있다. 실용주의적 의도에서라면 종교적 미신까지도 '유용한 놀이'의 범주에 포함시킬 수가 있기 때문이다.

칼 융이 프로이트와 결별한 것은 종교에 대한 두 사람의 입장 차이 때문이었다. 프로이트는 종교를 '무가치한 환상'으로 돌린 반면, 융은 종교도 때에 따라서는 심리치료와 심성계발에 도움이 될 수 있다고 믿었다. 그래서 그는 샤머니즘의 의학적 효과를 긍정하기도 했고, 중국의 점술서(占術書)인 『주역(周易)』의 해석서를 내기도 했다.

물론 미신적 종교는 궁극적으로는 없어져야 할 것이다. 그러나 인간의 사도마조히즘 역시 인간 실존의 한 양상인 이상, 신(神)에 대한 절대복종과 이단(異端)에 대한 절대증오에서 사도마조히즘적 쾌감을 구하는 종교적 최면 효과를 아주 무시할 수는 없다. 사도마조히즘은 종교뿐만 아니라 정치·문화·성 등 여러 영역에 걸쳐 나타나고 있는데, 문제는 어떻게 하면 그것을 '놀이'로 승화시킬 수 있느냐 하는 것이다. 사도마조히즘은 그것이 실용주의적 목적의 '놀이'로 즐겨지지 않고 단지 억압된 욕구(특히 놀이 욕구와 성적 욕구)의 '화풀이 양상'으로 나타날 때 커다란 부작용을 초래하기 때문이다.

종교적 법열감이 '유사(類似) 오르가슴'에 불과하다는 프로이트의 주장은 맞다. 다시 말해서 성적(性的)으로 외로운 사람들이 종교, 특히 신비주의적 종교에 광적으로 빠져들게 된다는 말이다. 이럴 때 종교적 사도마조히즘을 어떻게 하면 성적 사도마조히즘으로 환치(換置)시켜 놓을 수 있느냐 하는 문제가 대두된다. 남녀 간의 대등한 인격을 전제로 하는 기존의 교과서적 성행동 관념은, 사도마조히스틱한 욕구를 만족시켜 주기엔 너무나 싱거운 것이기 때문이다.

이럴 경우 '놀이로서의 섹스' 개념을 적극 활용할 수만 있다면 종교적 광신이 초래하는 부작용을 예방할 수 있다. 동양의 샤머니즘이 갖고 있는 놀이적 성격이 서구의 극단적 경건주의자들이 저지른 '마녀사냥' 같은 비극을 방지해 준 것처럼, '놀이로서의 섹스'에 사도마조히즘을 도입하면 인간이 가진 광신적 종교 성향은 물론 극단적 가학 성향까지도 완화시켜 줄 수가 있다.

이럴 경우 우선 섹스의 신성성(神聖性)에 대한 편협한 집착이 사라져야 한다. 다시 말해서 섹스를 형이상학적 관점에서 바라보지 말고 실용주의적 관점에서 바라볼 수 있어야 한다는 말이다.

지금 서구에서 유행하고 있는 'S·M 클럽'은 사도마조히즘을 성적 유희의 방법으로 적극 활용한다는 점에서 자못 흥미롭다. 'S·M'이란 사도마조히즘의 약자인데, 재미있는 것은 'S·M 클럽'의 단골 고객들이 주로 상류층의 '건전한' 남녀들이고, 그들 대부분이 사디스트 역(役)보다 마조히스트 역을 원한다는 사실이다. 그들은 훈련된 사디스트들에 의해 유희적으로 묶이기도 하고 채찍질을 당하기도 한다.

'유희적'으로 피학(被虐)의 쾌감을 즐긴다는 사실이 중요하다. 진짜로 심하게 때린다거나 고문할 경우에는 성적 쾌감이 아니라 진짜 고통만 느껴질 뿐이기 때문이다.

'S·M 클럽'뿐만 아니라 'S·M 부부'로 계약동거를 하는 일도 은밀히 유행되고 있는데, 이럴 경우 일정 기간을 정해 사디스트 역할과 마조히스트 역할을 교대해 가며 즐기는 커플도 있다고 한다. 'S·M 클럽'에서의 성희(性戲)든 'S·M 부부' 간의 성희든, 생식적 삽입성교는 절대로 안 하는 것이 불문율로 되어 있다.

미래학자들 가운데는 지금껏 정상적인 행위로 인정돼 왔던 삽입성교가 언젠가는 소수의 사람들만이 하는 '변칙적인 성행위'가 될 가능성이 높다고 예측하는 이들이 많다. 어린아이의 성행동은 삽입성교가 아닌 변칙적 성행동(구강성애, 페티시즘, 항문성애, 사도마조히즘 등)으로 가득 차 있는데, 앞으로의 인류는 언젠가 '어린아이의 성 본능'과 '놀이 본능'으로 되돌아갈 가능성이 높다.

어린아이에겐 신(神)이나 형이상학 등의 개념이 있을 수 없고, 오로지 실용적 쾌락욕구만이 그들의 정신과 육체를 지배하고 있다. 그들에겐 노동과 섹스, 그리고 놀이와 종교가 혼연일체로 녹아들어 있는 것이다.

8 · 야한 여자 생각

혼혈적(混血的)인 것은 아름답다. 동양적인 얼굴과 금발로 염색한 머리는 묘한 하모니를 이룬다. 성형수술로 쌍꺼풀을 만들고 코를 높여 동양적인 얼굴을 억지로 서양적인 얼굴로 만든 여성은, 그 어색하고 안쓰러운 조화감 때문에 오히려 관능적 매력을 풍긴다.

짝짝이인 것은 아름답다. 사팔뜨기 여인의 눈은 섹시하다. 좌우의 길이가 다르게 커트한 '언밸런스 스타일'의 머리도 섹시하다. 손톱마다 다른 색깔의 매니큐어를 바른 여인, 특히 새끼손톱이나 엄지손톱을 다른 손톱보다 유난히 길게 기른 여인의 손도 섹시하다. 귀고리를 한쪽만 달거나, 양쪽 귀에 서로 대조적으로 다른 모양의 귀고리를 단 여인도 관능적이다. 왼발과 오른발의 구두를 각각 다른 디자인으로 신은 여인도 관능적으로 보인다.

뾰족하고 날카로운 것은 모두 다 아름답다. 비수처럼 뾰족한 손톱, 송

곳같이 뾰족한 굽의 하이힐, 날카롭게 뻗은 고양이의 수염, 가장자리로 길게 뻗어나간 푸른색의 아이라인 등등.

어쩐지 으스스하고 그로테스크하게 보이는 것은 모두 다 아름답다. 초록색이나 하늘색 또는 흰색으로 염색된 머리카락, 흑장미색의 립스틱을 짙게 바른 여인, 금속성으로 번쩍이는 푸른색 아이섀도를 눈두덩에 넓게 펼쳐 바른 여인, 눈썹을 아예 밀어버린 여자, 젖꼭지에 링을 달아 맨 여자 등등.

불안하고 아슬아슬한 것은 모두 다 아름답다. 얼기설기 끈으로만 매여 있어 금방 흘러내릴 것만 같아 보이는 비키니 수영복 또는 탱크톱 스타일의 야회복, 당신이 눈물을 글썽거려 짙디짙은 눈화장이 엉망으로 얼룩져버릴 것만 같은 위기의 순간, 임자 있는 여자 또는 남자와의 데이트, 팬티 없이 치마나 바지만 입고 다닐 때의 기분.

엿보이는 것은 아름답다. 속이 훤히 비치는 시폰 옷감으로 만든 드레스를 입은 여인, 엉덩이 부분부터 아래로 찢어져 내려오는 롱스커트를 입어 맨살이 슬쩍슬쩍 드러나는 여인, 그 여자가 쓴 엷은 연기빛 선글라스를 통해 들여다보이는 그윽하고 게슴츠레한 눈동자.

양복 깃을 올려 목과 얼굴을 살짝 가린 여자는 아름답다. 머리카락을 늘어뜨려 이마와 두 뺨을 가린 여자도 아름답다. 업스타일의 숏커트로 얼굴을 온통 드러낸 여자는 징그럽다, 무섭다, 너무 비밀이 없다, 엿보이는 것이 없다. 그래서 당당해 보이긴 하지만 관능적이진 않다.

노출이 심한 옷을 입은 여자는 무조건 아름답다. 가슴을 깊게 파 젖가슴을 드러낸 여인, 스판덱스로 된 초미니스커트를 입어 앉아 있을 때 팬티가 살짝살짝 드러나는 여자, 젖가슴 아래부터 골반 바로 위까지 살이 훤히 드러나는 배꼽티를 입은 여자, 젖가슴을 최소한으로 가리고 등을 허리까지 넓고 깊게 판 옷을 입은 여인 등등.

불편한 것, 불편해 보이는 것, 아니 일부러 불편하게 한 것은 모두 다 아름답다. 엄청나게 길게 길러 휘어진 손톱(그녀의 손이 감미로운 권태감으로 불편해 보인다), 무지무지하게 높은 굽의 하이힐, 너무 좁고 꽉 껴 걸어다니기도 불편할 정도의 초미니 타이트스커트, 팔을 움직이기 힘들 정도로 무거운 팔찌, 모가지가 기형적으로 가늘고 긴 여인, 그 여인의 목에 꽉 조이게 매여 있어 목을 마음대로 돌릴 수 없을 만큼 무겁고 폭이 넓은 개목걸이, 두 발목 사이를 체인으로 이어놓아 불편하긴 하지만 우아한 걸음걸이를 도와주는 족쇄 모양의 발찌.

과장적이거나 인공적인 것은 모두 다 아름답다. 칫솔처럼 길고 두껍고 뻣뻣하게 뻗어나간 인조 속눈썹, 머리카락을 미친 듯이 부풀려 올려 머리통이 가분수처럼 커 보이는 여자, 눈 위쪽보다 눈 아래쪽에 더 긴 인조 속눈썹을 붙인 여자, 얼굴에 순백색의 파운데이션을 두껍게 발라 마치 가면을 쓴 것처럼 보이는 여자, 눈에는 금색 콘택트렌즈를 끼고 입술엔 은색 립스틱을 칠한 여자, 땅에 질질 끌릴 정도로 머리카락을 길게 기른 여자, 10센티미터가 넘는 긴 인조 손톱을 붙인 여자 등등.

9 · 성(性) 생각

성(性)은 이제 쾌락에 관련된 문제도 아니요, 윤리에 관련된 문제도 아니다. 그것은 오직 '인권'에 관련된 문제다. 더 부연해서 설명하자면 '행복추구권'에 관련된 문제라고도 할 수 있다.

성을 즐기는 것을 '인권'의 측면에서 바라보는 사회일수록 자유민주주의 체제가 발달돼 있고 사회복지제도 역시 발달돼 있다. 서유럽과 북유럽의 나라들이 여기에 해당된다.

성 자체 또는 성을 즐기는 방법에 대한 '도덕적 선입관'이나 편견, 심지어는 '모럴 테러리즘'이 횡행하는 사회는 대부분 문화적 후진국들이다. 말하자면 상식과 지성이 통하지 않는 사회인 것이다.

문화적으로 후진된 사회일수록 '성'이란 말만 나와도 그 말을 꺼낸 사람은 여러 사람 앞에서 멸시되거나 무시된다. 속으로는 누구나 성을 즐기고 싶어 한다는 사실에 비추어볼 때 이것은 공평치 못하다. 성에 대한 결벽증 또는 '성 알레르기' 현상이 창의력의 억압과 비합리적인 문화풍토의 조성에 왜 그렇게 밀접하게 연관돼 있는지, 그것은 흥미롭기도 하고 짜증나기도 하는 수수께끼이다.

성을 금기시하는 사회에서는 자연히 성과 관련된, 혹은 그런 분위기를 환기시킬 수 있는 단어들을 비속어화(卑俗語化)시킨다. 그리고 그러한 범주의 담론들에 대해서 어쩐지 고상하지 못하고 천박한 것 같은, 심지어 죄스러운 것 같은 인상을 갖게 만든다. 또한 성에 대해 무지하거나 관심 없어 하는 척하는 것이 마치 교양의 척도가 되는 것처럼 느끼게끔 은근히 압력을 가한다.

그런 사회일수록 사회 지도층 인사들은 스스로 완벽하게 도덕적이지도 못하면서 사회 구성원들에게는 가장 완벽하게 도덕적으로 살기를 강요한다. 그들이 강요하는 삶은 육체적이지 않고 정신적인, 즐겁지 않고 무미건조한, 개인주의적이지 않고 전체주의적인 삶이다. 이런 강요는 어쩌면 그들이 이미 육체적으로 노쇠하거나 '품위의 꼭두각시'가 되어 버려, 젊음의 열정을 시샘한 끝에 강구해 낸 교묘한 심술일지도 모른다. 아니면 획일적 통제를 위한 의도적 수단일 수도 있다.

그러나 '개인주의적 쾌락의 추구'라는 시대적 대세는 어느 누구도 거스를 수 없는 것이다. 동구나 구소련이 무너질 수밖에 없었던 것도, 따지고 보면 개인의 쾌락을 억제시켰기 때문이었다.

사실 성을 인권과 관련시켜 논의해야만 하는 사회는 문화적 '촌티'에서 미처 벗어나지 못한 사회다. 그런 사회에서는 불합리한 억압과 자유권의 침해가 도처에 깔려 있기 때문에, 성에 대한 자유를 주장하는 것이 자칫 '사치스런 넋두리'로 몰릴 위험마저 있다. 우리나라에서 이념이 팽배하고 민주화와 인권이 부르짖어지던 1980년대에, 이른바 진보적 지식인들조차 성을 '3S(섹스, 스크린, 스포츠) 정책'의 부산물 정도로만 간주하여 천시했던 것은 그 때문이라고 할 수 있다.

그러나 성에 대한 표현의 자유나 논의의 자유가 보장될수록 개개인의 인권 역시 차츰 신장되어 간 것이 문화적 선진국들의 역사였다는 사실을 우리는 새삼 상기할 필요가 있다. 성에 대한 죄의식이나 편견의 제거는, 신통하게도 곧바로 합리성의 회복과 자유권의 신장으로 이어지는 것이다.

우리 사회 곳곳에는 광신적이고 비이성적인 규범적 잣대들이 너무도 깊숙이 뿌리내려져 있다. 비단 사이비 종교뿐만 아니라 편향된 이데올로기나 국수주의적 전체주의, 그리고 수구적 봉건윤리 등에 나타나는 광신적 현상은, 다원주의를 인정하지 않고 개개인의 자유로운 생각을 억제하려는 데서 나온 것이다. 참된 민주주의는 '자유'와 '다원(多元)' 없이는 이룩될 수 없다. 그리고 인권으로 보장되는 '성적 자유'는 자유와 다원의 실현을 위한 촉매제가 되는 것이다.

이젠 '성의 자유'가 무조건 타락이나 범죄로 간주되어서는 안 된다. 또한 '성적(性的) 표현의 자유' 역시 탄압받아서는 안 된다. 그리고 성 역시 '아는 것이 힘'이지 '모르는 것이 약'은 아니라는 사실이 새롭게 인식되어야 한다. 사실 우리나라는 성범죄 발생률이나 낙태율 또는 10대 미혼모 증가율 등에서 세계에서 수위를 달리고 있다. 이것이 바로 전통윤리를 그토록 강조하는 우리 사회의 이면이다.

성적 대리배설(카타르시스) 수단의 강구, 구체적 성교육 프로그램의 마련 등이 시급히 논의되지 않는 한 우리나라의 성문화는 점점 더 음지(陰地)에서 허우적거릴 수밖에 없다.

무엇보다도 성을 음지에서 양지(陽地)로 이끌어 올리는 일이 필요하다.

지금은 '식욕 중심의 시대'가 아니라 '성욕 중심의 시대' 또는 '성적 대리
배설로서의 놀이 중심의 시대'이기 때문이다.

10 · 사디즘 생각

사람의 공격 성향이 본능적인 것이든 학습에 의한 것이든 간에, 우리는 인류의 역사를 수놓은 수많은 전쟁을 보면서 인간에겐 남다른 공격 성향이 잠재해 있다는 사실을 인정하지 않을 수 없게 된다. 이러한 공격 성향을 '사디즘'이라고 이름붙일 수도 있고 '가학욕구'라고 이름붙일 수도 있다. 그러나 그런 공격성향이 사디즘이나 가학욕구가 아니라 '반골정신'이나 '불복종'으로 나타날 때, 그것은 곧바로 '반항'으로 이어져 인류 역사에 여러 가지 '변화'를 초래하게 했던 것이다. 예수도 그런 반골정신과 반항의식으로 똘똘 뭉쳐 있던 인물이었다.

물론 '반항인'들이 불러일으킨 여러 변화들이 반드시 '인류의 진보'로 이어졌다고는 볼 수 없다. 어떤 때는 발전적 변화가 되기도 했고 어떤 때는 퇴영적 변화가 되기도 했다. 그러나 부단히 반항하는 인간이 없었다면 인류의 역사는 퍽이나 무미건조한 역사가 됐을 게 틀림없다.

인간의 공격성향이 '창조적 불복종'이나 '생산적 반항'으로 이어지지 않고 '단순한 적개심'의 차원에 머물러 역사를 퇴보시킨 예를 우리는 제1차 세계대전 이후의 독일에서 찾아볼 수 있다. 제1차 세계대전의 승전국들은 세계 평화와 질서를 지나치게 강조한 나머지, 전쟁을 일으킨 독일을 가혹하게 징계하여 턱없이 많은 전쟁 배상금을 물게 했다. 그러다 보니 독일 국민들은 엄청난 적개심과 가학욕구를 느낄 수밖에 없었고, 그 결과 히틀러가 범국민적 지지를 받고 등장하여 제2차 세계대전을 일으키고 유대인들을 학살하는 만행을 벌였던 것이다.

반면에 인간의 공격성향이 '창조적 불복종'으로 이어져 발전적 변화를 초래한 예를 우리는 '프로메테우스 신화'와 '이브의 신화'에서 찾아볼 수 있다. 프로메테우스는 제우스 신의 명령을 어기고 인간에게 불의 사용법을 가르쳐 주었고, 이브는 여호와 신의 명령을 어기고 선악과를 따먹음으로써 신권적(神權的) 독재질서로 유지되던 에덴동산에서 탈출해 나올 수 있었다. 또한 코페르니쿠스의 지동설이나 다윈의 진화론, 아인슈타인의 상대성 이론이나 프로이트의 정신분석이론 같은 것들 역시, 기존 학문에 대한 공격성향을 '창조적 불복종'으로 승화시킴으로써 인류 전체의 긍정적 변화를 초래한 실례로 지적될 수 있다.

인간이 갖고 있는 유별난 공격성향은 원시시대 때부터 나타난 게 아니라 공격성향을 자극하는 어떤 계기가 생겼을 때 나타났다. 그런 계기를 만들어 준 것이 바로 집단생활 양식의 정착 이후에 생긴 '지배욕'과 '소유욕'이라고 할 수 있다. 인간은 항상 지배욕과 소유욕에 결박당해 있다. 심리학자 알프레트 아들러는 프로이트의 '성욕 중심설'에 반기를 들어 '지배욕 중심설'을 세웠는데 일리가 있는 얘기다. 인간이 가진 생래적(生來的) 공격성을 완화시킬 수 있는 처방으로 흔히들 '사랑'을 제시하지만, 따지고 보면 그 '사랑'이라는 것조차 소유욕과 지배욕이 심리적 밑바탕을 형성하고 있기 때문이다.

인간이라는 동물이 지배나 소유의 욕구를 다른 동물들보다 특별히 더 많이 갖고 있는 이유는, 인간이 집단을 이루고 사회생활을 하게 되면서 '다른 사람'과 '자기'를 견주며 상대적인 행복감과 박탈감을 맛보는 습관을 굳히게 됐기 때문이다. 사람은 다른 동물들과는 달리 생존과 번식에 필요한 물자나 짝을 소유하는 데 만족하지 않는다. 자기의 목숨을 유지하는 데 꼭 필요하지도 않은 엄청난 물자를 소유하려 하고, 번식에 꼭 필요하지도 않은 수많은 짝을 소유하려 한다. 그리고 타인들로부터 턱없는 사랑과 존경을 받으려 하고, 남에게 자기의 영향력을 행사함으로써 정신적 만족감을 얻으려 한다.

이렇게 서로가 끊임없이 많은 것을 소유하고 지배하려다 보니 자연 이해득실에 따른 충돌이 생겨날 수밖에 없다. 그래서 인간의 과도한 공격성향이 생겨나게 된 것인데, 재미있는 것은 이러한 소유 쟁탈전에서 욕망의 대상이 됐던 물건이 완전히 '파괴'된 다음에는 슬그머니 싸움을 그만두는 일이 반복된다는 사실이다.

전쟁이 바로 그런 경우다. 전쟁의 기본 목적은 상대국가의 영토와 국민을 온전한 상태로 빼앗는 것이다. 그런데도 적국의 영토를 초토화시키고 적국의 국민들을 거의 다 몰살시키고 난 다음에 가서야, 폐허 위에서 승리냐 패배냐 휴전이냐 따위를 결정짓는 일이 흔하다.

이럴 경우 공격욕 자체는 소유욕에서 나왔지만 소유욕보다는 '파괴욕'이 전쟁 수행에 더욱 큰 매력으로 작용했다는 것을 알 수 있다.

그러므로 인간의 소유욕과 파괴욕, 그리고 지배욕은 서로 밀접한 관계를 유지하며 인간의 모든 활동을 추진시켜 나가고 있다. 설사 '숭고한 사랑'이나 '희생과 봉사의 정신'에 바탕을 둔 활동이라 할지라도, 그것의 배후엔 '명예'를 소유하여 타인을 지배하고 복종시키고 싶어하는 심리가 자리 잡고 있다. 남녀 간의 사랑의 경우 "너무나 사랑했기 때문에 결국 죽일 수밖에 없었다"는 핑계를 내세우는 치정적 살인사건이 종종 일어나곤 하는데, 이것은 상대방을 완전히 파괴시켜 소유욕과 지배욕을 한꺼번에 맛보려는 욕구에서 비롯된 것이다.

하지만 인간이 다른 동물들보다 훨씬 더 복잡하고 다양한 생활, 즉 권태롭지 않은 생활을 꾸려나갈 수 있게 된 것은 이런 과도한 소유욕에서 파생된 공격성향을 갖고 있었기 때문이다. 인간은 학문이나 예술 또는 스포츠 등 복잡한 '놀이'들을 개발함으로써, 다른 동물들보다 훨씬 더 재미있는 생존양식을 확보하게 되었다. 그런데 이런 놀이들이 개발된 이면에는, 자기와 남을 비교할 때 생기는 질투심과 사디즘과 공격심이 자리잡고 있었다고 볼 수 있다.

제7장

오늘 생각

혼혈적(混血的)인 것은 아름답다

동양적인 얼굴과

금발로 염색한 머리는

묘한 하모니를 이룬다. 성형수술로

쌍꺼풀을 만들고 코를 높이고

광대뼈를 깎고 유방을 부풀려

동양적인 외모를 억지로 서양적인 외모로

만든 여성은

그 어색하고 안쓰러운 조화감 때문에

한결 야하다. 한결 매력적이다

─시 「민족주의는 가라」 중에서

1 · 상상력 생각

긴 손톱 페티시(fetish)의 판타지는 언제나 나를 아찔한 황홀경 속으로 빠져들게 한다. '아찔한 황홀경'이라는 말 이외에 더 달리 표현할 말이 없다. 내 상상력의 영원히 물리지 않는 메뉴요 주식(主食)인 손톱……. 그러고 보면 여자 입장에서 볼 때 나처럼 상대하기 좋은 남자도 별로 없을 것 같다. 긴 손톱 하나면 언제나 만사 오케이니까 말이다.

차라리 내가 화가가 되었더라면 좋았을 걸 그랬다. 아닌 게 아니라 초등학교 때부터 나는 그림에 꽤 소질이 있었다. 그래서 대학입학을 앞두고 미술대학을 갈까, 국문학과를 갈까 하고 심각하게 망설였다. 결국 미술보다 문학이 더 좋아서 국문학과를 지망하긴 했지만, 요즘 와서 생각해 보니 미술대학이 내 체질에 더 맞았을지도 모른다는 생각이 든다.

미술 하는 사람들을 보면 대개 한 가지 소재만 가지고 한평생을 일관하는 경우가 많다. 어떤 화가는 계속 물방울만 그려대고 어떤 화가는 계속 북한산만 그려댄다. 그런데도 그들에게 소재가 다양하지 못하고 천편 일률적이라거나, 만날 그 타령의 매너리즘이라고 욕하는 비평가를 나는 보지 못했다. 오히려 '일관성이 있다'든지 '진지하고 집요한 추구'라는 등 의 칭찬을 퍼부어대는 경우가 많다. ……왜 그럴까?

내가 만약 화가가 되었더라면 여자의 누드도 실컷 그리고(홀딱 벗고만 있는 싱거운 누드가 아니라 주렁주렁 매달린 피어싱 장신구나 긴 머리카락 등의 페티시를 강조한) 특히 하이퍼리얼리즘(hyperrealism, 極寫實主義)의 기법을 써서 여인의 긴 손톱을 이 각도 저 각도로 많이 그렸을 것이다. 그러면 칭 찬을 듣지는 못한다 해도 적어도 욕은 안 들어먹을 수 있겠지. 그런데 왜 시나 소설을 쓸 때 긴 손톱을 관능적 판타지의 소재로 사용하면 다들 고 개를 흔들어대는 걸까.

아직까지 내 시와 소설을 칭찬해 주는 비평가를 나는 보지 못했다. 아 예 언급을 꼬불치거나 피식 웃고 만다. 아직 욕을 안 얻어먹은 것만도 감 지덕지 고마워해야 할 형편이다. 아무래도 문학과 미술은 그 성격이 다르 고, 문학은 예술이라기보다는 인문학으로서의 성격이 더 강하다고 볼 수 도 있겠다.

그렇지만 역시 상징적 상상력이 중요한 구성요소로 작용하는 것은 미 술이나 문학이나 마찬가지일 것이다. 상상력이 개입하지 않는 문학이 과 연 존재할 수 있을까? 설사 백보 양보해서 문학이 예술보다 인문학이나 사상의 영역에 더 가깝다고 해도, 여전히 상상력은 가장 중요한 밑거름이 된다. 학문이건 과학이건 사상이건 상상력이 먼저다. 상상력에 의한 직관 적 인스피레이션에 의해 유추작용이 일어나고, 그 유추를 통해 가설을 세 우고, 그것을 합리적이고 논리적인 방법으로 증명하려고 '노력'하는 것이 바로 학문이나 과학이 아닌가.

뉴튼은 사과가 떨어지는 것을 보고 만유인력 이론의 착상을 얻어냈다고 한다. 그때 그의 머릿속을 스쳐간 것은 어려운 물리학적 공식이 아니라 일종의 '상상적 인스피레이션'이었으리라. 아인슈타인도, "과학에 앞서 상상력이 있다"라는 말을 했다. 그는 시간의 상대성을 설명하면서 미운 여자와 함께 앉아 있는 한 시간은 마치 열 시간처럼 느껴지고, 예쁜 여자와 함께 앉아 있는 열 시간은 한 시간처럼 느껴진다고 했다.

그러한 일상적 체험에서 발원된 상상적 직관에 의해 그가 상대성 원리의 연구를 시작하게 됐는지도 모르는 일이다. 『장자(莊子)』라는 책 첫 장에 보면 대붕(大鵬)과 굴뚝새의 비유를 통해 크기의 상대성을 상징적으로 설명하고 있는 대목이 나온다.

엄밀히 말해서 완전히 객관적이고 논리적인 학문이나 사상체계는 없다고 볼 수 있다. 하이젠베르크의 '불확정성 원리'도 그것을 증명해 준다. 빛이 입자(粒子)냐 파동(波動)이냐 하는 문제는 예전부터 물리학자들 간에 큰 논란거리였다. 그런데 불확정성 원리에 따르면 빛이 입자라고 해도 과학적 논리에는 전혀 하자가 없고 파동이라고 해도 역시 하자가 없다. 둘 다 실험적으로도 완벽하게 입증된 사실이기 때문이다.

그러므로 '논리적'이란 것이 따로 있을 수 없고 따라서 '과학적'이란 것도 따로 존재할 수가 없다. 오직 불가지론적(不可知論的) 융통성을 기초로 한 상상력만이 존재할 뿐이다. 문학이 미술보다 논리적 요소나 사상적 요소를 더 많이 갖는 것이고, 독자에게 좀더 고매한 인생의 교훈이나 이념을 줄 수 있는 장르라는 사고방식에 나는 절대로 동의할 수 없다.

2 · '노인의 성(性)' 생각

　모든 것이 개방화되어 가고 있는 현 시대의 추세에 비추어볼 때, 청소년의 성문제나 여성의 성문제만큼이나 심각한 문제로 제기되는 것이 바로 노인(老人)의 성문제이다. 소설을 보나 영화를 보나 에로티시즘을 소재로 한 작품들은 모두 한창 혈기왕성하고 정력적인 남성을 주인공으로 내세우고 있고, 여주인공 역시 가장 아름답고 건강미 넘치는 나이의 여성이 대부분이다. 그래서 늙은 사람은 더욱 소외감을 느끼게 되고, 외롭고 쓸쓸하고 성(性)에 배고파하게 된다.

　아시아에서 두 번째로 노벨문학상을 수상한 『설국(雪國)』의 작가 가와바타 야스나리(川端康成)가 돌연한 자살로 생을 마감했을 때, 모든 매스컴은 문학가로서는 가장 영광스런 자리에 오른 가와바타가 왜 자살할 수밖에 없었느냐 하는 문제에 비상한 관심을 집중시켰다. 1899년생이었던 그는 1968년에 노벨문학상을 받았고, 1972년에 도시가스의 호스를 입에 물고 자살했다. 일흔세 살의 나이였다.

그는 그저 가만히 있기만 해도 문단에서 영예로운 대접을 받을 수 있는 위치에 있었고, 또 꼭 자살을 안 한다 하더라도 얼마 있으면 죽을 수밖에 없는 고령의 나이였다. 그런데도 그는 충동적인 자살을 시도하고 만 것이다. 그 이유에 대한 여러 가지 추측이 난무했으나, 결국 밝혀진 것은 가와바타가 가정부로 있던 어느 젊은 여자를 짝사랑하다가 그 사랑을 이루지 못해 자살을 강행하고 말았다는 것이다.

가와바타는 1960년에 『잠자는 미녀』라는 소설을 발표한 바 있다. 소설의 내용은 노인의 성(性)을 다룬 것인데, 잠자고 있는 젊은 여인을 바라보며 느끼는 시각적(視覺的) 즐거움에 의지하여 성적(性的) 욕망을 충족시키는 노인의 성 심리를 그리고 있다. 성적으로 불능이 되어버린 노인에게 있어 육체관계에 의한 성욕의 충족은 바랄 수 없다. 그러니까 의지할 수 있는 것은 오직 시각뿐인 것이다. 하지만 그 소설의 주인공은 '보는 것'만을 통해서도 관능적 상상력의 힘을 빌려 심리적 카타르시스의 효과를 얻는 것으로 되어 있다.

가와바타의 『잠자는 미녀』와 비슷한 내용으로 된 작품으로, 가와바타와 비슷한 연배의 작가인 다니자키 준이치로(谷崎潤一郎)가 쓴 『미친 노인의 일기』라는 게 있다. 이 작품 역시 다니자키 만년(晩年)에 씌어진 소설인데, 이 소설에서는 어느 노인이 젊은 며느리의 '발'을 들여다보거나 만지면서 느끼는 성적 충족감을 그리고 있다. 그래서 집안 식구들은 노인이 미쳤다고 생각하고 정신병원에 입원시키기까지 한다. 그러나 노인은 자기의 정신은 멀쩡하다고 항변하면서, 그러한 성 심리의 전개 과정을 일기체로 적고 있는 것이다. 그 노인은 유언장에다가 며느리의 발을 석고로 떠서 비석 대신 자기 무덤 앞에 세워 놓아 달라고까지 한다.

만년의 가와바타나 다니자키가 남들 보기엔 '주책없는 늙은이'에 불과할지 모르겠지만, 그들은 인간이 늙어 죽는 날까지 '사랑'에 매달리는 것은 지극히 당연한 일이라고 주장하고 있다. 그러다가 가와바타는 서글픈 짝사랑에 실심하여 자살하기까지 했다. 정말 '주책없는 짓'을 한 셈이다.

그러나 내가 보기에 그가 보여준 행동은 지극히 순수한 것이요, 지극히 자연스러운 것이었다. 20대 청춘 남녀가 사랑의 열병 때문에 괴로워하는 것과 똑같이, 70대 노인들 역시 사랑의 열병을 앓을 수 있기 때문이다.

사랑은 섹스이다. 그렇지만 섹스가 곧 삽입성교를 중심으로 하는 육체관계만을 의미하는 것은 아니다. 섹스는 보는 것일 수도 있고 듣는 것일 수도 있다. '포근한 사랑의 충족감'을 느낄 수만 있으면 모든 것은 다 섹스가 된다. 삽입성교만이 섹스라는 관점에서 본다면 노인의 비생식적 섹스, 특히 가와바타와 다니자키의 작품에서 보여주고 있는 관음증적(觀淫症的) 섹스나 페티시즘(fetishism)적 섹스는 변태성욕이 되고 감질 나는 대리충족이 된다. 그러나 우리가 섹스를 보다 폭넓게 바라보는 아량과 포용력을 가질 수 있을 때, 그런 섹스는 본능의 '건강한 카타르시스'가 될 수도 있는 것이다.

급진적 성해방 이론에서는 언제나 젊은이들의 섹스만이 논의의 대상이 되는 수가 많다. 그렇다면 결혼제도를 개선하고 순결 이데올로기를 깨어 부순다고 해도 사람의 일생에 걸쳐 지속되는 성의 해방은 제대로 이루어지기 어려울 것이다. 현재 당연시되고 있는 '힘' 위주의 성적(性的) 관습들을 차츰 개선시켜 나가면서, 성의 대리충족적 카타르시스 작용의 힘을 빌려 남녀노소 누구나 성적 배고픔으로부터 벗어날 수 있는 길을 모색해 봐야 한다.

사랑 문제에 있어 가장 소외된 계층이라고 할 수 있는 노인의 성문제에 우리가 보다 자상한 관심을 기울일 때, 청소년의 성문제나 여성의 성문제는 해결의 실마리를 찾을 수 있다고 나는 생각한다. '음습한 쾌락'이 아니라 '당당한 쾌락'에 바탕을 두는 에로티시즘 예술(포르노 포함)의 개발은 그래서 필요하다. 소설이든 영화든 그림이든, 모든 예술적 카타르시스는 대개 관음증이나 페티시즘을 비롯한 비생식적(非生殖的) 섹스에 바탕을 두고 이루어지기 때문이다.

3 · '윗물' 생각

요즘 중·고등학교에서의 학생 폭력이 자주 얘기되고 있다. 이제는 선도 차원을 넘어 처벌 차원으로 가야 하고 강력하게 사법처리를 해야 한다는 주장이 상당한 설득력을 갖고서 여론에 먹혀들어가고 있는 것 같다. 그리고 학생들이 그렇게 폭력을 휘두르게 된 데는 이른바 음란한 책이나 잔인한 내용의 책, 특히 일본 만화 같은 것이 큰 원인으로 작용한다는 설이 별 검증도 없이 유포되고 있다.

하지만 나는 그런 피상적 진단보다는 훨씬 더 근본적인 진단이 청소년 문제에 적용돼야 한다고 본다. 결론부터 말하자면, 일부 교사들이 학생들에게 휘두르는 언어적 폭력이 근절되지 않고서는 학생들 사이의 폭력을 없앨 수 없다고 생각하는 것이다.

모든 교사들이 다 그런 것은 아니지만, 상당수의 교사들이 학생들에게 거침없이 언어적 폭력을 행사하고 있다. 그들이 학생들에게 행사하는 언어적 폭력에는 단순한 핀잔이나 훈계뿐만 아니라 '거친 욕설'도 들어간다. 이른바 '사랑의 매'라는 그럴듯한 핑계로, 일부 교사들은 학생들의 인격을 마구 모욕하며 상식 이하의 언어폭력을 휘두르고 있는 것이다.

"윗물이 맑아야 아랫물이 맑다"는 속담은 이젠 진부한 잔소리로 받아들여질 만큼 흔해빠진 말이 되었다. 하지만 교육 문제에 있어 이 말만큼 소중한 말은 없다. 아니, 교육 문제뿐만 아니라 정치·사회 문제에 있어서까지도 이 말은 변함없는 교훈을 준다.

사회 지도층 인사들이나 정치가들이 저지르는 위선과 부패를 없애지 않고서 국민들의 도덕성 타락만 나무란다는 것은 말도 안 되는 얘기다. 마찬가지로 교사들의 언어적 폭력을 그대로 방치하면서 학생들만 나무란다는 것 역시 말도 안 되는 얘기다.

얼마 전에 나는 한 고등학생 독자가 보내온 편지를 받았는데, 학교에 다니기 힘든 고통을 하소연하고 있었다.

그 학생은 학생들의 폭행 때문이 아니라 몇몇 교사들의 언어 폭력과 '공포 분위기 조성' 때문에 치를 떨고 있었다. 당장 학교를 그만두고 대학 입학 검정시험을 준비하고 싶은 심정이라고 했다. 그 학생이 내게 그런 편지를 보내게 된 이유는 내가 낸 문화비평집 『사라를 위한 변명』(열음사 간)에 실린 「선생님들, 학생은 아랫사람이 아닙니다」라는 글을 읽고 공감을 해서였다.

중·고등학교에서나 대학에서나 우리나라의 교육자들은 학생을 '아랫사람' 취급하는 경향이 있다. 우리 사회가 오랫동안 군사문화에 찌들어 있었기 때문인지, 교사나 교수들은 학생들에게 거친 반말을 하기 일쑤고 마치 군대의 상사가 부하를 대하듯 권위주의 일변도로 대하는 것이 예사다. 이런 척박한 풍토에서 학생들한테만 신사적 매너를 요구한다는 것은 어불성설이 아닐 수 없다.

청소년들의 성적(性的) 탈선 문제 역시 마찬가지다. 이른바 음란한 서적이나 영화를 몇 편 봤다고 해서 그 학생이 책이나 영화 속에 나오는 행동을 모방하는 것은 아니다. 만약 정말 그렇다면 언론의 자유와 표현의 자유는 철저히 부정될 수밖에 없고, 신문조차 없애야 할 것이다. 신문에도 날마다 성범죄나 폭력 사건이 실리고, 선정적인 내용의 화보도 자주 나오기 때문이다.

또 청소년들만 '모방 충동'을 갖고 있고, 성인들은 괜찮다는 발상도 우습다. 만 18세까지는 다 어리석고 19세부터는 다들 곧바로 현명해진다는 식의 발상도 우습거니와, 미성년자라는 개념조차 문제가 많은 개념이기 때문이다. 18세기까지만 해도 청소년 개념이 없어 아이가 아니면 어른이었다. 그래서 10대 중반만 돼도 곧바로 성경험을 했는데, 발육이 훨씬 빨라진 요즘 청소년들을 무조건 '아이' 취급한다는 것은 말도 안 되는 억지다.

청소년의 탈선이든 성인의 탈선이든, 탈선의 진짜 원인은 책이나 영화 몇 편이 아니라 다른 데 있다. 청소년의 경우라면 가정이나 학교에서의 권위주의적 억압과 어른들의 이중적 위선에 대한 반발이 진짜 원인이고, 성인의 경우라면 사회 지도층이 보여 주는 부도덕한 처신과 이중적 위선, 또는 가정 내에서의 불화나 직장 안에서의 상명하복 식 억압이 진짜 원인이다. 이런 사실을 무시하고 무조건 처벌 위주로 나간다거나, 애꿎은 문화예술에다 평계를 돌리는 것은 진정 촌스럽고 후안무치(厚顔無恥)한 짓이 아닐 수 없다.

'마녀사냥' 식의 호들갑스러운 '칼 휘두르기'로 사태의 본말을 호도하는 관행은 이젠 정말 시정되어야 한다.

4 · 사치 생각

근대 시민사회가 이루어진 것은 '산업기술의 발달'과 '사치와 여가의 증대' 때문이다. 산업기술의 발달로 말미암아 소수의 귀족들에게만 공급되던 물건의 대량생산이 가능해졌고, 일반 서민들도 어느 정도 사치를 누릴 수 있게 되었다. 그런 사치욕구의 발로가 여가의 증대와 맞물려 '일할 의욕'을 만들어냈고, 그것은 '소비의 미덕'으로 이어져 유통의 발달을 촉진시켰다.

'사치 욕구'나 '여가선용 욕구'는 성(性)과 관련이 깊다. 예컨대 옷의 경우, 고급품일수록 선정성을 띠게 된다. 이것은 우리가 파리나 밀라노의 하이패션을 보면 금세 알 수 있는 일이다. 피에르 가르댕이나 엠마뉘엘 웅가로, 또는 라크루아나 갈리아노의 패션쇼를 보면 사치스런 선정성으로 가득 차 있다.

그리고 여가선용은 거의 성적(性的) 대리배설로서의 '놀이'로 이루어지는데, 사교춤이나 테크노 댄스 등이 좋은 예라고 할 수 있다. 그러므로 '사치의 대중화'나 '성적(性的) 대리배설의 대중화'가 곧 '민주화' 및 '사회복지의 증대'라고도 볼 수 있는 것이다.

민중들은 그들이 영원히 '민중'으로만 머물기를 바라지 않는다. 그들은 신분상승을 이룩해 '귀족'이 되기를 원한다. 따라서 대중적 귀족의 출현을 인정하고 대중적 사치를 인정하는 사회는 경제발전의 속도가 빠른 반면, 민중들을 계속 검약(儉約)과 절제의 윤리로만 순치(馴致)시키는 사회는 경제가 침체될 수밖에 없다. 사치스럽고 귀족적인 소비가 인정되지 않는 사회구조 속에서는 일반 대중들이 땀 흘려 일하려고 하지 않기 때문이다. 구소련이나 동유럽국가들의 경제가 붕괴된 이유는 바로 여기에 있다.

"민주주의 없는 자본주의는 성공할 수 없다"는 말이 있다. 여기서 말하는 민주주의란 철저한 의회정치와 자유시장경제 원리가 실천되고, 동시에 개인의 욕망이 인정되는 것을 가리킨다. 소수의 지배 엘리트에게만 정치적 결정권이나 '문화적 사치', 그리고 욕망의 배설이 허용되는 사회는 민주주의 사회가 아닌 것이다.

러시아 경제의 미래가 중국 경제의 미래보다 결국은 밝을 것이라고 예측하는 경제학자들이 많은 것은 이런 이유 때문이다. 중국은 지금 관료독재에 의한 통제경제가 먹혀들어 러시아보다 안정된 경제구조를 이루고 있다. 그러나 정치적 민주화나 표현의 자유, 그리고 개인적 사치욕구나 성욕의 인정 면에서 볼 때는 러시아가 중국보다 앞선다. 그러므로 종국에 가서는 러시아가 중국보다 잘살게 될 거라고 보는 것이다.

한국의 경제가 어려워지게 되니까 '대중적 사치'를 희생양으로 삼으려는 캠페인이 우리 사회 곳곳에서 벌어지고 있다. 정치인들이 저지른 '잘못은 하나도 없고, 모든 생활고(生活苦)의 원인은 오직 대중들이 사치와 낭비를 해서라는 것이다. 지도자들은 아무런 책임도 지려 하지 않고, 국민 각자에게 '내 탓이오'를 외치라고만 강요한다. 이래 가지고서는 사태의 근본적 해결이 이루어질 수 없다.

한국의 대중 경제가 파탄에 직면하게 된 것은 아직도 조선시대 식 '양반(兩班) 독재'의 망령을 버리지 못하고 있기 때문이다. 자유시장 원리를 인정하지 않고 개인의 욕구를 인정하지 않는다. 그러다 보니 구시대의 관료주의적 악습이 사회 곳곳에 스며들어 건강한 사치 욕구와 여가 선용 욕구가 지하로 숨어 들어가게 되었다. 지하화(地下化)된 사치 욕구는 개인의 창의성과 아이디어를 양성화하지 못하고 오로지 '음성적 도피'에 머물게 한다.

우리나라 경제가 관료독재적 '규제' 때문에 멍들게 됐다는 것은 이젠 누구나 인정하는 바다. 그렇다면 이제부터라도 쓸데없는 규제를 모든 방면에 걸쳐 없애버려야 한다. 특히 '문화적 규제(또는 검열)'의 독소(毒素)는 심각하다. 다양한 '문화상품'이 갖고 오는 경제적 · 심리적 이득이 만만치 않기 때문이다.

막연하게 외쳐지는 '사치풍조의 척결'은 그래서 위험하다. 부가가치가 높은 문화상품들은 모두 다 어떤 요소로든 사치 욕구와 결부되어 만들어지기 때문이다.

5 · 전쟁 생각

　어니스트 헤밍웨이는 제1차 세계대전이 끝난 후『무기여 잘 있거라』를 써서 크게 성공했다. '무조건 전쟁은 싫다'가 주제인 셈인데, 그래서 이 소설의 주인공은 탈영병이 되어 애인과 함께 스위스로 도망친다. 그런데 그 뒤에 헤밍웨이는 일종의 변절을 했다. 제2차 세계 대전 중에 발표한『누구를 위하여 종은 울리나』가『무기여 잘 있거라』와는 정반대의 내용으로 되어 있기 때문이다.

　스페인 내전을 소재로 한 이 소설에서, 주인공은 자유를 위해 싸우다가 장렬하게 죽어간다. 평론가에 따라 이 작품에 대한 가치평가가 엇갈리고 있는데, 어떤 이는 이 소설을 헤밍웨이의 대표작으로 치기도 한다. 하지만 나는 이 소설이 헤밍웨이의 작품 가운데 가장 졸작이라고 본다. '명분을 핑계로 한 마조히즘으로서의 자기희생'을 주제로 내세우고 있기 때문이다. '싸운다는 것' 자체가 미화되어서는 절대로 안 될 터인데도, 헤밍웨이는 그 뒤에 다시 대어(大魚)를 잡으려고 사투하는 늙은 어부를 찬양한『노인과 바다』를 썼다. 아니, 물고기가 대체 무슨 죄가 있나?

　명작으로 정평이 나 있는 앙드레 말로의 장편소설『인간의 조건』도 이와 비슷한 내용으로 되어 있다. 이 작품 역시 '끊임없는 싸움'과 '고난의 의미'를 주제로 삼고 있기 때문이다.『인간의 조건』은 자신의 정치적 신념을 관철하기 위해 용감하게 싸우다가 자살하는 혁명가의 얘기를 담고 있는데,『누구를 위하여 종은 울리나』나『인간의 조건』이나 쓸데없는 테러리즘을 옹호한 소설이라고 볼 수밖에 없다. 아무리 좋은 명분을 갖다 대더라도, 남을 죽이거나 자기를 죽이는 것은 테러리즘이 될 수밖에 없는 것이다.

　중국에서는 예부터 '삼십육계 주위상계(三十六計 走爲上計)'라는 말을 좋아했다. 싸울 때 쓰는 서른여섯 가지 계책 가운데 도망가는 게 제일 상책이라는 뜻이다. 이런 '삼십육계'의 정신을 소설화한『무기여 잘 있거라』가 '용감하게 싸우기'나 '고난을 참고 받아들이기'를 주제로 한 작품들보다 훨씬 더 한 수 위라고 나는 생각한다. 나는 이 점에 착안하여「평화」라는 제목의 시를 쓴 바 있는데, 그 시의 전문을 한번 소개해 보기로 한다.

　　두 나라가 서로 전쟁을 한다
　　이쪽 군대가 비겁하게 도망간다
　　저쪽 군대도 비겁하게 도망간다
　　한쪽은 용감하게 싸우고
　　다른 쪽은 도망가면
　　그쪽은 비겁한 군인이 되지만

두 편 다 도망가면 둘 다 비겁하지 않다

용감해져라 용감해져라 하지 마라

용감보다는 비겁이 평화주의자

서로 다 도망가면

두 쪽 다 비겁해지면

전쟁은 없다

6 · '막연한 불안' 생각

1996년 가을에 출간한 내 네 번째 장편소설의 제목은 『불안』(2011년 개정판 제목은 『페티시 오르가즘』)이다. 맨 처음에 쓴 장편소설은 제목이 『권태』였다. 아무리 허구적 소설이라도 글을 쓸 당시의 작가의 심리상태가 반영되게 마련이기 때문에, 특히 두 글자로 된 관념적 단어를 가지고 제목을 삼은 위의 두 소설은 제목부터 벌써 내 심리를 그대로 드러내고 있다.

지금 생각해 보면 『권태』는 그래도 지금보다는 행복했던 시절에 씌어진 작품이었다. 적어도 감옥살이 체험이나 지긋지긋한 소모전에 불과했던 3년 가까운 재판('달걀로 바위 치기'라는 말의 참뜻을 그때 알 수 있었다), 그리고 뼈아픈 실직(失職)의 체험 같은 것은 없었기 때문이다. 『권태』를 쓴 1989년만 해도 그런 정도의 고통은 없었다.

하지만 어떤 내용의 문학작품이든, 모든 문학작품은 '작가의 하소연'의 범주를 벗어나지 못한다. 말하자면 살아가기가 어렵고, 사랑하기가 어렵고, 복잡한 인간관계에 지치고 하다 보면 작가가 화풀이 겸 넋두리로 배설해 내는 게 문학작품이란 얘기다.

『권태』는 내가 '사랑에 지쳐있을 때' 쓰게 된 소설이었다. 나는 그때 결혼생활 3년 만에 별거에 들어간 상태에 있었고, 긴 연애 끝에 한 결혼의 결과가 너무나 허망한 좌절감을 심어줬기 때문에 '사랑'에 대한 회의와 갈등에 휩싸여 있었다. 그래서 결국 별거할 수밖에 없게 된 것이 '권태감' 때문이었다는 결론을 내리고, 권태의 심리를 소설로 추적해 봤던 것이다.

『권태』 이전에 낸 책들의 제목은 『나는 야한 여자가 좋다』, 『가자, 장미여관으로』, 『사랑받지 못하여』 같은 것들이었다.

그러니까 나는 '야한 여자'를 너무나 그리워하다가 드디어 그런 여자를 만나 '장미여관'에 갔고(즉 결혼했고), 그런데도 '사랑받지 못하여', '권태'에 빠져버린 셈이 되었다. 사랑은 서로 주고받을 때 비로소 가능해지는 것이기 때문에, '사랑받지 못하여'도 내 심정을 상징적으로 대변해 주는 제목이었다는 생각이 든다.

어쨌든 그때는 '사랑 문제'가 내 머릿속을 꽉 채우고 있었고, 그래서 나는 소설이든 시든 논문이든 다 사랑 문제(또는 사랑의 본질이라고 할 수 있는 성 문제)를 테마로 다룰 수밖에 없었다.

그런데 그 뒤 『즐거운 사라』 필화사건을 겪고 직장에서도 잘리고 나니까, 사랑 문제는 내게 있어 영원한 신기루처럼 느껴지는 것이었다. 말하자면 '성욕'보다는 '식욕'이 더 우선이라는 생각을 다시 한 번 해보게 된 것이다.

물론 내가 겪은 괴상한 변고에는 '명예욕'의 요소도 끼어 들어간다. '명예의 실추'는 지식인에게 있어 밥 못 먹고 섹스 못하는 것 못지않게 충격을 주기 때문이다. 어쨌든 나는 직장을 잃고 명예를 실추당하다 보니 사랑을 할 엄두를 못 냄과 동시에 세상살이 자체가 그저 '불안'하게만 느껴지는 것이었다. 그래서 집필하게 된 것이 일종의 철학적 인생론인『비켜라 운명아 내가 간다』와 장편소설『불안』이었다. 말하자면 '운명의 불안'을 장르를 달리하여 두 권의 책으로 표현해 본 셈이다.

물론 그 이전에도 '불안'에 대해 생각해 본 적은 많았다. 특히 실존주의 문학에 빠져 있을 때는 '실존적 불안'이라는 테마가 몹시도 내 마음을 끌어 그것을 주제로 한 에세이나 논문을 몇 편 써보기도 했다. 키에르케고르나 카프카의 책이 내게 공감을 가져다주었고, 특히 불교철학에서 말하는 실존적 불안의 문제가 내 관심을 끌었다.

하지만 지금 생각해 보면 '실존적 불안'이라는 것 자체도 배부른 자의 잠꼬대나 지적(知的) 유희처럼 느껴진다. 도대체 '실존'이라는 걸 자각할 수 있는 상태란 지극히 안정되고 편안한 상태가 아니면 안 되기 때문이다. 예컨대 배가 고파 죽어가는 사람이 어찌 한가롭게 철학적 사변(思辨)에 빠져들 수 있을 것인가.

내가 요즘 느끼는 '불안'은 실존적 불안도 아니고, 죽음에 대한 불안도 아니고, 형이상학적 불안도 아니다. 그저 막연한 불안이다. 우리 사회가 어떤 형태로든 바보같이 순종하며 멍청한 상태로 있지 않으면 누구나 '막연한 불안' 속에서 살아갈 수밖에 없는 사회라는 사실을 나는 차츰 깨달아가고 있다. 그래서 새삼스레 절망하고 있다.

분단 이데올로기 때문일까, 아니면 아직도 인권 보장이 자리를 못 잡고 있어서 그럴까. 아무튼 모든 것이 우리를 불안하게 한다. 공권력도 우리를 불안하게 하고, 주변 사람들의 눈초리도 우리를 불안하게 하고, 사랑 자체도 우리를 불안하게 한다.

7 · 광화문 생각

서울의 광화문 네거리를 지나가다 보면 왠지 허전한 생각이 든다. 옛 조선총독부 건물이 완전히 헐려 없어진 것을 보게 되기 때문이다.

옛 조선총독부 건물은 곧 옛 중앙청 건물이기도 하고, 또한 옛 중앙박물관 건물이기도 하다. 그런데 오직 '조선총독부' 건물이었다는 이유 하나만으로 졸지에 헐려 없어진 것을 보면, 우리가 역사나 역사적 건물들을 보존하고 기리는 데 무척이나 인색한 국량(局量)을 가진 민족이라는 생각이 든다.

옛 조선총독부 건물을 헐기 전엔 옛 총독 관저 건물을 헐어 없애는 작업이 이루어졌다. 하지만 그 건물도 일제 때 일본인 총독이 사용했던 기간보다는 해방 후 대한민국 대통령들이 사용했던 기간이 훨씬 더 길었다. 그런데도 단지 총독 관저로 지어졌다는 이유 하나만으로 역사적 건물 하나가 졸지에 없어져버린 것이다.

헐린 건물을 따지자면 어디 중앙청 건물이나 청와대 건물뿐이랴. 서울에서 가장 유서 깊은 호텔인 조선호텔과 반도호텔도 헐려 그 자리에 대형 호텔이 새로 들어섰고, 옛 국립중앙도서관 건물도 헐려 백화점으로 되었다. 옛 내무부 건물 자리에는 외환은행 본점이 들어섰고, 새문안 교회 자리에는 현대식 대형 교회가 들어섰다.

우리나라 사람들은 역사를 따지기 좋아하고 민족의 주체성을 들먹이길 좋아한다. 애국·애족을 외치지 않으면 불순분자로 몰릴 만큼 국수적 민족주의 성향이 강하다. 그럼에도 불구하고 역사적 기록을 보존하고 역사의 유물을 보존하는 데는 이루 말할 수 없이 인색하다.

그 이유는 한국 사람들이 은연중 한국인임을 부끄러워하고 한국의 역사를 부끄러워하는 마음을 갖고 있어서 그렇다고 본다. 겉으로만 애국자인 체하면서 속으로는 조국을 증오하는 양가감정(兩價感情) 또는 애증병존(愛憎並存)의 심리를 누구나 갖고 있기 때문일 것이다.

과도한 애국심이나 쇄국적 국수주의는 열등감의 소산이기 쉽다. 우리는 아무리 부끄러운 역사라 할지라도 그것을 담담히 받아들일 줄 아는 기량(器量)을 갖춰야 한다. 역사의 부끄러운 자취를 없애버린다고 해서 역사 자체가 없어지는 것은 아니다. 조선총독부 건물이든 중앙청 건물이든, 그것은 그것 자체로 보존되어 역사의 엄숙성을 일깨워줬어야 했다. 아니면 적어도 그것을 이전·복원하여 역사의 기록물로 남겨두었어야 했다.

우리가 역사의 기록을 남기는 데 소홀했다는 것은 여러 가지 경우를 통해 자주 입증되었다. 특히 문서 기록의 경우에는 그것이 화(禍)를 자초할까 보아 파기해 버리는 경우가 많았다. 우리의 역사가 말하자면 '필화 사건'으로 점철됐기 때문에 그런지도 모른다.

딱 들어맞는 예는 아니지만 내가 겪은 일을 하나 보기로 들어보겠다.

1992년 8월 말 소설『즐거운 사라』를 출간한 후, 나는 그 책 3권을 연세대학교 도서관에 기증했다. 그리고 그해 10월 말에 구속돼 두 달 간 수감생활을 하고 집행유예로 풀려나온 후, 그 책이 필요해(갑자기 구속되어 책을 챙겨둘 겨를이 없었으므로) 연세대 도서관을 찾아가 보았다. 그런데『즐거운 사라』3권의 행방이 묘연해져 버린 것이었다. 관계자들에게 물어봐도 다들 모른다고만 할 뿐 아무도 책임을 지려 하지 않았다.

추측건대 내가 구속되고 책이 판금되니까 귀물(貴物)이 되어버린 그 책이 탐나 누군가 슬쩍 가져가 버렸거나, 아니면 지극히 위험한 '불온문서'로 보아 직원 누군가가 없애버린 것 같았다.

만약 후자의 경우라면 아무리 금서(禁書)라고 해도 보관은 해뒀어야 하지 않을까. 열람은 못 시킨다고 해도 '희귀본'으로 간주해 오히려 더 소중히 보관했어야 할 것이다. 나는 연세대 도서관 당국의 불성실한 처사가 못내 서운했다.

어떤 역사든 역사는 소중하다. 우리는 과거의 증거물들을 보존하는데 더 신경 써야 한다. 그리고 객관적인 눈으로 과거의 역사를 재점검·재반성해 볼 수 있어야 한다.

8 · '카인과 아벨' 생각

주변 사람들의 질투심 때문에 억울하게 화를 당하는 사람들이 요즘도 많다. 역사를 들여다보면 재주가 뛰어나 능력이 특출한 인물들이 질투어린 중상을 당해 어이없는 불행을 겪은 사례가 흔하다. 우리나라의 경우라면 이순신과 조광조 같은 인물이 대표적인 예가 될 것이다. 또한 을지문덕과 호동왕자 같은 인물 역시 그들이 세운 혁혁한 공적에도 불구하고 나중에 참소를 당해 말로가 좋지 않았다. 그리고 카르타고의 명장(名將) 한니발도 참소를 당해 스스로 자살했다.

소크라테스가 어이없는 재판의 희생양이 되어 독약을 마실 수밖에 없었던 것도 그의 대중적 인기를 시샘한 기득권 세력의 질투 때문이요, 예수가 십자가에 못 박힌 것도 따지고 보면 당시 기득권 종교인들의 질투 때문이었다.

조금이라도 시대를 앞서간 예술가들이 받는 질투와 중상은 특히 심하다. 지금은 사실주의 문학의 완성자로 불리는 발자크는, 그토록 방대한 저작량과 대중적 인기에도 불구하고 프랑스 아카데미 회원 선거에서 번번이 떨어졌다. 오스카 와일드는 인기 절정의 상태에서 감옥소로 갔고, 영화 〈아마데우스〉의 내용이 사실이라면 음악의 천재 모차르트 역시 라이벌 작곡가의 질투 때문에 비명횡사해야 했다.

나는 이순신 장군이 마지막 해전(海戰)에서 장렬하게 전사한 것이 오히려 그분에겐 다행스런 일이 아니었을까 하는 생각을 해볼 때가 있다. 만약 임진왜란 종전 후까지 살아남아 전쟁 영웅 대접을 받았더라면, 반드시 참소를 당해 더 비참한 종말을 맞았을지도 모르기 때문이다.

복닥대는 전쟁의 와중에서도 중상모략을 당해 형벌의 화를 입었거늘, 하물며 할 일없는 이들이 남을 헐뜯는 걸로 일을 삼는 평화시에랴. 어느 민족인들 질투심이 없으랴만, 한국 민족은 특히나 질투심이 심하다는 생각이 든다.

질투와 중상의 진원은 오히려 가까운 주변 사람들이다. 특히 오래된 친구는 가장 위험한 적이 될 수도 있다. 젊었을 때 비슷한 조건에서 동문수학한 친구가 나중에 자기보다 능력 면에서 월등 우월해질 경우, 우정과 신의가 여간 깊지 않은 한 곁에 있는 친구는 질투심을 못 이기기 쉽다. 우리가 관중과 포숙아의 우정 즉 '관포지교(管鮑之交)'를 두고두고 기리는 까닭은, 관중과 포숙아가 우여곡절 끝에 정적(政敵)이 되어 결국 포숙아 편이 승리했음에도 불구하고, 포숙아가 관중을 사면시켜 준 것은 물론 그의 능력을 높이 사 자기보다 높은 자리를 내주었기 때문이다.

스승과 제자 간에도 질투심은 존재한다. 아무리 능력이 뛰어난 제자라 하더라도 제자가 잘되는 것을 진심으로 기뻐하는 교수는 드물다. 나는 우리나라 대학 교육이 '우수한 교수를 배척하는 풍토' 때문에 망가져가고 있다고 보는데, 대학의 원로교수들 대다수가 '말 잘 듣고 아부 잘하는 제자'에게 교수 자리를 주길 원하지 '진짜 실력 있는 제자'를 밀어주는 경우는 극히 드물다는 사실을 경험으로 알고 있기 때문이다.

복지부동(伏地不動)이 나쁘다는 것은 누구나 다 알고 있다. 그러나 한국 같이 폐쇄적 권위주의와 상명하복 식 위계질서에 의해 모든 것이 움직여지는 사회에서는 복지부동하지 않으면 살아남기 어렵다. 다시 말해서 '아무것도 안 하고 적당히 눈치만 보는 사람', '개성 없이 적당주의로만 일관하는 사람'만이 '성격이 원만한 사람'으로 간주되어 출세가도를 달릴 수 있다.

내가 당한 경우를 예로 들기는 쑥스럽지만, 어쨌든 나는 여러 장르의 책을 너무 많이 썼기 때문에 결국 화를 당할 수밖에 없었다. 현학적 아카데미즘을 방패삼아 적당히 굴러가는 것을 원칙으로 했더라면 나는 지금쯤 '학계의 중견'이 되어 있었을 것이다.

이른바 '명문 대학 교수' 되기가 어디 그리 쉬운가. 그런데도 나는 '귀머거리 3년, 벙어리 3년'의 처세 원칙을 지키지 못해 연세대 부임 초부터 '음담패설로 학생들의 인기를 끈다'는 등 온갖 험담에 시달려야 했고, 『나는 야한 여자가 좋다』라는 책을 내고 나서는 한 학기 동안 강의권을 박탈당하는 '징계'를 받기까지 했다. 또 나중에 『즐거운 사라』를 문제 삼아 나를 감옥소까지 몰아간 간행물윤리위원들도 대다수가 교수들이었다.

질투심에 따른 불행은 부모 자식 간이나 형제간에도 발생한다. 『성경』에 따르면 인류 최초의 살인은 형 카인이 동생 아벨을 질투심에 못 이겨 죽인 사건이었다. 조선시대의 영조 임금은 질투심과 의심에 휩싸여 아들 사도세자를 죽였고, 후백제의 견훤은 권력을 쥔 아들을 질투하여 아들을 죽여 달라고 부탁하며 왕건에게 투항했다.

질투심은 무섭다. 질투심이 단지 선망(羨望) 정도로 그친다면 그것은 진취적 의욕을 북돋우는 자극제가 된다. 그러나 그것이 중상모략이나 막연한 가학욕구로까지 이어지면 당사자들의 희생은 물론 한 사회 전체를 침체의 늪에 빠뜨린다. 아, 우리나라는 질투심이 너무나 당당하게 춤추는 나라다.

9 · 『성의 변증법』 생각

　『성의 변증법(The Dialectic of Sex)』은 미국의 여성해방주의자 슐라미스 파이어스톤 여사가 쓴 책이다. 그래서 얼른 보면 시몬느 드 보부아르의 『제2의 성』과 비슷한 내용의 책처럼 보이기 쉽다. 그러나 이 책을 꼼꼼하게 읽어나가 보면, 단순히 여성해방만 부르짖는 것이 아니라 남성해방도 동시에 주장하는, 일종의 '성해방을 통한 인간해방'을 위한 기본 이론서라는 것을 알 수 있다.

　시몬느 드 보부아르는 여자가 남성에 의해 만들어지는 존재라고 보아 남성우월주의 사회에 대한 강력한 적개심을 표시했다. 그러나 따지고 보면 남성 역시 불쌍한 존재다. 남성 가운데서도 여성처럼 치장하고 싶어 하는 '복장도착자'들이 있다. 그러나 사회규범은 그들을 무조건 '변태'라고 규정해 버린다.

　그러므로 여성해방운동은 남성을 투쟁의 대상으로 삼아 가지고서는 성공할 수 없다. 남성 여성을 가릴 것 없이 인간의 본능과 자유스런 개성을 억압해 온 모든 사회제도·정치제도·관습적 윤리 등을 투쟁의 대상으로 삼아 진정한 '인간해방'을 이룰 수 있을 때, 여성해방 역시 자연스럽게 성취될 수 있는 것이다. 이 책은 이러한 전제로부터 출발한다.

파이어스톤이 이 책에서 일관되게 주장하는 것은 '성해방'이고, 성해방 중에서도 청소년기의 성해방을 역설하고 있다. 청소년 시절의 성적(性的) 억압이 인간의 모든 불행을 야기시킨다는 것이다. 말하자면 성적 능력이 생길 때부터 인간은 마땅히 성적 쾌락을 대리배설로라도 누릴 자유를 확보할 수 있어야 하고, 그래야만 성인이 된 후의 정서적 안정이 이루어진다는 것이다.

나는 이 책을 읽고서 수구적 봉건윤리와 권위주의에 기초한 한국의 유교적 교육제도야말로 불합리하고 반지성적인, 그리고 창의력 계발을 억제하는 폐쇄적 문화풍토의 주범이라는 사실을 새롭게 확인할 수 있었다.

'성의 억압'의 대표적 표상물은 또한 '가족주의'이다. 파이어스톤은 일부일처제를 근간으로 하는 가족중심주의가 인간들에게 만성적인 성적 권태와 '오르가슴의 포기'를 가져다주었다고 말한다. 성적 에너지는 체념적으로 전이(轉移)되어 자식에 대한 집착으로 나타나고, 가부장적 독재체제의 모태가 된다. 그 결과 부모 자식 간의 여러 가지 고착(固着)된 갈등이 이루어져, 인간사회를 가학적 '화풀이'의 온상으로 만들어 놓는다.

가족의 신성성(神聖性)을 주장하는 모든 보수윤리의 배후에는 국가권력과 기득권자에 대한 복종을 강요하려는 저의가 숨어 있다. 예로부터 효도와 충성 같은 것이 지고의 윤리로 주입돼 왔던 것은, 모두 다 수구적 기득권자들이나 플라톤 식 엘리트독재주의자들의 간계 때문이었다.

그래서 이 책에서는 우선 모든 기성 윤리, 특히 보수적 성윤리로부터 우리가 자유로워져야 진정한 민주사회와 복지사회가 이룩될 수 있다고 강조한다. 요컨대 가족의 해체, 결혼제도의 폐지, 미성년자들에게 성적 교제의 자유를 주는 것, 생식적 섹스의 거부, 다양한 성생활의 인정 등이 저자가 주장하는 내용의 골자라고 할 수 있다.

급진적 여성해방운동가답게 이 책의 저자는 여성들이 임신을 거부할 권리를 가지고 있다고 외친다. '모성애'란 가부장적 사회에서 재산의 상속을 위해 여성들에게 지운 짐에 불과하다는 것이다. 따라서 생식을 위한 섹스가 아니라 오로지 쾌락만을 위한 섹스를 즐기며 될 수 있는 대로 독신생활을 하자는 것이 저자의 생각이다.

저자는 다가올 미래에는 인공수정에 의한 시험관 아기가 보편화될 것이라고 예견하고, 여자들이 임신과 출산에 대한 부담으로부터 해방될 때 진정한 여성해방이 이루어질 것이라고 말한다. 동시에 '사이버네틱스(인공두뇌학)'의 발달에 의한 인조인간(로봇)의 출현으로 인해 남성들이 노역의 의무로부터 해방될 때, 진정한 남성해방 역시 이루어질 것이라고 말한다.

나는 성에 대한 자유로운 담론의 확보야말로 우리나라가 수구적 봉건성과 정체성으로부터 벗어날 수 있는 유일한 길이라고 믿어 왔다. 그러나 이 땅에는 아직도 '성 알레르기' 증상을 병적(病的)으로 갖고 있는 이중적 도덕주의자들이 허다하다. 아니 이중적 도덕주의자라기보다는, 자기 자신도 미처 자각 못한 채 이중적 처신과 위선의 늪에 깊이 빠져들어 가버린 '자아분열자'라는 말이 더 맞을지도 모른다.

성에 관련된 글일 경우 내가 쓴 글, 또는 한국 사람이 쓴 글은 우습게 보면서도 서양인이 쓴 글이라면 무조건 깜빡 죽는 한심한 사대주의자들이 이 땅에는 많다. 그래서 외국인이 쓴 책을 소개하는 형식을 빌려 다시 한 번 '성에 대한 표현의 자유'의 필요성을 강조해 보았다.

10 · 앨리스 생각

1992년 10월에 내가 『즐거운 사라』라는 외설적인 소설을 썼다는 이유로 구속 기소됐다가 3심 판결 때 유죄 확정이 되는 것을 보고, 나는 이 시대의 '앨리스'가 되어 '이상한 나라'를 여행하고 있는 듯한 착각이 들었다. 문학이 법의 잣대에 의해 재단되고 애매모호한 법조항이 문학적 상상력의 옳고 그름을 따지는, 그리하여 작가가 형사범으로 구속되기까지 하는 이상한 나라를 나는 피해자가 되어 헤매 다니고 있었다.

그러나 문학적 상상력을 재판대에 올리는 이 시대의 희극이 상징하는 바는 그렇게 단순하지만은 않다. 법이 문학을 재단하려고 덤벼드는 이유는 '상상의 힘'을 잘 알고 있기 때문이고, 무엇보다도 '상상의 힘'을 무서워하고 있기 때문이다.

상상의 힘은 촌스러운 현실에 구속되지 않으려는 세련된 몸부림과 창조적 저항정신에서 나온다. 상상의 힘은 개인 혹은 소수의 이의 제기로 시작되지만, 나중에 가서는 기성사회의 권위와 제도적 틀에 틈을 내고 마침내 그 사회를 변화시킨다.

상상의 힘이 갖는 이러한 역사적 역동성을 가장 무서워하는 이들은 봉건적 사고로 똘똘 뭉친 기득권 수구세력이다. 저질이니 외설이니 하는 것은 이러한 상상의 역동성을 억압하려는 핑계에 불과하다. 도덕이니 규범이니 하는 잣대를 함부로 들이대는 것은, 상상의 힘을 두려워한 나머지 현실적 가치통념으로 상상의 힘을 옭아매어 사회적 파장을 최소화시키려는 안쓰러운 술수에 불과한 것이다.

사회제도와 가치통념의 압박 아래서 보잘것없어 보이는 상상의 힘은, 결국에 가서는 경직된 사회에 스며들어 '개인'을 숨 쉬게 하는 작은 틈을 만들어낸다. 그리고 이 틈 속에서 꽃피운 자유는 엄청난 폭발력을 가지고 사회를 변화시킨다.

우리 사회 전체가 점점 더 굳어져가고 있다. 경직되고 정체되고 보수화되고 있다. 사회를 보수화하려는 음모는 상상의 힘을 거세하려는 데서부터 시작된다. 답은 오직 하나요, 그것을 알려줄 테니까 다른 생각은 하지도 말라는 것이다. 그리고 다른 생각을 하려면 오직 밀폐된 공간 안에서만 하라는 것이다.

답이 하나뿐이라고 강요하는 제도권 논리에 문제제기를 하려는 집단이나 개인은, 일차적으로 온갖 사회적 통념이나 도덕·윤리에 의해 억압당한다. 그리고 개인의 상상력을 드넓은 광장에서 공개적으로 펼치고자 하는 이들은 공권력이라는 이름으로 물리적 탄압을 당한다.

상상의 힘은 언제나 잠재의식적 욕구와 관련돼 있다. 그리고 잠재의식적 욕구는 괴팍스럽고 변태스런 성욕이 아니라 건강하고 창조적인 성욕으로 가득 차 있다. 프로이트는 인간의 잠재의식을 온갖 파괴적 욕망으로 들끓는 용광로로만 보았다. 그러나 칼 융에 이르러 잠재의식적 욕구는 '창조적 에너지'로 격상되었고, 빌헬름 라이히에 이르러 '자연스럽고 천진한 욕구'로 격상되었다.

천진한 본성들이 성(性)을 더러운 것으로 보는 위선적 사회문화 속에서 억압될 때, 갖가지 도착(倒錯)이 난무하는 '프로이트적 잠재의식'으로 나타난다는 게 라이히의 주장이다. 다시 말해서 프로이트가 '도덕적 양심'이라고 부른 '슈퍼에고(super-ego)'의 과잉이 모든 성도착의 원인이 된다는 것이다.

최근 서구의 성애소설들은 프로이트적 관점보다 라이히적 관점에서 본능적 성을 다루고 있다. 그러다 보니 사회의 위선적 성도덕을 풍자·고발하기 위해 갖가지 도착적 섹스가 등장할 수밖에 없는 것이다. 다시 말해서 도착적 섹스를 강요하는 주체는 인간의 동물적 본성이 아니라 위선적 도덕률이라는 걸 상징적으로 보여주기 위해서 탈(脫)도덕적 자유의지를 드러내고 있는 것이다.

인간의 상상력은 갖가지 일탈 본능(逸脫本能)으로 뭉쳐져 있다. 그러나 그러한 일탈 본능이 적절한 대리배설의 통로를 찾게 되면, 오히려 인간의 정서를 안정시키고 인간의 '창조적 에너지'를 보다 넓게 확충시킨다. 꿈속에서 가학적 섹스를 했다고 해서 꿈에서 깨어난 뒤 실제로 강간을 저지르는 일은 없다. 오히려 그런 꿈을 꾼 사람은 정서가 안정되어 창조적인 일에 몰두할 수 있게 되는 것이다. 일탈적인 내용으로 된 꿈을 우리가 '시원한 길몽'이라고 부르는 이유가 바로 여기에 있다.

상상의 힘은 기성 질서에 회의를 표시하며 온갖 '규정된 것들'에 대해 도전한다. 그래서 인류의 문화 발달이 이루어지고 새로운 패러다임이 산출되어 사회는 보다 진보하게 된다. 상상을 재판하기까지 하는 사회는 문화적 후진성을 도저히 벗어날 수 없다. 촌스럽고 답답한 사람들아, 제발 이 말을 들으라!

제8장

내일 생각

그러다가 그냥 죽고 싶어 죽었다

스스로의 본능을 더 처리할 길이 없어 죽었다

더 사랑할 상대가 없고, 더 그릴 대상이 없고

더 살아 봐야 재미가 없을 것 같아서 죽었다

―시 「빈센트 반 고흐」 중에서

1 · 낙관적 미래 생각

나는 인간의 역사가 '놀이의 시대'에서 '노동의 시대'로, 그리고 '노동의 시대'에서 다시 '놀이의 시대'로 이행(移行)되어 간다고 본다. 원시시대의 인류는 지금 우리가 보는 원숭이들과 비슷한 생활양식을 갖고 있었을 것이다. 원숭이들은 나무에서 나무로 춤추듯 날렵하게 이동하면서 먹이를 구한다. 그들에게는 먹이를 구하는 것 자체가 '즐거운 놀이'이다. 말하자면 놀이와 일(노동)이 구별되어 있지 않다.

또한 원숭이들은 생식적 성교뿐만 아니라 자위행위나 동성애 등을 당연한 사랑의 유희로서 즐긴다. 그들에게는 '정상적 섹스'와 '변태적 섹스'의 구별이 존재하지 않는다. 일하는 짬짬이 놀이하듯 성(性)을 즐기는 것이다.

그러나 인간이 원숭이들과는 달리 땅 위에서 그들의 삶을 영위하기 시작하면서부터, 인간에게는 소유의 개념이 생겨나기 시작한다. 경작이나 목축을 하기 위해서는 자기 또는 씨족 소유의 땅이 필요했기 때문이다. 그러다 보니 땅을 지키기 위한 수비대가 필요했고, 수비대의 우두머리는 곧이어 일종의 지배자가 되었다. 지배자들은 차츰 폭군적 면모를 발휘하기 시작하여 피지배계급을 착취하는 데서 기쁨을 맛보기 시작했고, 피지배자들에게서 '놀이'의 기쁨을 빼앗고 '근면 이데올로기'만을 강요하게 되었다.

그러다 보니 성(性)조차 '놀이로서의 성'이 아니라 '자식 생산을 위한 노동으로서의 성'의 의미로 축소되었는데, 우수한 노동력의 생산이야말로 지배자의 부(富)를 늘려주는 유일한 수단이기 때문이다.

그러나 유한계급들에 의해 개발된 과학이나 기타 학문은 인류로 하여금 또다른 노동 수단을 발견할 수 있도록 만들었다. 즉 기계의 발명이 그것이다. 갖가지 기계가 발명되어 인간의 노동력을 대체해 나가기 시작하자, 처음엔 인간의 노동이 기계에 의해 소외되는 현상이 일어났다. 하지만 결국에 가서는 누구나 어느 정도 기계의 혜택을 보는 상황에 이르게 되었다.

물론 아직까지는 인간 누구에게나 그런 혜택이 고르게 돌아간다고는 볼 수 없다. 기계 발달로 생산이 자동화되고 인력의 수요가 줄어듦에 따라 많은 실직자가 생겨, 자본가와 노동자 사이에 극심한 갈등이 빚어지는 사태가 세계 곳곳에서 여전히 벌어지고 있다.

하지만 나는 인류가 결국에 가서는 노동으로부터 해방되고 오로지 '놀이'만을 즐기는 시대가 반드시 도래하리라고 믿는다. 그럴 때 노동과 놀이는 하나로 합쳐져 혼연일체가 되고, 마르쿠제가 말한 대로 노동이 곧 '놀이로서의 섹스'가 되는 현상이 보편화될 것이다.

그런 시대를 맞이하기 위해서는 우선 실용적 쾌락주의에 바탕을 둔 문화관 또는 문명관이 정착되어야 한다. 즉, 명분과 이데올로기로 포장된 일체의 비실용적 문화행위가 종식돼야 하는 것이다. 타 종교를 이단시하여 그들을 '악마'로 보아 사디스틱한 복수를 정당화시키는 종교사상이나, 국수적 호전주의에 바탕을 둔 민족주의적 예술 같은 것이 바로 그것이다.

또한 형이하학적 과학의 발달로 형이상학적 관념들이 쇠퇴해가는 것을 걱정하는 자들이 주장하는 정신우월주의나 육체비하주의, 또는 도덕적 금욕주의 같은 것들 역시 '민중적 놀이'보다는 '귀족적 문화'를 그리워하는 반동적 사상들이다.

그런 퇴영적 생각들이 지구를 전쟁의 도가니로 만들어 인류를 멸절시키지만 않는다면, 인류는 점차 '놀이적 삶'을 당당히 즐길 수 있는 환경을 만들어나가게 되리라고 나는 확신한다. 특히 인공두뇌학의 발달은 우수한 '로봇 노예'들을 만들어내어 인간의 노동을 대신하게 할 것이다. 그렇게 되면 고급문화와 저급문화의 구별이 없어지고 모든 문화는 다 창조적 놀이문화가 된다.

성(性)과 생식은 분리될 것이고, 여성은 분만의 고통을 겪지 않아도 될 것이다. 자식을 원하는 이들만 '시험관 아기'의 방법을 이용하여 자식을 가진다. 사람들은 오로지 예술과 성에만 몰두하게 될 것이고, 그때 인류가 즐기는 예술은 관념적 예술이 아니라 에로틱한 놀이의 성격을 갖는 예술이다. 또한 인간의 본능인 가학성을 만족시키기 위해 한층 격렬한 스포츠가 개발되어 전쟁충동을 대리배설 시키게 되는데, 그런 스포츠를 즐기는 사람들은 삶에 극단적인 권태를 느끼는 부류가 될 것이다.

그런 상황에서 정치적 지배계급은 생겨날 수 없다. 정치란 인간의 권력욕에서 나오고, 인간의 권력욕은 성욕과 놀이욕구의 안쓰러운 대체물이기 때문이다. 정치가 대신 '관리자'의 개념이 생겨 일종의 조합국가(組

合國家)의 관리와 경영을 맡게 되는데, 대부분의 사람들은 그런 역할을 맡기 싫어하여 윤번제로 맡길 확률이 높다.

형벌제도 또한 바뀌어 범법자의 범위를 최소화하게 될 것이고, 범법자들은 가혹한 징벌 대신 차분한 심리치료를 받게 될 것이다.

2 · 노스트라다무스 생각

　16세기 프랑스의 예언자 노스트라다무스가 인류 멸망의 날이라고 못 박아 놓은 시기는 1999년 7월이라고 한다. 그 말이 사실이라면 이미 지나간 일이 되었다. 내가 노스트라다무스의 예언서를 처음 읽은 것은 1974년이었는데, 1999년까지는 25년이나 남아 있어 별 느낌을 갖지 못했다. 그런데 최근에 문득 생각이 나 그 책을 다시 읽어보니 1999년은 지나갔더라도 상당한 공포가 느껴지는 것이었다. 이런저런 사건을 겪으며 시달리고 나서, 인간들이 가진 반(反)지성적 가학욕(加虐慾)에 절망을 느끼고 있던 차라 그런지도 모른다.

　노스트라다무스가 인류의 암울한 미래를 4행시 형태로 써놓은 것은 여러 편인데, 그중에서 '1999년'이라고 명확히 제시해 놓은 것은 단 한 편이다. 그 원문의 번역을 소개해 보면 다음과 같다.

1900, 90의 9년, 7의 달
하늘에서 공포의 대왕이 내려온다
앙고르모아의 대왕을 부활시키기 위해
그 전후의 기간, 마르스는 행복의 이름 아래 지배를 하게 되리라

'1990, 90의 9년'이 서기 1999년을 가리킨 것은 아니라는 해석도 많아 아직 이 예언을 버리기엔 이르다. 또는 노스트라다무스의 예언서 자체가 후세의 위작이라는 주장도 만만치 않기 때문에 그의 예언 자체를 무시해 버릴 수도 있다. 하지만 그가 다른 시편에서 말한 미래의 일들(제 2차 세계대전, 비행기의 출현, 공해의 증가 등)이 척척 맞아떨어져 가고 있기 때문에 그의 예언을 '인류에게 보내는 경종의 의미'로 참고해 볼 가치는 충분히 있다.

'공포의 대왕'에 대한 학자들의 해석은 구구하다. 핵폭탄을 의미한다고 보는 이들도 있고 공해의 증가로 인한 대기오염을 가리킨다고 보는 학자도 있다. 내 생각엔 대기오염 쪽이 더 맞을 것 같다. 벌써부터 세계 각지에서 기상이변이 속출하고 있다. 문명의 이기 때문에 발생하는 금속성 먼지의 증가와 산소부족 현상은 지구의 대기를 차츰 '죽음의 대기'로 바꿔 놓고 있기 때문이다.

'앙고르모아의 대왕'은 14세기 중반에 일어난 프랑스의 농민 폭동을 가리킨 것이다. 세계가 어지러워질 때 곳곳에서 굶주림과 고통으로 자포자기상태가 된 이들이 폭동을 일으켜 약탈을 자행할 것이라는 예언으로 보면 된다. '마르스'는 군신(軍神)이므로 세계 질서의 회복을 핑계로 군국주의가 부활하여 멸망 직전의 인류를 한동안 강압적으로 통치하게 될 것이라는 의미를 담고 있다.

노스트라다무스의 예언뿐만 아니라 성경의 「요한계시록」도 인류의 멸망을 예언하고 있다. 우리나라 예언서로는 『격암유록(格菴遺錄)』이 유명한데, 이 역시 위작이라는 설이 있지만 어쨌든 말세의 대환란을 예언하고 있는 것은 마찬가지다.

그렇다면 과연 인류는 장차 어떻게 될 것인가. 나는 세계에서 가장 양식(良識)이 있다는 프랑스가 핵실험을 강행하는 것을 보고 섬뜩한 예감을 느꼈다. 그리고 우리나라에서 『무궁화꽃이 피었습니다』 같은 국수적 호전주의(好戰主義) 소설이 베스트셀러가 되는 것을 봤을 때도 불안한 예감이 들었다. 아닌게 아니라 지금 세계 곳곳에서는 끊임없이 국지전이 일어나고 있다. 그리고 식량 부족, 물 부족으로 죽어가는 사람들이 많은데도 한쪽에서는 여전히 식량증산이나 공해방지보다 군비확장에 열을 올리고 있는 것 같다.

법이나 도덕을 빙자한 인권의 유린은 더 말할 나위도 없다. 한마디로 말해서 인간들은 모두 눈에 핏발을 세우고서 어떤 핑계를 대서라도 남을 괴롭히는 데 열중하고 있는 것이다.

실용적 쾌락주의에 바탕한 복지지상주의(福祉至上主義)가 말하자면 나의 이상인 셈인데, 이 시대의 지배 엘리트들은 이데올로기나 민족 또는 도덕적 명분을 핑계 삼아 복지의 실현보다는 가학 또는 자학에서 변칙적 쾌감을 맛보려고 애쓰고 있다.

인구의 폭발적 증가가 인류 파멸의 원인으로 제시되고 있는데도 어떤 종교에서는 '콘돔'조차 '악마의 도구'라고 주장하고 있고, 특히 우리나라 같은 폐쇄적 도덕국가에서는 피임교육조차 터부시(視)하여 에이즈 같은 무서운 성병을 그대로 방치하고 있다. '성(性) 박멸운동'을 '윤리운동'이라고 착각하고 있는 서울대학교의 손봉호 교수는 "마광수 때문에 에이즈가 늘어난다"는 기상천외의 발언까지 했다. 에이즈의 확산은 성에 대한 이중 잣대 때문이지 성에 대한 담론 때문이 아닌데도 말이다.

'공포의 대왕'은 핵전쟁이나 공해일지 모르나, 공포의 대왕을 만들어가는 것은 '과도한 문명'만은 아니다. 문명이 식욕과 성욕 위주의 실용적 쾌락주의 쪽으로만 노력을 집중시킬 때, 인류는 가학적 사디즘에 의한 자기파멸로부터 구원받을 수 있다. 본능적 욕구의 불충족에 따른 화풀이로서의 가학적 편견과 독선들을 '위선적 도덕과의 싸움'으로 물리칠 수 있을 때, 공포의 대왕은 무력화된다.

그러기 위해서는 우선 '자유에의 용기'가 필요하다. '본능에 솔직한 마음'은 참된 자유정신으로부터 우러나오기 때문이다.

3 · '인류의 미래' 생각

인류의 미래를 예견하여 소설이나 영화의 소재로 삼는 일이 많다. 19세기까지만 해도 그런 소재의 소설이나 연극은 드물었다. 고전주의와 리얼리즘 두 가지가 예술을 지배하다시피 해서 그랬는지도 모른다. 고전주의는 먼 과거에의 향수나 동경을, 리얼리즘은 현실의 묘사나 해부를 주된 목표로 삼고 있기 때문이다.

그러나 과학이 급속도로 발달하고 과학 발달에 따른 인성(人性) 파괴의 위기감이 대두되기 시작하자, 인류의 미래를 다루는 공상과학물들이 등장하기 시작했다.

웰즈의 『우주 전쟁』이나 베른의 『바다 밑 2만 마일』 같은 작품이 대표적인 예인데, 특히 카렐 차페크의 희곡 『인조인간』은 '로봇'이라는 말을 만들어냈다는 점에서 특기할 만한 작품이다.

공상과학소설로 머물던 미래문학은 20세기 중반에 들어서면서 본격적인 문명비판을 주제로 담기 시작한다. 헉슬리의『멋진 신세계』나 오웰의『1984』같은 것이 대표적인 예가 될 것이다. 두 작품 다 과학 발달에 따른 인류의 비극을 그리고 있는데, 철저한 독재와 통제로 이루어지는 인류의 비극적 미래상을 제시하고 있다.

최근에 나오는 SF 영화나 소설들은 제3차 세계대전을 가상하고 만들어진 것이 많다. 즉, 핵전쟁으로 파멸을 자초한 인류의 비참한 미래상을 그리고 있는 것이다. 핵전쟁뿐만 아니라 대기오염과 자연 파괴로 인한 비극 또한 곁들여지는 게 보통인데, 그렇게 당할 대로 당하고 나서도 인류는 전혀 정신을 못 차리고 여전히 가학(加虐)과 호전성의 늪 속에서 허우적거린다는 내용이 대부분이다.

재미있는 것은, 인류의 미래를 다루고 있는 작품들이 한결같이 과학의 눈부신 발전을 예견하고 있으면서도, 정치체제의 면에서는 한결같이 어두운 미래상만을 제시하고 있다는 사실이다. 인권의 말살과 개성의 몰수, 그리고 철저하게 야만적인 사법제도로 유지되는 암담한 독재사회가 대부분의 내용을 이루고 있다.

조지 오웰은『1984』에서 흡사 북한 사회를 연상시키는 독재사회를 그려냈는데, 1984년이 한참 전에 지난 건 사실이지만, 21세기 중반쯤 가서 그 같은 사회체제가 전 세계적으로 정착될 가능성은 여전히 남아 있다.

소설이나 영화 같은 예술작품은 한 개인의 창작이기 이전에 '집단 무의식의 반영'으로서의 성격이 더 강하다. 그러므로 최근에 쏟아져 나오는 미래물들 대부분이 인류의 암담한 미래를 예측하고 있다는 사실을 우습게 간과하고 넘어가서는 안 된다.

내게도 인류의 미래는 어둡게만 보인다. 가장 울화통 터지는 일은, 합리적이고 민주적인 사고방식이나 정치체제가 과학 발달과는 반비례하여 점차 사그라들고 있다는 사실이다.

과학은 합리적 지성에 의해 급속한 발달이 가능했다. 그렇다면 정치체제 역시 합리적 지성의 발달에 정비례하여 발전해 가야 마땅하다. 그런데 사실상 정치체제는 늘상 답보상태 내지는 퇴보상태에 머물고 있는 것이다.

물론 겉으로 드러난 것만으로 보면 자유·평등·박애의 실천이나 인권보장 등의 면에서 인류는 조금씩 진보된 정치체제를 마련해 온 것처럼 보인다.

그러나 속을 들여다보면 겉으로 드러난 양상만 달라졌을 뿐, 힘 있는 자들에 의한 소외된 자들의 지배는 여전히 계속되고 있다. 강대국 지도자들은 민주주의와 세계 평화를 표방하면서도 여전히 핵무기 개발을 계속하고 있고, 약소국 지도자들은 자국(自國) 안에서나마 권력과 금권에 의한 사디스틱한 가학의 기쁨을 맛보려고 발버둥치고 있다.

그렇다면 인류가 결국 파국적인 상황으로 달려 나가는 것을 우리는 그냥 수수방관하고만 있어야 할 것인가. 나도 딱 부러진 해답을 제시할 수는 없다. 그러나 인류 파국의 원인이 인간의 '가학성'과 '권력욕'에 있다는 것만은 확실히 주장할 수 있다. 과학 발달을 저지시킨다고 해서 인류가 행복해지지는 않는다. 공해를 없앨 수 있는 것도 결국은 과학이기 때문이다.

그렇다면 가학성과 권력욕을 없앨 수 있는 방법은 대체 무엇일까. 내가 보기에 그것은 '성(性)의 혁명'이다. 포근한 사랑 안에서 행복하게 해롱거리게 될 때, 인간은 가학욕구를 잠시 멈춘다. 그런데 사랑은 곧 성이므로, 극단적으로 말해서 인간을 '성적(性的) 마취상태'에 놓아둘 때, 인류는 스스로의 파국을 모면할 수 있다.

'성적(性的) 마취상태'란 성범죄가 들끓는 문란한 사회상을 의미하는 것은 아니다. 성에 대한 불필요한 금기나 규제가 없어져 성욕의 직·간접적 배설이 최대한 자유로워지는 사회를 가리키는 것이다. 또한 섹스가 '먹는 것'만큼이나 중요시되는 사회, 그래서 성 자체에 대한 일체의 도덕적·종교적 죄의식이 없어지는 사회를 말한다. 성에 대한 도덕적 죄의식은 막연한 '적개심'을 낳고, 막연한 적개심은 곧바로 '가학적 권력욕'으로 이어지기 때문이다.

4 · '한국의 미래' 생각

한국의 미래에 대해서 살펴보면, 요즘 떠돌아다니고 있는 얘기들은 모두 다 희망적인 얘기들뿐이다. 예전에 『단(丹)』이라는 책이 나와 선풍적인 인기를 끌어 베스트셀러가 되면서부터, 이 방면의 서적들이 다투어 출간되었다.

『단』의 내용은 주로 선도(仙道)에 관한 것이었지만, 그 책 말미에 적혀 있는 어느 도인(道人)의 예언이 독자들의 마음을 결정적으로 사로잡았던 것 같다. 우리나라가 21세기 중반 이후에는 세계 역사의 주역(主役)으로 부상하게 된다는 내용이어서, 그 책을 읽은 사람들은 닥쳐올 밝은 미래에 대한 벅찬 감격과 설렘으로 가슴 부풀었던 것이다

우리나라의 밝은 미래를 예언한 책은 『단』말고도 많다. 작고한 탄허(呑虛)스님이 쓴 『탄허록(呑虛錄)』(한겨레신문사 간)이라는 수필집에도 『단』의 예언과 거의 같은 내용이 실려 있다. 또 최근에는 증산교(甑山敎)라는 민

족종교가 대학가의 젊은이들에게까지 상당한 인기를 끌고 있는데, 증산교가 내세우고 있는 '후천개벽(後天開闢) 사상' 역시 비슷한 주장을 하고 있다.

증산교 지도자 안경전 씨가 쓴 『이것이 개벽이다』(대원출판사 간)라는 책에는, '선천(先天) 세계'가 끝나고 새로 시작되는 '후천(後天) 세계'에는 한국이 세계 인류의 정신적 지도자 역할을 맡아 강대국으로 부상하게 된다는 내용의 예언이 수록되어 있다. 이 밖에 『격암유록』이나 『정감록』 등 일종의 비기(秘記)에 속하는 책들도 많이 나왔는데, 위와 비슷한 내용의 예언을 담고 있어 한국인들의 마음을 설레게 해주었다.

한국이 후천시대의 리더격(格)이 될 것이라고 하는 예언에는 다분히 국수주의적 선입견이 내재되어 있다. 그렇지만 그 나름대로 타당성이 전혀 없는 것도 아니다.

한국의 미래를 예언하고 있는 책들이 주장하고 있는 내용을 살펴보면 대개 두 가지로 나뉜다. 하나는 다른 나라들이 다 망하기 때문에 자연히 우리나라가 후천 세계의 주역이 될 수밖에 없다는 것이고, 다른 하나는 한국 이외의 나라들이 망하고 안 망하고를 떠나 우리나라의 국운(國運)이 상승기에 접어들고 있어 자연스럽게 비약적인 발전이 이루어진다는 것이다.

전자의 경우에는 무시무시한 내용이 많이 포함되어 있다. 탄허 스님의 예언에 의하면 21세기 중반에 지구의 자전축(自轉軸)이 수직으로 바뀌면서 세계는 일대 혼란에 빠진다. 일본은 바닷속으로 침몰하고 미국도 태반이 바다 밑으로 들어간다(이것은 미국의 예언가 에드거 케이시가 예측한 것과 내용이 똑같다). 중국 역시 많은 천재지변과 더불어 내전(內戰)의 화(禍)를 겪게 된다. 그런데 우리나라만은 피해를 가장 적게 입고 국토와 인구를 거의 온전하게 보전한다. 그러다 보면 한국은 자연히 세계 최강의 나라로 부상하게 된다는 얘기다.

다소 황당무계하게 들릴지도 모르겠지만 전혀 근거가 없는 얘기는 아니다. 탄허의 예언을 최근의 기상이변과 연결시켜 생각해 보면, 공해의 장기화로 지구에 심각한 자연파괴가 초래되어 지축의 대변동이 일어난다고 추측할 수도 있다.

후자의 예언은 한국의 통일을 전제로 한다. 만약 우리나라가 내전의 참화를 피해나가 통일을 이룰 경우, 한국은 막강한 국력을 갖게 되고 곧바로 미국에 버금갈 정도의 수준이 된다는 것이다. 게다가 중국은 보수파와 개혁파가 내분을 거듭하고 소수 민족들이 독립하게 되어 점점 국력이 쇠퇴해 간다. 이를 틈타 우리나라는 고구려의 구토(舊土)까지도 회복할 수 있게 된다는 것이다.

전자든 후자든 이런 내용의 예언들이 갖는 맹점은 역시 지나친 배타성과 유아독존적 민족주의 사상에 있다 하겠다. 최근에는 또 『환단고기(桓檀古記)』 등 고조선의 역사에 관한 책들이 많이 출간되어 한국이 4천여 년 전에 중국 전체를 지배하는 대국이었다는 설이 주장되고 있다.

하지만 내가 보기엔 다 부질없는 얘기들이다. 설사 과거가 찬란했다 하더라도 그것이 우리에게 무슨 소용이 있겠는가? 문제는 세계와 우리나라의 미래가 어떻게 되겠느냐는 것이다.

그래서 지금 현재 내가 내려 본 결론은 다음과 같다. 우선 동양의 음양사상으로 볼 때 어떤 형태로든 서양은 차츰 쇠퇴할 수밖에 없다. 아무래도 미국의 군산(軍産) 복합체 체제나 중동전쟁이 그 시발점이 될 것 같다. 서양의 쇠퇴는 기독교의 쇠퇴이자 종교 및 이데올로기 중심 문화의 쇠퇴이고, 또한 이성우월주의의 쇠퇴를 의미한다.

종교 및 이데올로기 중심 문화의 쇠퇴는 곧바로 민족주의의 발흥으로 이어진다. 그래서 아랍 여러 나라 및 일본 · 독일 등 민족주의 국가들이 차츰 세력을 떨쳐나갈 것이고, 유럽에서도 계속 민족 간의 갈등이 이어질 것이다. 이때 우리나라에서도 민족주의적 단합이 이루어져 남북통일이 달성될 수도 있다.

　그러나 배타적 국수주의를 기본으로 하는 민족주의의 발흥은 나치 독일의 경우처럼 곧바로 망하게 될 수밖에 없다. 그러므로 요즘 우리나라에서 떠돌아다니고 있는 한국 중심의 미래세계에 관한 국수주의적 예언들은, 좋은 조짐이 아니라 불길한 조짐이라고 나는 생각한다.

　한국의 밝은 미래는 민족적 · 국수주의적 단합에 달려 있는 것이 아니라, 종교, 이데올로기, 성(性) 알레르기 현상, 수구적 봉건윤리 등을 얼마나 과감히 떨쳐버릴 수 있느냐에 달려 있다.

5 · 지식인 생각

　인류의 역사는 '지식인의 역사'라고 해도 과언이 아니다. 물론 지식인 이전에 '지배계급'이 있고, 지배계급의 문화가 인류의 역사를 이끌어간 것이 사실이다. 하지만 지배계급에게 지배 이데올로기를 제공해 준 것이 지식인들이라는 점을 감안할 때, 인류의 역사를 이끌어간 주체는 역시 지식인들이라고 할 수 있다.

　지식인은 지배계급에 들어갈 수도 있고 안 들어갈 수도 있다. 물론 애초의 지식인들은 다 지배계급이었다. 지배계급만이 문자를 해독할 수 있었고 문자사용의 특권을 누렸기 때문이다. 우리나라의 경우 세종대왕이 한글을 창제할 때까지만 해도 문자를 읽고 쓸 수 있는 국민은 전체 인구의 5퍼센트도 되지 않았다. 그들은 다름 아닌 양반계급이었는데, 한글 창제 이후 한자는 못 읽고 못 쓰더라도 한글은 쓰고 읽을 줄 아는 국민들이 엄청나게 불어났다.

최만리(崔萬理)가 한글 창제에 그토록 반대했던 이유는, 한자를 숭상해서라기보다 일반 백성들이 문자를 해독하게 되면 양반 독재에 기초한 통치 기반이 흔들린다고 생각했기 때문이다.

문자를 해독하는 인구가 늘어나다 보니 지식인들이 지배계급에 속하지 못하는 경우가 생기게 되었고, 거기에 따른 지식인들의 불평불만이 폭발함에 따라 조선시대의 양반 독재는 무너졌다.

물론 지배계급인 사대부들은 한글을 언문(諺文)이라고 해서 천시하고 한문만 쓸 것을 고집했다. 하지만 일단 한글을 깨치고 나면 한문 공부에 대한 욕구가 생겨날 수밖에 없었다. 그러다 보니 조선시대 말에 가서는 지식인, 즉 양반들의 숫자가 엄청나게 불어나 전체 인구의 50퍼센트를 넘게 되었다. 그러니 정치 참여에서 소외된 대다수 지식인들의 불만이 폭발적으로 증가했을 게 뻔하다.

자유민주주의 사회에서는 국민들에게 의무교육을 시키기 때문에 문맹(文盲)이 거의 없어져 가고 있다. 그러나 그런 중에서도 지식인들이 자신들과 일반 국민들을 변별(辨別)해 보려는 욕구는 부단히 계속된다.

이럴 경우엔 문자를 해독하느냐 못하느냐에 따라 지식인이고 아니고가 결정되는 게 아니라, 학벌의 높고 낮음에 따라 지식인의 자격이 암묵적(暗默的)으로 결정된다. 대학 숫자가 적을 때는 대학 졸업자만을 지식인으로, 요즘처럼 대학 숫자가 많을 때는 대학원 졸업자를 지식인으로 치는 따위가 그것이다. 석사나 박사학위를 받은 사람이 더 늘어나면 보나마나 박사과정 이상의 학제(學制)를 옥상옥(屋上屋)으로 만들자고 제안할 게 뻔하다.

아무튼 그래서 지식인들은 정치적 지배계급이 되든 못 되든 스스로를 일반 국민들과 차별화시켜 어떤 특권이든 특권을 유지하려고 애쓴다. 꼭 정치적·경제적 특권이 아니더라도 최소한 '지식 귀족'의 자존심이라도 지키려고 노력하는 것이다. 프란시스 베이컨이 말했다고 하는 "아는 것이 힘이다"라는 유명한 명제도 실상 따지고 보면 "아는 것이 곧 권력이다"라는 말과 다르지 않다.

역사상 지식인들의 전횡(專橫)을 혐오하여 지식인들을 멸절(滅絶)시켜 보려는 시도는 꽤 자주 일어났다. 우리나라 고려시대 때 무관들이 벌인 쿠데타가 좋은 보기이다. 12세기 초에 무신 정중부(鄭仲夫)는 의종(毅宗)의 문신 총애와 문신들의 방자함에 분노하여 수천 명의 문관들을 모조리 쳐 죽이고 정권을 잡았다. 그러나 권력을 잡은 무신정권은 통치를 위해 다시금 지식인들을 선별적으로 기용할 수밖에 없었다. 지식인들은 그만큼이나 지배체제의 유지에 불가결한 존재다. 바로 그런 속성 때문에 지식인들은 기회주의자가 될 확률이 높다.

노자(老子)는 『도덕경(道德經)』에서 국민 모두가 무식해져야만 태평성대가 이룩된다고 주장했다. 그러면서도 그는 소수 지식인의 엘리트 독재를 은근히 찬양하고 있다. 불교의 선종(禪宗)에서도 '불립문자(不立文字)'를 내세우며 문자의 해독(害毒)을 경계하고 있지만, 선종에 관련된 불교 서적을 여전히 만들어가고 있다. 그러므로 지식인 또는 '지식'이란, 인류의 문명생활에 있어 일종의 '필요악'이라고 할 수 있다.

따라서 우리에게 필요한 것은 기회주의적 처신으로 일관하는 속물적 지식인이 아니라 소신을 갖고서 지배 권력에 한껏 초연할 수 있는 참된 지식인이다. 그런 참된 지식인에 대한 그리움이 늘어나다 보니, 같은 지식인이라 할지라도 정치권력에 초연하려 애썼던 장자(莊子)나 열자(列子)가 정치만능주의인 공자나 맹자보다 더 예뻐 보일 수밖에 없는 것이다.

6 · '성(性)과 정치의 관련성' 생각

미셸 푸코는 『성(性)의 역사』에서, 성(性)이 언제나 문명 발달을 위해 억압된 것은 아니고 다만 정치적 목적으로 '조절'되어 왔을 뿐이라고 주장한다. 성은 '권력을 실어 나르는 모세혈관'이라는 것이다. 나는 그의 주장에 동의할 수 없는데, '정치적 고려'에 따라 성의 억압이나 성의 해방이 이루어지는 것은 아니라는 생각이 들기 때문이다.

정치권력이 성의 자유를 어느 정도 인정하는 정책이 독재연장을 위한 수단이라는 견해가 있다. 말하자면 '3S 정책' 이론인데, 독재사회일수록 섹스(Sex), 스포츠(Sports), 영화(Screen) 세 가지를 장려한다는 주장이다.

우리나라의 대다수 지식인들은 아직도 이런 견해를 지지하는 쪽에 서 있는 것 같다. 하지만 나는 그런 주장에 동의할 수 없다. 선진국의 경우를 보더라도 성의 자유(또는 성에 대한 표현의 자유)와 영화 제작의 자유, 그리고 '스포츠를 놀이로 즐길 권리'가 보장된 사회일수록 정치적 민주화나 사회복지적 분배정의(分配正義)가 확립된 나라가 많기 때문이다.

역사적으로 볼 때 성의 자유뿐만 아니라 예술적 표현의 자유나 개인적 쾌락추구의 자유 등이 보장되는 것은 정치적 의도와 무관한 경우가 많다. 물론 개인의 자유권이 보장되고 '행복추구권' 수호의 정신이 투철하게 확립되려면 정치의식의 선진화(先進化)나 민주적 정치제도의 확립이 필수 요건이다. 그러나 정치발전적 과도기의 경우라면, 성이나 풍속 또는 예술적 표현의 자유를 의도적으로 조절하는 나라가 반드시 독재국가는 아닌 것이다.

프랑스의 경우, 18세기 말 시민혁명이 일어날 때까지는 자유분방한 사생활과 성적 표현의 자유가 어느 정도 보장되었다. 이를테면 유부남 유부녀의 혼외정사 같은 것은 개인적 생활의 영역으로 간주되어 별로 문제시되지 않았다.

계몽주의자 장 자크 루소가 유한마담들의 정부(情夫)로 시종하며 재정적 후원을 받았다는 것은 널리 알려진 이야기다. 그때는 아내가 바람피우는 것을 보고 화를 내는 남편은 '졸장부'로 치부되었고, 따라서 그런 내용의 '부도덕한' 소설이나 연극이 전혀 법의 제재를 받지 않았다. 그러나 프랑스 혁명 이후에는 강력한 도덕 정책이 수립되어 예술이든 사생활이든 공권력의 간섭을 많이 받아야 했다.

프랑스 혁명은 어쨌든 전제주의에서 한 걸음 진보한 정치제도를 탄생시켰고, 다시 제정(帝政)으로 돌아간 뒤에도 자유와 평등의 문제는 프랑스의 기본 정신이 되었다. 그럼에도 불구하고 풍속이나 예술 면에 있어서는 오히려 '도덕적 테러리즘'이 강화되었던 것이다.

19세기 중엽에 플로베르의 『보바리 부인』이 검찰에 의해 기소되고 그 뒤 보들레르의 『악의 꽃』이 기소되는 일이 일어난 것이 좋은 예다. 플로

베르는 결국 무죄가 되었고 보들레르 역시 시 몇 편을 삭제하라는 가벼운 판결을 받았지만, 18세기의 문화 분위기에 비해 볼 때 그런 사건이 일어났다는 것 자체가 신기한 일이었다.

서양 중세기의 경우도 마찬가지다. 중세 말엽이라고 할 수 있는 14세기에 나온 보카치오의 소설『데카메론』은 온갖 불륜과 외설, 그리고 신성모독으로 가득 차 있는 작품이다. 그런데도 그 작품은 법의 심판을 받지 않았고 오히려 베스트셀러가 돼 작가를 유명인사로 만들었다.

이것은 동양의 경우에도 해당되는데, 전제권력의 압제가 심했던 명나라 때 나온『금병매(金甁梅)』가 판금되거나 처벌받았다는 기록은 없다. 그렇다고 그런 에로티시즘 소설 책이 크게 칭찬받거나 장려되지도 않았다.

우리나라도 마찬가지여서, 고려시대에 비해 정치적 중앙 독재가 심했던 조선조 시절에도『고금소총(古今笑叢)』에 실린 여러 '음담패설'들이 서거정 등의 유학자들에 의해 씌어졌고, 권력은 그런 작품들에 무심했다. 신윤복의 야한 춘화도(春畵圖)도 마찬가지다. 실제적 행동이 '반(反)유교적 부도덕'에 속한 것이 아닌 한, '대리배설로서의 성(性)'은 권력유지와는 별 상관없는 '단순한 놀이' 정도로 여겨졌기 때문이다.

지금 가장 무시무시했던 정권이라고 욕을 먹는 5공화국 시절을 생각해 봐도, 풍속이나 성의 규제 또는 방임이 독재 권력과는 별 상관이 없다는 생각이 든다. 어쨌든 그때 중·고교생들의 교복이 자유 복장으로 바뀌었고 야간 통행금지가 해제됐는데, 그건 아무튼 신선한 결단이었기 때문이다. 그러나 그 뒤 6공으로 넘어가 심야영업 금지가 생기고 예술에 대한 공권력의 개입이 심해졌다. 그러므로 이제는 성과 정치를 연결시켜 생각하는 버릇을 바꿔야 한다고 본다.

성(性)의 자유는 그것 자체로 중요한 것이지 그것이 독재 권력을 도와

주는 것은 아니다. 또한 성의 억압 역시 정치와는 무관하다. 성의 자유나 억압은 오히려 지식계층의 '합리적 판단력' 유무(有無)와 관련되어 있다.

7 · '영화의 미래' 생각

　내가 본 영화 가운데, 나로 하여금 영화의 본질과 요즘 영화의 문제점
들에 대해 가장 많이 생각하게 만들어준 영화는 〈위험한 정사(情事)(Fatal
Attraction)〉와 〈칼리귤라(Caligula)〉 두 편이다. 두 작품 모두 인간 심리의
내면 깊숙이 뿌리내리고 있는 잔인성과 복수심과 일탈(逸脫)욕구를 다루
고 있어, 평소에 내가 많은 관심을 기울이고 있는, 인간을 포함한 모든 동
물의 사디즘적 본능을 상기시켜 주었기 때문이다.

　〈위험한 정사〉는 한국에서 이미 〈위험한 향기〉라는 제목으로 번안(또
는 모방)되어 영화화된 바 있는데 그 뒤에 원본 영화가 미국의 UIP사 직
배로 수입되어 상영되는 동안 영화계의 반발로 크게 물의를 일으켰던 작
품이다.

　안락한 가정을 가진 상류층의 남성(직업은 변호사)이, 아내와 아이들이
친정에 간 사이에 우연히 일 관계로 알게 된 어떤 독신녀(직업은 출판사 부

편집장)와 격렬한 정사를 가진다. 권태로운 일상(日常)에서 잠깐 도피하기 위해 단순한 바람기로 가졌던 정사인데, 여인의 반응은 예상 외로 진지하고 적극적이어서 그를 괴롭힌다.

첫 정사 후 가볍게 헤어지려고 하는 그를 붙잡으며 그녀는 히스테리컬하게 자신의 동맥을 끊는다. 이 장면부터가 잔혹하고 으스스한 분위기의 시작이다. 남자는 계속 그녀를 피하고 여자는 집요하게 매달린다.

단 한 번의 정사로 그녀는 임신을 하고 있었고, 아이를 낳겠으니 남자에게 책임을 지라고 계속 위협한다. 집으로 밤중에 전화를 걸어 협박하다가, 나중에는 그의 냉담한 반응에 대한 복수심을 구체적인 행동으로 표출시킨다. 그의 어린 딸이 기르는 토끼를 끓는 냄비 속에 처넣어 죽여버림으로써 겁을 주는 것이다.

남자는 결국 아내에게 모든 사정을 고백하고 용서를 구하나 아내는 분노에 못 이겨 별거를 선언한다. 남자는 경찰서에 가서 의논도 해보고 동료 변호사와 상의도 해보지만 별 뾰족한 수가 없다. 여자는 다시 그의 딸을 잠깐 유괴하여 겁을 주고, 그 사건을 계기로 부부는 다시 합쳐 대책을 강구한다. 여기서부터가 압권이다.

여자는 다시금 남자의 가정에 침입하여 목욕 중인 그의 아내에게 칼을 휘둘러 여자끼리의 난투극이 벌어진다. 놀라서 달려온 남편, 남편과 여자의 격투. 결국 사내는 여자의 목을 졸라 목욕물 속에 집어넣어 죽이고서 안도의 한숨을 내쉰다.

그런데 이상하게도 죽은 줄 알았던 여인이 욕탕 속에서 스프링처럼 튀어 올라 그에게 마지막 일격을 가한다. 사내가 거의 죽게 되었을 때 울리는 한 방의 총성. 맥없이 쓰러지는 여자. 그 사이에 총을 가지고 와 쏜 것은 남자의 아내였다. 그러고 나서 남편과 아내 사이에 이루어지는 감격의 포옹.

내가 이 작품의 줄거리를 이처럼 장황하게 소개한 이유는, 이 영화의 기본 플롯에 문제점이 있기 때문이다. 우선 이 영화는 '가족중심주의적 사고방식'과 '중년 남성의 권태에 따른 외도'에 양다리 걸치기 식(式)으로 초점을 맞춰, 이 작품의 주제가 무엇인지 보는 이로 하여금 헷갈리게 만들고 있다. 캐스트와 스탭이 소개되는 마지막 장면은 부부가 다정하게 포즈를 취한 사진으로 시종하는데(그 이전에도 변호사 사무실에는 적어도 서너 개 이상의 가족사진이 액자에 끼워져 여기저기 놓여 있다), 그걸 보더라도 이 작품의 주제는 분명 미국인들이 그토록 목숨을 걸고 고수하는 청교도정신에 기초한 가족중심주의라고 할 수 있다.

그렇다면 처음에 두 남녀가 벌였던 격렬한 혼외정사의 불륜성(不倫性)이 마땅히 문제되었어야 했다. 그런데도 이 영화에서는 남편의 일회성(一回性) 외도는 전혀 문제 삼을 게 없다는 투로 스토리를 전개시키고 있었다. 영화 속 남주인공이 갖고 있는 생각을 한마디로 요약하자면 "공연히 미친년한테 걸려들어 고생한다" 정도가 될 것 같다.

또 여자 주인공의 심리 묘사도 불투명하다. 그녀의 히스테리성 광란(狂亂)이 그녀의 직업이나 가정환경과 딱 들어맞지 않는다(그녀의 부친은 이름난 학자였다). 여자는 진정한 사랑을 바치려고 했는데 그게 거절되자 발광할 수밖에 없었다는 것을 애증병존 심리에 바탕하여 보여주려고 한 것인지, 아니면 모든 여성들이 갖고 있는 독한 성격과 남성에 대한 적개심을 그리려고 한 것인지 잘 알 수가 없었다.

형식면에서만 볼 때 이 영화는 너무나 훌륭했다. 교묘하고 적절한 몽타주 기법의 활용과 마지막 격투 장면에서의 긴장감 넘치는 화면 전개 등, 애드리언 라인 감독의 솜씨는 무엇 하나 나무랄 데가 없었다. 남녀 주인공의 연기도 훌륭했다.

하지만 나는 이 영화가 갖고 있는 미국 영화로서의 한계에 다시 한 번 실망할 수밖에 없었다. 중간 중간에 삽입되는 자극적인 장면을 통해 관객에게 눈요깃거리만을 제공하고, 결국은 평범하고 진부한 권선징악적 결말로 끝을 맺는 것—이러한 스타일은 미국 상업주의 영화의 약점이요 한계일 수밖에 없다.

이 영화의 관객 대부분은 중년 여자들이었다. "남자가 섣불리 바람을 피우면 저렇게 된다"는 것을 보여주고 있어, 중년 유부녀들이 갖고 있는 불안감과 열등감을 카타르시스시켜 주기 때문일 것이다. 이런 식으로 관객을 끌어모으는 영화는 우리나라에서도 너무나 많이 만들어졌다. 여성 관객을 노리는 '문제극을 빙자한 상업극'이 여전히 판치고 있다.

자극적이고 선정적인 장면들을 눈요깃거리로 집어넣고, 나중에는 시치미를 떼며 "너희들은 이러면 안 된다"는 식의 설교로 끝나는 것, 이것이 전형적인 '양다리 걸치기' 영화들의 수법이다.

소위 '세련된' 에로티시즘 영화의 첫번 타자로 인기를 모았던 한국 영화 〈무릎과 무릎 사이〉도 좋은 예가 될 것이다. 선정적인 장면을 눈요깃거리로 잔뜩 보여주고 나서, 나중에 가서는 그것에다가 프로이트 식의 구구한 설명을 붙이며 교훈적인 결말로 끝을 냈던 것이다. 〈위험한 정사〉는 사디즘을 이용한 센세이셔널한 장면을 많이 보여주었다는 점이 조금 특이할 뿐이다.

이에 비하여 틴토 브라스 감독의 〈칼리귤라〉는 나에게 무척이나 신선하고 깔끔한 인상을 주었다. 〈칼리귤라〉를 보게 된 데는 우여곡절이 많다. 나는 예전부터 외국 잡지에 소개된 기사들을 통하여 〈칼리귤라〉를 아주 좋은 영화라고 생각하게 되었고, 틴토 브라스 감독의 수법에 강한 호기심을 느꼈다. 그래서 언젠가는 미국에 다녀오는 제자에게 〈칼리귤라〉의 비디오테이프를 사다 달라고 부탁했는데, 그만 김포공항에서 외설물이라고 압수되고 말았다. 포르노 비디오도 아닌 것을 무조건 압수한 공항 당국이 무척 미웠고, 꽤 많은 돈을 들여 그것을 사다 준 제자에게도 미안했는데, 그 뒤에 신문 광고를 보니 〈칼리귤라〉를 어느 비디오 회사에서 정식으로 수입하여 팔고 있지 않은가. 참 세상 많이 변했구나 하고 생각하며 허겁지겁 비디오 가게로 달려가 테이프를 구하여 틀어보았다. 물론 영화관에서 보는 것만큼 실감이 나진 않았고 무지무지하게 가위질을 했지만, 나는 이 영화가 무척 잘 만든 영화라는 것을 알 수 있었다.

〈칼리귤라〉는 카뮈의 희곡으로도 유명한 작품이다. 칼리귤라는 제정 로마 초기의 황제로 네로와 더불어 폭군의 대명사로 불리는 사람이다. 그래서 이 영화의 주제라고 할 수 있는 '인간의 가학성'과 잘 어울린다.

이 영화에서 줄거리는 특별히 중요한 의미가 없다. 선왕(先王)을 죽이고 황제로 즉위한 칼리귤라가 벌이는 갖가지 변태적 행동들과, 궁중 안에서 귀족들과 궁녀들과 귀족 부인들 간에 벌어지는 광란의 향연 및 그룹 섹스 등을 삽화식으로 나열해 놓은 것이기 때문이다. 물론 칼리귤라와 여동생 간의 근친상간도 중요한 테마가 되기는 하나, 여동생의 돌연한 죽음이 칼리귤라의 광기(狂氣)를 촉진시킨 것은 아니다. 또 마지막에 가서 황제의 총신(寵臣)인 론자이너스에 의해 칼리귤라가 무참하게 암살되는 장면도, 권선징악적 의도를 담은 것이라기보다는 단순한 권력투쟁의 일면으로 비쳐질 뿐이다.

칼리귤라 황제는 지독한 사디스트이지만, 그만 혼자 사디스트인 것은 아니다. 그의 선왕도 그랬고 대신들이나 군인들도 잔인한 방법의 사형 집행이나 검투사 경기 등을 즐기는 사디스트들이다. 그러니까 이 영화는 그 당시의 로마(번영의 절정기였다)가 '힘의 원리'에 따라 지배되는 사회였다는 것을 보여주고 있을 뿐이다.

약육강식의 원리에 따라 움직여지는 생태계에서 인간만이 예외가 될 수는 없고, 약육강식의 원칙은 결국 인간 실존의 근거이며 따라서 모든 사람들은 사디스트가 될 수밖에 없다는 것을 이 영화는 리얼하게 보여주고 있다. 고리타분한 교훈이나 구구한 심리학적 설명 따위가 없기 때문에 오히려 더 신선하다.

알프레드 히치콕 감독의 영화에도 무섭거나 잔인한 장면은 많이 등장하는데(〈사이코〉·〈현기증〉·〈레베카〉·〈새〉·〈북북서로 진로를 돌려라〉 등), 거의 모두가 프로이트식 설명을 붙여, 주인공의 이상심리나 행동의 원인을 유아기 때의 정신적 외상(外傷)에 두고 있다. 또 그의 상당수 작품들이 마지막 부분을 행복한 결혼이나 가족중심주의(또는 부부애)의 승리로 끝낸다. 그래서 요즘 나는 히치콕의 작품도 '양다리 걸치기' 류(類)라고 느끼게 되었고 차츰 식상해 가는 중에 있다.

예전에 상영되어 많은 관객을 모은 〈파리 텍사스〉나 〈아마데우스〉나 〈아프리카여 안녕〉도 마찬가지다. 모두가 어색한 센티멘털리즘과 쓸데없는 교훈주의, 또는 철학이나 심리학을 동원한 사족(蛇足)을 달고 있어 참으로 역겨웠다. 그런 작품들을 보고서 많은 사람들(특히 고급 지식인들)이 큰 감동을 받는 것을 보고 나는 참 이해하기 어려웠다. 모두들 본능이나 감성을 그대로 솔직하게 드러내는 영화는 '나쁜 영화', '못 만든 영화'인 줄로만 알고 있었다. 말하자면 무언가 거창한 이념의 꼬리표를 붙여야만 '좋은 영화'나 '문제작'이 되는 것이다.

나는 영화는 우리가 밤마다 꾸는 꿈과 같은 성격을 지녔다고 생각한다. 꿈은 우리들의 무의식 근저(根底)에 있는 본능적 욕구(주로 사디즘과 마조히즘에 기초하는 성적 욕망)를 대리배설(카타르시스)시켜 주는 역할을 한다. 예전에는 연극이 카타르시스의 역할을 맡았으나, 브레히트의 출현 이후로 연극이 '밤에 꾸는 꿈'의 영역이 아니라 '낮에 생각하는' 영역으로 바뀌어감에 따라, 영화만이 진정한 카타르시스의 역할을 맡고 있다.

연극은 객석의 불을 켜둘 수도 있고 끌 수도 있지만, 영화만은 항상 객석의 불을 꺼둬야만 한다. 또한 평면의 스크린 자체가 비현실적 판타지의 영역에 속하기 때문에, 영화는 말하자면 우리가 낮에 꾸는 백일몽과 비슷하다. 꿈속에서 우리는 마구 죽이고 찌르며, 아무데나 배설한다(그런 꿈일수록 길몽이다). 그러므로 영화에서는 리얼리즘을 추구하긴 추구하되 '꿈속에서의 리얼리즘'을 추구해야 하는 것이다.

도덕적 · 교훈적 간섭을 받지 않고 본능적 행동 그 자체만을 보여주는, 아름다우면서도 어딘지 모르게 그로테스크한 '환상적 리얼리즘'이 바로 영화가 추구해야 할 영역이다. 〈칼리귤라〉가 보여준 냉정하고 잔혹한 사디즘적 본능의 재현은 어떤 관념적 설명도 필요 없는 '꿈속의 환상' 같은 것이었기에, 관객들에게 통쾌한 카타르시스를 선물해 줄 수 있었다.

8 · '창조적 유행' 생각

'유행'이란 문화 전반에 걸쳐서 일어나는 현상이다. 예컨대 문학의 경우엔 당대를 풍미하며 유행하는 '문예사조'가 있게 마련이고, 철학의 경우엔 그 시대에 유행하는 세계관과 '이데올로기'가 있게 마련이다.

유행에 가장 민감한 분야는 역시 패션이나 헤어스타일, 또는 화장 같은 것일 것이다. 1970년대 초 우리나라에 불어 닥쳤던 여성의 미니스커트 열풍과 남성의 장발 열풍은 지금까지도 전설적인 위용을 과시하고 있다. 요즘은 어떤 옷이나 헤어스타일이 유행한다고 해봤자 일부 젊은이들한테나 해당되는 사항인데, 그때는 남녀노소를 불문하고 미니스커트와 장발을 좋아했다. 특히 미니스커트는 다리가 예쁘건 밉건, 젊은 여자건 늙은 여자건, 다들 악을 쓰듯 입고 다녔다는 점에서 '유행 심리'의 무서움을 보여준 대표적 실례라고 할 수 있다.

유행 심리는 대체로 일반 대중들의 '집단 무의식'을 반영한다. 여자의 스커트 길이로 경제 상태를 진단하는 학자들이 많은 것은 그 때문이다. 경기가 침체될 때는 스커트 길이가 길어지고, 경기가 호황일 때는 스커트 길이가 짧아진다는 이론이 그것이다. 상식적으로 생각해 보면 경기침체 땐 옷감을 절약하기 위해서라도 짧은 스커트가 유행할 것 같은데, 실제는 정반대다. 유행은 이성적 계산에 의해서가 아니라 무의식적 발산욕구에 의해서 만들어지기 때문이다.

문화적 담론의 유행 역시 경제 상태와 밀접한 관련이 있다. 경기가 좋을 때는 성(性)이나 자유 등에 관한 담론이 유행한다. 그러나 경기가 나쁠 때는 민족이나 도덕 등에 관련된 담론이 유행한다. 1993년에 김영삼 문민정부가 들어선 뒤 도덕에 관한 담론이나 민족 주체성 확립 등에 대한 담론이 계속 유행한 것은, 역시 대중들의 어두운 경제 상태와 무관하지 않다. 물론 신세대 문인들 일부가 자유로운 성이나 동성애 등에 관한 담론에 주력했지만, 그것이 전 국민적으로까지 확산되지는 못했다.

내가 『나는 야한 여자가 좋다』와 『가자, 장미여관으로』를 내고 화제와 구설수의 도마에 오른 것은 어쨌든 책이 많이 팔렸기 때문이다. 그런데 그 책들이 나왔던 1989년은 88올림픽 직후라서 그런대로 경기가 좋을 때였다. 그런데 1992년에서 1993년경부터는 경기가 나빠지기 시작하면서 이른바 '음란물' 단속이 심해졌다. 1997년 봄에도 야한 연극 한 편을 본보기로 사법처리했는데, 이는 극도의 경기불안 심리가 검찰의 칼날에 힘을 실어줬기 때문이라고 볼 수 있다.

말세론의 유행이나 후천개벽(後天開闢) 사상의 유행 같은 것은 경제 상태에 따른 대중들의 집단 무의식에 의해 이루어지는 것만은 아니다. 그것은 오히려 대중들의 보편적인 성적(性的) 콤플렉스와 연관돼 있다. 성의 억압이 심한 사회에서는 말세론을 중심으로 한 종교적 신비주의 사상이 유행하기 쉽고, 성의 억압이 적은 사회에서는 말세론뿐만 아니라 갖가지 종교 산업이 맥을 못 춘다.

우리나라가 교회 숫자에 있어 세계 제1이고 또 신비주의 종파가 인기를 끌고 있는 것은, 한국사회의 집단적 성억압이 특히나 심하기 때문이다. 그렇기 때문에 아무리 경기가 좋을 때라 할지라도, 성의 자유에 대한 담론의 유행이 꽉 막힌 도덕주의자들에 의해 철퇴를 맞는 것이다.

가장 좋은 사회, 가장 세련된 사회는 어떤 분야에서든지 특별한 유행이 없는 사회다. 그런 사회를 한마디로 말해 다원주의(多元主義) 사회라고 부를 수 있는데, 말하자면 국민 개개인의 개성과 취향이 각기 다른 사회를 가리킨다. 아니 개성과 취향이 각기 다른 사회라기보다는, 각자가 특별한 개성을 마음껏 표출해도 전혀 제재를 받지 않는 사회라는 말이 더 맞는 말일 것이다.

창조적인 사람이라면 유행을 좇는 쾌락보다는 유행을 선도해 나가는 쾌락을 즐기고 싶어 한다. 그러므로 창조적인 사람이 많은 사회에서는 획일적인 유행이 존재할 수 없다.

들기에 프랑스에서는 똑같은 옷을 입은 여자 두 명이 길에서 마주쳤을 경우, 두 여자는 다음부터 다시는 그 옷을 입지 않는다고 한다. 그런데 우리나라에는 똑같은 옷을 입은 여자들이 너무나 많다. 남자의 경우에도 그런데, 가게에서 파는 넥타이를 보면 그때 유행하는 스타일만 진열돼 있다. 나는 폭이 좁은 넥타이를 좋아하는데, 요즘은 아무리 구할래도 구할 수가 없어 옛날에 사두었던 헌 것만 매거나 아예 안 매고 있다. 한번 깊이 생각해 볼 문제다.

한국 여성들은 빨간색 립스틱이 아닌 피부색에 가까운 립스틱을 바르고, 눈에 띄는 장신구가 아닌 살짝 드러나는 장신구를 좋아한다고 한다.

그리고 발랄한 옷차림보다는 짙은 색깔로 된 정장 스타일의 옷차림을 좋아하고, 머리색은 전 같은 노란색이 아니라 본래 머리색보다 더 진한 검정색으로 염색한다고 한다.

또 커플용으로 만들어진 향수를 애인과 같이 사용하거나, 자신만의 독특한 향기를 내게 해주는 특수 향수를 사용하는 게 유행이라고 한다. 신발은 앞창을 두껍게 댄 굽 높은 하이힐을 신고, 바지는 하이힐 뒷굽을 가려주면서 땅에 질질 끌릴 정도로 긴 바지를 입는 게 유행인 모양이다.

그런 스타일의 바지는 키를 커보이게 만들기 때문에 유행이라기보다는 '실용적인 디자인'이라고 할 만하다. 한국 사람들이 갖고 있는 가장 큰 열등감은 작은 키에 대한 열등감이기 때문이다. 그러나 머리를 새까맣게 염색하는 유행은 나로서는 좀 받아들이기 어렵다.

나는 예전에 여성들이 알록달록 총천연색으로 머리를 염색하기 시작했을 때부터 '희망'에 부풀어 있었다. 한국이 이젠 드디어 촌스러운 '획일주의'로부터 벗어나는구나 하는 생각이 들어서였다. 나는 내가 쓴 소설 『상상놀이』나 『돌아온 사라』, 『별것도 아닌 인생이』 등에서 여성의 총천연색 머리카락을 특별히 부각시켰는데, 총천연색 머리카락은 동양미도 아니고 서양미도 아닌 '혼혈미'의 대표적 상징이라고 생각했기 때문이다.

우리 국민 모두가 '우물 안 개구리'식의 폐쇄적 민족주의로부터 벗어날 수 있을 때, 그때 비로소 우리나라의 유행산업은 발전할 수 있다. 그런데 다시 칠흑같이 검은 머리라니! 역사를 거꾸로 되돌리겠다는 것인가. 칠흑같이 검은 머리는 너무 한국적, 아니 너무 조선왕조적이라서 싫다. '조선시대 식 전통미학'이라면 이가 갈린다. 유행도 좋지만 역시 '다양한' 개성이 낫고 '튀는' 개성이 낫다.

9 · '미래의 섹스' 생각

    섹스는 창조와 생산, 그리고 행복의 원동력이다. 그러나 지금까지의 역사는 섹스의 긍정적 기능을 무시해 왔고, 주로 부정적 기능만 집중적으로 조명하여 사회 구성원들을 성적(性的) 죄의식에 빠져들도록 만들었다. 다시 말해서 섹스를 일종의 필요악으로 인정하여, '쾌락으로서의 섹스'를 죄악시하도록 유도했던 것이다.

    섹스를 상투적 도덕과 상투적 윤리의 측면에서만 생각하면 필연적으로 부정적 결론에 이를 수밖에 없다. 지금까지 '고상한 지식인들'에 의해서 선전된 도덕과 윤리는 다분히 금욕주의적 측면에만 치중된 것이었기 때문이다. 금욕주의적 인식을 강제할 때 반드시 '복종의 미덕'이 생겨나고, '인내심의 함양' 역시 최고의 덕목으로 간주된다. 그래서 소수의 지배 계층은 정신우월주의에 입각한 '엘리트 독재'를 합법적으로 수행할 수 있게 되는 것이다.

21세기 이후의 삶의 유형은 경제적 후진국이 아닌 한 섹스 중심으로 변화될 것이 틀림없다. 지금까지는 이데올로기(또는 이성) 중심이었던 삶의 유형이 개인적 쾌락(또는 행복) 중심으로 바뀌어가는 징후들이 우리 사회에서도 이미 나타나고 있다.

　아직은 정치·경제·문화·복지 면에서 선진국의 패턴을 따라가지 못하고 있기 때문에 표면적으로는 '금욕과 이성 중심의 가치관'이 우리 사회를 지배하고 있지만, 만약에 우리나라가 선진국의 대열에 끼게 된다면 과거의 가치관은 곧바로 '쾌락과 감성 중심의 가치관'으로 바뀌어질 것이다. 선진국형의 삶과 문화란 '이성 중심'의 문화가 아니라 '본능 중심'의 문화에 다름 아니기 때문이다. 말하자면 "배부른 돼지보다 배고픈 소크라테스가 낫다"에서 "배고픈 소크라테스보다 배부른 돼지가 낫다"로 사회 구성원의 가치관이 바뀌는 것이다.

　빵이 부족한 후진국상태에서는 빵의 부족상태를 억지로 자위하고 합리화하기 위해 '배고픈 소크라테스'를 이상적 인간형으로 내세울 수밖에 없다. 그러나 빵의 여유가 생기고 나면 '배고픈 소크라테스'가 주는 상징적 교훈은 무의미한 것이 되어버리고 '배부른 돼지'의 행복을 일단 솔직하게 인정하게 된다. 그리고 결국에 가서는 '배도 부르고 섹스도 즐기는 소크라테스'를 지향하게 되고, 인간이 추구하는 행복은 성(性) 또는 성욕의 대리배설로서의 '섹스 문화'를 통해 완성되는 것이다.

　프로이트는 인류의 문화 및 문명 발달을 위해서는 '성욕의 억압'이 필연적이라고 보았다. 그는 인류가 이룩한 문화와 문명의 진보를 성의 억압에 기인한 '성욕의 승화작용'의 결과물로 보고 오로지 도덕적 섹스만 인정했다. 그러나 그가 '변태'라고 인식한 사디즘·페티시즘·동성애 등은 지금 현대문화의 심리적 기저(基底)를 이루고 있다. 이러한 최근의 현실을 감안해 볼 때, 도덕적 검열을 수반하는 섹스만을 인정한 그의 생각은 틀렸다는 사실이 드러난다.

프로이트는 창조적 섹스의 원동력으로서의 '변태'를 인정하지 않았고, '변태'란 관습적 섹스에 대한 '권태감'으로부터 생겨난다는 것을 인식하지 못했다. 권태의 개념이 개입되지 않는 섹스 이론은 사상누각이다. 다시 말해서 일부일처제를 고수하면서 섹스의 쾌락을 논한다는 것은 어불성설이란 얘기다.

따라서 미래의 섹스는 다원주의적인 결혼관·성관(性觀)·가족관의 토대 위에서 다양한 형태를 띠고 이루어질 것 같다. 일부일처제가 아주 없어지지는 않겠지만 '계약결혼'이나 '계약동거', '시험적 동거 후 결혼' 등이 확산될 가능성이 높다. 동시에 독신주의자가 늘어나 프리섹스를 즐기려 들 것이고, 보다 완벽하고 간편한 피임약의 개발은 그러한 프리섹스를 촉진시켜 줄 것이다. 자식을 낳고 안 낳는 것은 개개인의 가치관에 따라 선택적으로 결정되며, 자식을 낳고 기르는 것은 '가족'이 아니라 어머니 개인의 몫, 다시 말해서 '당당한 미혼모'의 몫으로 되었다가, 점차 사회 전체의 몫이 될 가능성이 높다.

또한 대리배설(또는 대리충족)로서의 섹스가 여러 형태의 에로티시즘 예술 또는 에로티시즘 유희로 고안되어 사람들을 점차 건강한 나르시시스트로 이끌어갈 것이다. 요즘 한창 얘기되고 있는 '가상 섹스'나 '시뮬레이션', '섹스 로봇' 등의 보급이 보편화되어 누구나 '궁색한 독신자'로서가 아니라 '당당한 혼자'로서의 섹스를 즐길 수 있게 될 것이다.

정치적으로는 '빵의 평등' 못지않게 '섹스의 평등'이 복지정책의 현안으로 채택되고, 성의 억압에 바탕을 두는 지배 이데올로기가 완전히 사라지게 된다. 그리고 정치는 도덕과 결별하게 되고(즉, 정치의 소임이 '도덕적 통제'가 아니게 되고) 정치와 섹스가 결합하여 실용주의적 쾌락주의 사회의 건설을 촉진시키게 된다. 정치와 도덕, 정치와 이데올로기 간의 결별은 성욕의 그릇된 대리배설로서의 '전쟁'을 지구상에서 몰아내는데 큰 역할을 하게 될 것이다.

미래의 성을 얘기할 때 '성 역할의 다원화'를 빼놓을 수 없다. 벌써부터 동성애를 다룬 영화들이 쏟아져 나와 우리를 헷갈리게 하고 있는데, 동성애는 지금까지 금기의 대상이었기 때문이다. 그러나 앞으로 시간이 가면 갈수록 동성애 문제가 더욱 크게 대두될 것이 틀림없다. 동성애의 요체는 '왜 남자는 꼭 여자를, 여자는 꼭 남자를 사랑해야만 되는가'라는 도전적 질문 안에 들어 있다. 인류의 진보가 지속적으로 이루어진 '금지된 것에 대한 도전'에 의해 가능했다고 본다면, 동성애 역시 '금지된 것에 대한 도전'의 일환으로 파악될 수밖에 없는 문제다.

남자는 왜 여자처럼 치장해서는 안 되는가, 여자는 왜 남자처럼 섹스의 주도권을 가져서는 안 되는가 등 지금까지 규정적으로 강요돼 왔던 남녀간의 엄격한 성 역할 분담에 대한 저항의 소리가 높아지고 있다. 따라서 21세기 이후에는 동성애나 양성애 등이 더 늘어날 것이 틀림없고, 복장도착증 역시 더 이상 '변태'로 간주되지 않을 것이다. 또한 남녀가 똑같이 유미주의적 가치관을 가지게 되어, '아름답게 치장할 권리'와 '인공미를 통해 선천적 용모를 바꿀 권리'가 성형수술의 발달 및 에로틱한 패션의 보급, 그리고 관능미의 일상화(日常化)에 따라 개개인의 인권으로 인정받게 될 것이다.

이러한 생각은 개개인의 미의식을 신장시켜 갖가지 범죄나 전쟁을 통한 '화풀이'를 사전에 방지해 주는 역할을 하게 된다. 아름답게 치장한 사람이 신나게 싸울 수는 없기 때문이다. 내가 지금까지 긴 손톱의 미학을 누누이 강조해 온 것은 이 때문이다. 손톱을 길게 길러 정성껏 매니큐어한 사람은 손톱이 부러질까 봐 누군가를 마구 할퀼 수도 없고 주먹질할 수도 없다.

아무튼 미래의 남성들이 점차 여성화되어 갈 것은 틀림없는 사실이고, '성 박멸운동' 비슷한 기존의 결벽증적 페미니즘 운동은 스스로 자가당착에 부딪혀 운동방향을 수정할 수밖에 없을 것이다. 이 과정에서 동성애와 '쉬메일(여장남성) 문화'는 상징적 시위운동으로서의 역할을 꽤 오랫동안 해낼 것 같다.

하지만 문제는 이런 당당한 섹스문화, 다시 말해서 죄의식을 동반하지 않는 다양한 섹스문화가 과연 순조롭게 이루어질 수 있겠느냐는 것이다. 아직까지도 우리 사회에는 스스로의 성적(性的) 기아증을 금욕주의적 윤리와 모럴 테러리즘을 통해 대리보상 받으려는 병적(病的) 결벽주의자들이 많기 때문이다. '새것'은 무조건 나쁜 것이고 '옛것'은 무조건 좋은 것이라고 생각하는 답답한 수구주의자들의 논리가 진보적 자유주의의 성윤리를 억누를 때, 섹스는 더 이상 행복의 원동력이 될 수 없고 오직 억압과 우울의 심리적 메커니즘으로만 작용한다.

경제적 풍요와 정치적 민주화 역시 성에 관한 담론의 개방과 '쾌락으로서의 성'에 대한 가치 인정이 이루어져야만 실현될 수 있다. 이런 측면에서 볼 때, 우리는 지금 엄숙한 전환기적 결단의 시점에 서 있다. 성적 쾌락을 당당하게 인정하지 않으면 우리는 파멸할 수밖에 없다. 성적 쾌락을 죄악시할 때, 그 죄의식의 대가는 '성욕의 승화'가 아니라 '자기 학대'와 '자기 파멸'로 이어지기 때문이다.

그렇다면 우리는 과연 지금 미래의 성문화에 대처할 태세가 되어 있을까. 이중성과 위선성으로 고착된 우리 사회의 성문화는 "성적 쾌락은 필요약이다" 정도를 넘어 "성적 쾌락은 추악한 것이다"라는 집단적 자기기만에 기초해 있다. 경제 문제에 있어서는 자유화를 외치면서도 성 문제에 있어서만은 언제나 극기적(克己的) '자유의 억압'만이 만병통치약인 것처럼 선전된다. 이런 지경이니 우리에겐 지금 별 희망이 없다.

한 사회가 건강하기 위해서는 음과 양이 고르게 섞여 상보적(相補的) 효과를 낼 수 있어야 한다. 양(陽)이 절제와 금욕의 윤리라면 음(陰)은 퇴폐와 일탈의 윤리다. 우리 사회의 극단적 파멸을 막으려면 적당한 음기(陰氣), 즉 적당한 퇴폐를 인정할 필요가 있다. 그리고 그러한 퇴폐를 범죄가 아닌 건강한 대리배설로 이끌어가야 한다.

10 · '암담한 미래' 생각

21세기 중반 이후에 펼쳐질 세계는 과연 어떤 모습일까. 미래를 예측해서 만든 공상과학영화들을 보면 21세기 중반 이후의 역사는 우리가 살고 있는 세상과 너무나도 다르게 묘사된다. 한마디로 말해 과학의 발전 속도를 '초고속(超高速)'으로 예측하고 있는 것이다.

특히 예전의 〈터미네이터〉 같은 영화는 21세기 초에 인조인간이 만들어지고, 타임머신이 발명되는 것을 전제로 하고 있었다. 타임머신의 발명이 곧 이루어질 것으로 예측하고 있는 것은 〈백 투 더 퓨처〉 같은 영화도 마찬가지였다.

그러나 지금 이 세계가 돌아가고 있는 형편으로 보면 과학의 발전 속도가 그토록 빠를 것 같지는 않다. 아니 과학의 발전 속도가 설사 초고속으로 진행된다 하더라도, 인류 전체가 '과학'에 의해 행복해지거나 화를 입게 되지는 않을 것 같다.

미래영화를 보면, 그 배경이 거의 미국이나 서구로 되어 있다. 동양이나 아프리카를 배경으로 한 영화는 가뭄에 콩 나는 식으로 드물다. 그러니까 그런 영화들은 세계의 '평균적 발전'을 전제로 하지 않고 '부분적 발전'만을 전제로 하고 있는 것이다. 어찌 보면 백인우월주의가 아직도 여전히 판을 치고 있는 셈이다.

지금 지구에 사는 인간들의 평균적 삶의 수준은 미래의 과학 발전을 예측하며 흐뭇해하거나 겁을 먹는 것과는 아주 거리가 멀다.

예컨대 전세계 어린이 가운데 약 1억 명이 거리를 떠돌고 있으며, 매일매일 3만 5천 명의 어린이가 죽어가고 있다. 아프리카 대륙에서는 현재 1천 7백만 명의 난민이 기아에 허덕이며 죽음의 위협에 직면해 있다.

세계 인구의 절반에 이르는 약 30억 명이 화장실 없이 살아가고 있고, 이는 2010년 이후 더 늘어났다. 보건 시설의 확충 속도가 인구 증가를 따르지 못하고 있기 때문이다. 화장실과 하수처리 시설이 부족한 곳에서는 사람들이 노천에서 배설하고 분뇨를 하천에 버릴 수밖에 없으므로 설사병, 전염병이 흔히 발생한다. 실제로 오염된 물로 매년 220만 명의 인류가 생명을 잃고 있는 것으로 나타났다.

1억 4천 명의 어린이가 초등학교조차 다니지 못하고 있다. 특히 개발도상국 여자 어린이들의 경우 문화적인 관습, 과중한 집안일, 성추행이나 강간에 대한 우려 등으로 학교에 다니기 힘든 것이 현실이다. 저개발국 여자 어린이들의 80퍼센트가 학교에 다니지 않고 있으며, 입학한 어린이 중 2분의 1이 5학년을 마치기 전에 학교를 그만두고 있다.

많은 국가의 미성년자들이 길거리에서 잠자는 등 특이한 행동을 했다는 이유만으로 기소 절차 없이 감옥에 구금되고 있다. 지난 15년 동안 9개 국가에서 미성년자 시절에 범죄를 저지른 이들에게 사형을 집행했으며, 중국에서는 16세 이상이면 사형 선고가 가능하다.

이런 문제 말고도 사라지는 녹지와 공원, 법(法) 만능주의의 횡포, 절대적 빈곤 국가의 증가, 실업자와 부랑민의 증가, 광신(狂信)의 증가 등 지금 지구가 당면해 있는 문제들은 이루 헤아릴 수 없으리만큼 많다.

그런데도 저개발 국가에 대한 선진국의 2010년도 공식 원조금은 국민총생산(GDP)의 평균 0.27퍼센트 수준으로, 1950년도 이래 최저치를 기록했다. 특히 미국은 GDP에 비해 가장 작은 비율인 0.1%만을 원조금으로 지원한 것으로 나타났다.

이런 상황에서 미래에 대한 기대나 걱정을 하거나 과학의 발전에 대해 운위한다는 것은 지적(知的) 사치이다. 21세기 중엽이 된다고 해도 지구에 사는 인류의 절반은 여전히 굶주리고 있을 것이고, 정치적 독재와 종교적 독재, 그리고 윤리적 독재에 신음하고 있을 것이다.

어느 나라든 빈부의 차이는 더욱 커질 것이고, 가진 자나 배운 자들이 못 가진 자나 못 배운 자들에게 저지르는 횡포 역시 더욱 커질 것이다. 도덕적 테러리스트들은 어느 나라에서나 활개 치며 문화독재적 기득권을 쟁취하려 들 것이고, 형벌은 더욱 교묘하고 잔인해져 인간들을 옭아맬 것이다.

우리나라는 지금 겨우 먹고 살만한 지경에 이르렀다. 그러므로 너무 우쭐거리지 말아야 한다. 미래에 대한 터무니없는 낙관보다는 '현재'에 대한 반성과 분석을 선행시켜야 한다.

■ 마무리 시(詩)

경복궁

마광수

경복궁 구석구석에는
얼마나 많은 정액과 핏물이 묻어있을까

왕들의 음탕한 욕정은
백성들의 피땀을 빨아
정성들여 키운 정력에서 나왔겠지

어린 궁녀들의 아랫도리를 물들이고도
백성들의 피는 넘쳐 흘러
아직도 경복궁 주춧돌 사이로 흘러내린다

세월은 흘러 왕들의 백골조차 사라졌지만
죄없는 백성들도 학대받고 굶주리다 죽어
불쌍한 흔적조차 찾아보기 어렵지만

경복궁 근정전에서는
아직도 정액 냄새가 난다 피 냄새가 난다

조선조 이씨 왕족 놈들의
그 탐욕의 냄새, 그 음흉한 냄새가 난다

1951년 – 3월 10일(음력), 가족이 한국전쟁 중 1·4 후퇴시 잠시 머문 경기도
　　　　수원에서 출생. 본적은 서울.

1963년 – 서울 청계초등학교 졸업. 대광중학교 입학.

1969년 – 대광고등학교 졸업. 연세대학교 국문학과 입학.

1973년 – 연세대학교 국문학과 졸업. 연세대 대학원 국문학과 입학.

1975년 – 연세대 대학원 국문학과 졸업(문학석사).
　　　　– 방위병으로 군 복무.

1976년 – 연세대 대학원 국문학과 박사과정 입학.
　　　　– 이후 1978년까지 연세대, 강원대, 한양대 등 시간강사 역임.

1977년 – 『현대문학』에 「배꼽에」「망나니의 노래」「고구려」「당세풍의 결혼」
　　　　「겁(怯)」「장자사(莊子死)」 등 6편의 시가 박두진 시인에 의해 추천
　　　　되어 문단에 데뷔.

1979년 – 홍익대학교 국어교육과 전임강사로 취임. 1982년 조교수로 승진.

1980년 – 처녀시집 『광마집(狂馬集)』을 심상사에서 출간.

1983년 – 연세대 대학원에서 「윤동주 연구」로 문학박사 학위 받음. 학위논문
　　　　『윤동주 연구』를 정음사(2005년 개정판부터 철학과현실사)에서 단행
　　　　본으로 출간.

1984년 – 연세대학교 국문학과 조교수로 취임. 1988년 부교수로 승진.
　　　　– 시선집 『귀골(貴骨)』을 평민사에서 출간.

1985년 – 문학이론서 『상징시학』을 청하출판사(2007년 개정판부터 철학과현실
　　　　사)에서 출간.

1986년 – 문학이론서 『심리주의 비평의 이해』를 청하출판사에서 출간.

1987년 – 평론집 『마광수 문학론집』을 청하출판사에서 출간.
　　　　– 문학이론서 『시창작론』을 오세영 교수와 공저로 방송통신대학 출
　　　　판부에서 출간.

1989년 – 에세이집 『나는 야한 여자가 좋다』를 자유문학사(2010년 개정판부터
　　　　북리뷰)에서 출간.
　　　　– 시선집 『가자, 장미여관으로』를 자유문학사에서 출간.
　　　　– 5월부터 『문학사상』에 장편소설 『권태』를 연재하여 소설가로서의
　　　　활동을 시작함.

1990년 – 장편소설 『권태』를 문학사상사에서 출간(2011년 개정판부터는 책마
　　　　루에서 출간).
　　　　– 장편소설 『광마일기』를 행림출판사(2009년 개정판부터는 북리뷰)에
　　　　서 출간.
　　　　– 에세이집 『사랑받지 못하여』를 행림출판사에서 출간.

1991년 - 1월에 이목일, 이외수, 이두식 씨와 더불어 서울 동숭동 '나우 갤러
        리'에서 〈4인의 에로틱 아트전〉을 가짐.
      - 문화비평집 『왜 나는 순수한 민주주의에 몰두하지 못할까』를 민족
        과문학사(재판부터는 사회평론사)에서 출간.
      - 장편소설 『즐거운 사라』를 서울문화사에서 출간.
      - 간행물윤리위원회의 판금 조치로 출판사에서 자진 수거 · 절판됨.
1992년 - 에세이집 『열려라 참깨』를 행림출판사에서 출간.
      - 장편소설 『즐거운 사라』 개정판을 청하출판사에서 출간.
      - 10월 29일, 『즐거운 사라』가 외설스럽다는 이유로 검찰에 의해 전
        격 구속되어 서울구치소에 수감됨.
      - 12월 28일, 『즐거운 사라』 사건 1심에서 징역 8월에 집행유예 2년
        판결을 받음.
1993년 - 2월 28일, 연세대학교에서 직위 해제됨.
1994년 - 1월에 서울 압구정동 다도 화랑에서 첫 번째 개인전을 가짐. 유화,
        아크릴화, 수묵화 등 70여 점 출품.
      - 『즐거운 사라』 일본어판이 아사히 TV 출판부에서 번역 · 출간되어
        베스트셀러가 됨.
      - 문화비평집 『사라를 위한 변명』을 열음사에서 출간.
      - 7월 13일, '즐거운 사라' 사건 2심에서 항소 기각 판결을 받음.
1995년 - '즐거운 사라' 필화사건의 진상과 재판과정, 마광수의 문학 세계 분
        석 등을 내용으로 연세대 국문학과 학생회가 쓰고 엮은 『마광수는
        옳다』가 사회평론사에서 출간됨.
      - 6월 16일, '즐거운 사라' 사건 대법원 상고심에서 상고 기각 판결
        받음. 동시에 연세대학교에서 해직되고 시간강사로 됨.

- 철학에세이 『운명』을 사회평론사(2005년 개정판부터 『비켜라 운명아, 내가 간다』로 제목을 바꿔 오늘의 책)에서 출간.

1996년 - 장편소설 『불안』을 도서출판 리뷰앤리뷰(2011년 개정판부터 제목을 『페티시 오르가즘』으로 바꿔 Art Blue)에서 출간.

1997년 - 장편에세이 『성애론』을 해냄출판사에서 출간.
- 문학이론서 『시학』을 철학과현실사에서 출간.
- 문학이론서 『카타르시스란 무엇인가』를 철학과현실사에서 출간.
- 시집 『사랑의 슬픔』을 해냄출판사에서 출간.

1998년 - 장편소설 『자궁 속으로』를 사회평론사(2010년 개정판부터 『첫사랑』으로 제목을 바꿔 북리뷰)에서 출간.
- 3월 13일에 사면·복권되고 5월 1일에 연세대 교수로 복직됨.
- 에세이집 『자유에의 용기』를 해냄출판사에서 출간.

1999년 - 철학에세이 『인간』을 해냄출판사(2011년 개정판부터 제목을 『인간론』으로 고쳐 책마루)에서 출간.

2000년 - 장편소설 『알라딘의 신기한 램프』를 해냄출판사에서 출간.
- 7월에 이른바 〈교수재임용 탈락 소동〉이 국문학과 동료교수들의 집단 따돌림으로 일어나, 배신감으로 인한 심한 우울증에 걸려 3년 반 동안 연세대를 휴직함.

2001년 - 문학이론서 『문학과 성』을 철학과현실사에서 출간.

2003년 - 강준만 외 5인이 쓴 『마광수 살리기』가 중심출판사에서 나옴.

2005년 - 에세이집 『자유가 너희를 진리케 하리라』를 해냄출판사에서 출간.
- 장편소설 『광마잡담(狂馬雜談)』을 해냄출판사에서 출간.
- 6월에 서울 인사동 인사 갤러리에서 〈마광수 미술전〉을 가짐.

- 장편소설 『로라』를 해냄출판사에서 출간.

2006년 - 2월에 일산 롯데마트 갤러리에서 〈마광수·이목일 전〉을 가짐.
- 시집 『야하디 얄라숑』을 해냄출판사에서 출간.
- 문학론집 『삐딱하게 보기』를 철학과현실사에서 출간.
- 장편소설 『유혹』을 해냄출판사에서 출간.

2007년 - 1월에 〈색色을 밝히다〉 전시회를 서울 인사동 북스 갤러리에서 가짐.
- 시집 『빨가벗고 몸 하나로 뭉치자』를 시대의창에서 출간.
- 4월에 소설 『즐거운 사라』를 인터넷 홈페이지에 올렸다는 이유로 기소되어 벌금 200만 원 형을 판결 받음.
- 7월에 미국 뉴욕 Maxim 화랑에서 〈마광수 개인전〉을 가짐.
- 에세이집 『나는 헤픈 여자가 좋다』를 철학과현실사에서 출간.
- 문화비평집 『이 시대는 개인주의자를 요구한다』를 새빛에듀넷에서 출간.

2008년 - 문화비평집 『모든 사랑에 불륜은 없다』를 에이원북스에서 출간.
- 단편소설집 『발랄한 라라』를 평단문화사에서 출간.
- 중편소설 『귀족』을 중앙북스에서 출간.

2009년 - 연극이론서 『연극과 놀이정신』을 철학과현실사에서 출간.
- 소설집 『사랑의 학교』를 북리뷰에서 출간.
- 4월에 서울 청담동 '갤러리 순수'에서 〈마광수 미술전〉을 가짐.

2010년 - 시집 『일평생 연애주의』를 문학세계사에서 출간.

2011년 - 장편소설 『돌아온 사라』를 Art Blue에서 출간.
- 2월에 〈소년 광수 미술전〉을 서울 서교동 '산토리니 서울' 갤러리에서 가짐.

- 에세이집『더럽게 사랑하자』를 책마루에서 출간.
- 5월에 〈마광수 초대전〉을 서울 삼청동 연 갤러리에서 가짐.
- 화문집(畵文集)『소년 광수의 발상』을 서문당에서 출간.
- 장편소설『미친 말의 수기』를 꿈의열쇠에서 출간.
- 산문집『마광수의 뇌 구조』를 오늘의책에서 출간.
- 장편소설『세월과 강물』을 책마루에서 출간.

2012년 - 육필 시선집『나는 찢어진 것을 보면 흥분한다』를 지식을만드는지식에서 출간.
- 3월에 〈마광수 · 변우식 미술전〉을 서울 인사동 '토포 하우스'에서 가짐.
- 산문집『마광수 인생론 : 멘토를 읽다』를 책읽는귀족에서 출간.
- 장편소설『로라』 개정판을『별것도 아닌 인생이』로 제목을 바꿔 책읽는귀족에서 출간.
- 시집『모든 것은 슬프게 간다』를 책읽는귀족에서 출간.

2013년 - 소설『청춘』을 책읽는귀족에서 출간.
- 장편 에세이『나의 이력서』를 책읽는귀족에서 출간.
- 단편소설집『상상 놀이』를 책읽는귀족에서 출간.
- 문화비평집『육체의 민주화 선언』을 책읽는귀족에서 출간.
- 소설『2013 즐거운 사라』를 책읽는귀족에서 출간.
- 장편에세이『사랑학 개론』을 철학과현실사에서 출간.
- 시집『가자, 장미여관으로』 개정판을 책읽는귀족에서 출간.
-『마광수의 유쾌한 소설 읽기』를 책읽는귀족에서 출간.

2014년 -『생각』을 책읽는귀족에서 출간.

생각

초　판 1쇄 발행 | 2014년 1월 20일
초　판 2쇄 발행 | 2014년 6월 10일

지은이 | 마광수
펴낸이 | 조선우
펴낸곳 | 책읽는귀족

등록 | 2012년 2월 17일 제396-2012-000041호
주소 | 경기도 고양시 일산동구 백석동 현대밀라트 2차 B동 413호
전화 | 031-908-6907
팩스 | 031-908-6908
홈페이지 | www.noblewithbooks.com
트위터 | http://twtkr.com/NOBLEWITHBOOKS
E-mail | idea444@naver.com

책임 편집 | 조선우
표지 & 본문 디자인 | 아베끄
표지 그림 | 마광수

값 20,000원

ISBN 978-89-97863-23-5　03100

※ 잘못 만들어진 책은 구입하신 서점에서 바꿔드립니다.

이 도서의 국립중앙도서관 출판시도서목록(CIP)은 서지정보유통지원시스템 홈페이지(http://seoji.nl.go.kr)와 국가자료공동목록시스템(http://www.nl.go.kr/kolisnet)에서 이용하실 수 있습니다.(CIP제어번호: CIP2013027742)